Kohlhammer

Dieter Mattner

Behinderte Menschen in der Gesellschaft

Zwischen Ausgrenzung und Integration

Verlag W. Kohlhammer

Die Deutsche Bibliothek – CIP-Einheitsaufnahme

Mattner, Dieter:
Behinderte Menschen in der Gesellschaft : zwischen Ausgrenzung und Integration / Dieter
Mattner. - Stuttgart ; Berlin ; Köln : Kohlhammer, 2000
  ISBN 3-17-016273-X

Inhalt

Einführung

Das Problemfeld „Behinderung" gerät offenbar immer mehr in ein Spannungsfeld zwischen einer individuellen bedürfnisorientierten Förderung und einer neuen, am Kosten-Nutzen-Aspekt orientierten Entsorgungsdebatte. Das bisher unwidersprochen hingenommene, tragfähige moralische Gerüst zur Legitimierung sozialstaatlicher Unterstützung der Schwächsten wird durch einen neuen Zeitgeist, der im Namen des technischen Fortschritts die Emanzipation von altbewährten moralischen Standards propagiert, ins Wanken gebracht. Das Paradigma der Naturwissenschaften mit dem dort zugrundegelegten technizistischen Vernunftbegriff reicht vermehrt in sämtliche menschliche Lebensbereiche hinein, um dort auf dem Hintergrund eines logischen Mittel-Zweck-Kalküls hemmende moralische Barrieren des technisch Machbaren aufzuspüren.

Dieser beklagte moralische Anachronismus scheint sich in jüngerer Zeit insbesondere im Zusammenhang eines in der Geschichte der Menschheit immer wiederkehrenden Traumes einer Züchtung des idealen Menschen aufzutun. Auf ihrem schier unaufhaltsamen Weg zur Menschenzüchtung bedürfen die modernen Biowissenschaften lediglich des philosophischen Beistandes, um letzte ethisch-moralische Bedenken gegen den dort propagierten Fortschrittsoptimismus auszuräumen. Die Bioethik hat es sich zur Aufgabe gemacht zu überprüfen, ob die klassischen handlungsleitenden Prinzipien der medizinischen Ethik im Zeitalter des biomedizinischen Fortschritts und der veränderten sittlichen Wertvorstellungen einer pluralistischen Gesellschaft noch ihre Gültigkeit haben, bzw. inwieweit diese ethischen Standards noch den Ansprüchen der modernen Forschungen genügen. Diesen humangenetisch inspirierten Züchtungs- und Entsorgungsstrategien zur Erschaffung des idealen Menschen werden immer häufiger Kosten-Nutzen-Analysen zur Seite gestellt, mit denen auf die vergleichsweise wesentlich geringeren Aufwendungen für pränatale Diagnostik und humangenetische Beratung gegenüber den immensen sozialen Folgekosten für die Pflege und Förderung bereits geborener behinderter Menschen hingewiesen wird. Moralische Bedenken gegen diese machbaren Utopien scheint inzwischen mit Erfolg eine utilitaristisch inspirierte Bioethik auszuräumen, die mit ihrem spezifischen hedonistischen Verständnis von Mensch-Sein plausible Gründe gegen das Lebensrecht sog. nicht-rationaler menschlicher Lebewesen gefunden zu haben glaubt. Diese Gedanken sind nicht neu. Die Lebenswert- bzw. Lebensunwert-Debatte war über die Züchtungsutopie des genetisch wertvollen Menschen hinaus immer schon vom ökonomische Aspekt im Sinne einer möglichen „Entsorgung der sozialen Frage" geprägt. Krisen des Sozialstaates mit massiven Einsparungen im sozialen Bereich brachten immer schon eine allgemeine Verschärfung der „sozialen Frage" mit sich. Angesichts leerer Haushaltskassen scheinen auch heute die Verlockungen groß, Strategien einer kostengünstigen Minimalversorgung betroffener Menschen bis hin zu Überlegungen einer endgültigen Entledigung sozialer „Ballast-Existenzen" zu folgen, die schon einmal in einer zunehmenden Biologisierung und Medizinisierung der sozialen Frage ihren Anfang nahmen und im Sinne in der nationalsozialistischen „Endlösung" endeten. Die postmoderne „Biologisierung der sozialen Frage" zeigt sich im Gewande der Humangenetik, die eine flächendeckende humangenetische Beratungstätigkeit zur Verhinderung von Leid einfordert und in diesem Zusammenhang erneut ein „Dilemma der Behindertenhilfe" beklagt, durch optimale, kostenintensive Versorgung das Leben behinderter Menschen in unangemessener Weise zu verlängern. Wie es wieder so weit kommen konnte und ob es einen möglichen Ausweg aus dem „Dilemma der Behindertenhilfe" geben könnte, soll mit den vorliegenden Überlegungen zu klären versucht werden.

Hierzu wird eine kurze Skizzierung geschichtlicher Hintergründe einer gesellschaftlichen Beurteilung des „Anderen der Normalität" einen Einblick geben in die jeweiligen Mythenbildungen, Normalitätskonzepte und Menschenbilder, die für die praktizierten Behandlungsstrategien verantwortlich waren und sind. Gemeint ist damit die historisch-gesellschaftliche Konstituierung von Behinderung im Sinne einer sozialen Kategorie und die daraus resultierenden Folgen für betroffene Menschen. Einen besonderen Stellenwert wird in den folgenden Ausführungen das „Zeitalter der Vernunft" mit der modernen Konstituierung sog. „Normalität" und das „Zeitalter der Industrialisierung" einnehmen, in dem die sozialdarwinistisch inspirierte Biologisierung der sozialen Frage ihren Ausgang nahm, die schließlich ideologischer Wegbereiter einer nationalsozialistischen „Endlösung der sozialen Frage" wurde und nun im neuen ideologischen Gewande der Humangenetik aufzuerstehen scheint. Diesem neuen „Entsorgungsmodell" von Behinderung sollen all die mittlerweile wirksamen emanzipatorischen Konzepte der Behindertenhilfe gegenübergestellt werden, mit denen betroffenen Menschen das gleiche Lebensrecht und die gleichen individuellen Entfaltungsmöglichkeiten wie allen anderen Menschen eingeräumt wird.

Abschließend werden Überlegungen zur ethischen Fragestellung auf eine Ethik verweisen, die von der Verantwortung für Mensch-Sein in all seinen Erscheinungsweisen getragen ist.

1 Definitorische Annäherung an das Phänomen „Behinderung"

Eine Behinderung ist im Sinne des klassischen Krankheitsbegriffs eine irreversible Beeinträchtigung des Menschen als Folge eines vorausgegangenen Krankheitsprozesses oder einer angeborenen Schädigung (vgl. Tröster 1990, 20). Eine Behinderung liegt demnach vor, „wenn ein durch Erkrankung oder eine angeborene oder erworbene Schädigung bedingter - voraussichtlich nicht nur kurzfristig oder vorübergehender - Zustand der Beeinträchtigung der individuellen Leistungsfähigkeit gegeben ist" (Seifert 1977, 629). Nach dem Bundessozialhilfegesetz (BSHG) ist eine Behinderung „eine nicht nur vorübergehende erhebliche Beeinträchtigung der Bewegungsfreiheit, die auf dem Fehlen oder auf Funktionsstörungen von Gliedmaßen oder auf anderen Ursachen beruht" (vgl. BSHG §124 Abs.4).

Nach diesem Verständnis ist eine Behinderung eine objektiv feststellbare, irreversible Beeinträchtigung eines betroffenen Menschen, der sich bemüht, entlang dieses „Handikaps" sein Leben zu gestalten.

Üblicherweise wird die Gruppe der Behinderten in sieben Untergruppen unterteilt:
- Körperbehinderte
- Sinnesbehinderte
- Geistigbehinderte
- Sprachbehinderte
- Lernbehinderte
- Verhaltensgestörte bzw. Verhaltensbehinderte
- Schwerst(mehrfach)behinderte.

In der traditionellen sonderpädagogischen Theoriebildung wird innerhalb der Beeinträchtigungsformen noch unterschieden zwischen:
- *Behinderungen*
  als Beeinträchtigung durch körperliche Schäden. Verschiedentlich werden hierzu auch Lern-, Sprach- und sog. *Verhaltensbehinderungen* gezählt.
- *Störungen*
  als möglicherweise vorübergehende Beeinträchtigungen.
- *Gefährdungen*
  als entwicklungsbedrohende bzw. hemmende Variablen, die gegebenenfalls zu sog. Fehlhaltungen führen sollen (vgl. Bach 1969, 531f).

9

Diese Einteilung ist problematisch, da dort als Definitionskriterium primär ein körperlicher Schaden bzw. die Abweichung von einer Norm von Interesse ist und weniger die subjektive Erlebnis- und Verarbeitungsstruktur von betroffenen Menschen. Zudem ist zu befürchten, daß eine daran orientierte Arbeit mit behinderten Menschen lediglich mittels prothetischer, am jeweiligen Defekt orientierter Methoden versuchen wird, behinderte Menschen an die geforderten Normalitätsstandards anzupassen. Schließlich ist eine nur an äußeren Defektmerkmalen orientierte Unterteilung von Beeinträchtigungen auch deshalb problematisch, da sie tendenziell unterstellt, es gäbe exakt abgrenzbare Beeinträchtigungsformen, die isoliert voneinander behandelbar wären. Die praktischen Erfahrungen mit beeinträchtigten Menschen zeigen jedoch, daß die Übergänge zwischen den einzelnen Beeinträchtigungsformen fließend sind. Störungen lassen sich nicht ohne weiteres von Behinderungen isolieren, und Behinderungen berühren auch immer andere Persönlichkeitsbereiche eines betroffenen Menschen.

Das heißt: Es gibt nicht *den* Spastiker oder *den* Geistigbehinderten, sondern lediglich einen ganz bestimmten Menschen mit einer spastischen Lähmung, mit einer geistigen Behinderung in seiner jeweiligen individuellen Ausprägung und Entfaltungsmöglichkeit. Kein (behinderter) Mensch gleicht einem anderen (behinderten) Menschen, auch wenn beide an der gleichen spastischen Lähmung leiden mögen.

Darüber hinaus ist es äußerst problematisch, bestimmte menschliche Wesensbesonderheiten körperlich-somatischen Behinderungen zuzuordnen. Körper- und Sinnesbehinderungen können noch relativ mühelos im Sinne einer körperlichen Beeinträchtigung als Behinderung erfaßt werden. Bei sog. Lernbehinderungen, Verhaltensstörungen und bei einigen Sprachbehinderungen (z.B. beim Stottern) ist dies schon schwieriger, da dort in den seltensten Fällen ein objektiv feststellbarer somatischer Defekt nachgewiesen werden kann. Diese Beeinträchtigungen sind selten als sog. Werkzeugstörungen definierbar. Meist sind die Ursachen im sozialen Umfeld der Betroffenen zu suchen. Diese sog. Behinderungen gründen weit weniger auf einem äußerlichen somatischen Defekt einer betroffenen Person, als vielmehr auf einer im Lebensumfeld zu suchenden „gestörten" Persönlichkeitsentwicklung.

Eine Behinderung ist offenbar mehr als eine somatische Beeinträchtigung. Nach der Resolution der Vereinten Nationen von 1975 sind alle diejenigen Personen behindert, „die aufgrund einer angeborenen oder erworbenen Schädigung körperlicher oder geistiger Art nicht in der Lage sind, sich voll oder teilweise aus eigener Kraft wie ein Nichtbehinderter die entsprechende Stellung in Arbeit, Beruf und Gesellschaft zu sichern".

Nach den Empfehlungen der Bildungskommission des Deutschen Bildungs-rates von 1973 wird Behinderung so definiert:

> „Als behindert im erziehungswissenschaftlichen Sinne gelten alle Kinder, Jugendliche und Erwachsene, die in der sprachlichen Kommunikation oder in psychomotorischen Fähigkeiten so weit beeinträchtigt sind, daß ihre Teilhabe am Leben der Gesellschaft wesentlich erschwert ist."
> (Deutscher Bildungsrat, Empfehlungen der
> Bildungskommission 1973, 13)

Nach der Definition der Weltgesundheitsorganisation (WHO) wird Behin-derung in ihrer Auswirkung für Betroffene in drei Bereiche unterschieden:

1. *impairment* (Schädigung): Mängel der anatomischen, psychischen oder physiologischen Funktionen;
2. *disability* (Beeinträchtigung): Funktionsbeeinträchtigung aufgrund von Schädigungen, die in Alltagssituationen behindern;
3. *handicap* (Behinderung): Behinderungsbedingte Nachteile im Sozialge-füge.

Hier klingt bereits eine über den rein somatischen Schaden hinaus-reichende Sicht der Beeinträchtigung an: eine *soziale Behinderung* nämlich, im Sinne einer erschwerten Teilhabe am Leben der Gesellschaft. Gegenüber einer statisch-defektorientierten Definition von Behinderung wird hier schon ansatzweise versucht, Behinderung im dynamischen Sinne als ein in einen psychosozialen Kontext eingebundenes Phänomen zu begreifen.

Haeberlin unterscheidet beim Begriff Behinderung deshalb zwei Bedeutungskomponenten: „Behinderung als *Beeinträchtigung eines Indivi-duums* bei der Ausübung von Tätigkeiten" und „Behinderung als *Beein-trächtigung der Funktion gesellschaftlicher Einrichtungen* durch störende Individuen" (Haeberlin 1978, 724).

Behinderung darf also nicht lediglich als Defektmerkmal eines Men-schen betrachtet werden, sondern sie muß darüber hinaus wesentlich als Merkmal eines Bezuges zwischen einem Individuum und seiner Alltags-wirklichkeit begriffen werden. Eine konkrete Behinderung eines Menschen ist aus dieser Perspektive insofern bedeutsam, als sie ihn in Konfrontation mit den Erwartungen der „Normalwelt" hinderlich macht. Gemeint ist hier der Widerspruch zwischen gesellschaftlich eingeforderter Normalität und dem individuellen Unvermögen, diese Normalitätsstandards erfüllen zu können. Dies meint *Pfeffer*, wenn er sagt:

> „Behinderung ist demnach nicht eine Kategorie zur Beschreibung von Individuen und deren Zusammenfassung in Gruppen, sondern zur Be-

schreibung eines Bezugs zwischen Individuen und deren Erlebens- und Handlungsraum, der als Alltagswirklichkeit (...) bezeichnet wird." (Pfeffer 1984, 102f)

Es muß demnach bei einer Behinderung eine Unterscheidung vorgenommen werden zwischen einer konkreten Schädigung und einem in kommunikativen Strukturen produzierten „Hinderlichen" im Sinne einer sozialen Kategorie. Im Gegensatz zu kausal-linear *„verursachten"* Defekten werden diese sozialen *„Ge-Hinderungen"* aufgrund von sozialen Normen, Ansprüchen und Erwartungen *„erzeugt"* (vgl. Kobi 1983, 31).

Mit der konkreten Behinderung eines Menschen, mit der er den Gütekriterien einer Leistungsgesellschaft (jung, schön, dynamisch, leistungsgerecht) nicht zu entsprechen vermag, erfolgt tendenziell seine soziale Ausgrenzung. Der Behinderte wird unter der Perspektive seiner objektiven Verwertbarkeit im Existenzvergleich mit seinen nicht behinderten Mitmenschen tendenziell zur Last, schließlich zur „Ballastexistenz". Behindert wird und bleibt eine wie auch immer beeinträchtigte Person aus dieser Perspektive folglich erst, wenn der geschädigte Mensch daran gehindert wird, eine für sich sinnvolle Daseinsform zu realisieren (vgl. Jantzen 1973, 156; 1974, 27).

Die „besondere" Pädagogik mit behinderten Menschen

Die Bezeichnungen für eine spezifische Pädagogik mit beeinträchtigten Menschen sind sehr vielfältig. Es finden sich hierfür Bezeichnungen wie Sonderpädagogik, Sondererziehung, Behindertenpädagogik, Rehabilitationspädagogik und schließlich *Heilpädagogik*. In der Literatur werden diese Begriffe verschiedentlich synonym gebraucht. Ein von Sonderschullehrern gegründeter „Fachverband für *Behindertenpädagogik*" nennt sein wissenschaftliches Publikationsorgan „Zeitschrift für *Heilpädagogik*". Andere Publikationsorgane werden *"Behindertenpädagogik"*, *"Sonderpädagogik"*, *"Heilpädagogische Forschung"* genannt. Häufig tauchen zur Bezeichnung eines Studienganges Begriffsverbindungen wie *"Heil- und Sonderpädagogik"* auf.

Diese scheinbar friedliche Koexistenz der Begriffe ist ganz offenbar ein Zeichen von Unsicherheit darüber, wie dieser Wissenschafts"-Gegenstand" Behinderung adäquat zu fassen ist und was die angemessene Praxis mit betroffenen Menschen sein könnte (vgl. Gröschke 1989, 15). Die nähere Betrachtung der unterschiedlichen Bezeichnungen zeigt, daß mit der jeweiligen terminologischen Zuordnung ein bestimmtes wissenschaftstheoretisches Modell mit einem jeweiligen Verständnis von menschlicher Subjektivität und einer bestimmten Praxis mit beeinträchtigten Menschen verbunden ist.

So ist mit *Behindertenpädagogik* u.a. eine Pädagogik mit Menschen gemeint, die eine irreversible Schädigung haben. In diesem Verständnis ist die *Behindertenpädagogik* ein Teilgebiet der *Sonderpädagogik* und *Sonderpädagogik* der übergeordnete Terminus zur Bezeichnung einer *besonderen* Pädagogik mit behinderten Menschen (vgl. Bach 1984, 1021). *Bach* subsumiert z.B. unter dem Begriff *Sonderpädagogik* bzw. *Sondererziehung* besondere pädagogische Maßnahmen, die er methodisch auf spezifische Behinderungsformen bezieht wie: Körperbehindertenpädagogik, Lernbehindertenpädagogik, Geistigbehindertenpädagogik, Verhaltensbehindertenpädagogik etc.

Im Gegensatz zu *Bach* spricht *Bleidick* von *Sondererziehung* (unter erschwerten Bedingungen), wenn vorübergehendes Gestörtes (Sprachstörung, Verhaltensstörung) wieder gesund gemacht werden soll, und von *Heilerziehung*, wenn der Gegenstand die pädagogische Arbeit mit Kindern mit irreversiblen Behinderungen ist (vgl. Bleidick 1984a, 61ff).

Eine an der „Kritischen Psychologie" und am „Dialektischen Materialismus" angelehnte Theorie zur Pädagogik beeinträchtigter Menschen bezeichnet ihre Pädagogik als „kritische und materialistische *Behindertenpädagogik*". Mit dieser Bezeichnung ist ein spezifisches Verständnis von Behinderung zugrundegelegt, das Behinderung über die konkrete Schädigung hinaus wesentlich als soziale Kategorie begreift.

Leber, ein Vertreter der psychoanalytischen *Heilpädagogik*, sieht den unterschiedlichen Gebrauch der Begrifflichkeiten in Relation zur institutionellen Wirklichkeit, in der die jeweilige spezifische Pädagogik sich entfaltet. Nach ihm sollte mit *Sonderpädagogik* die in Schulen praktizierte Pädagogik bezeichnet werden, mit *Heilpädagogik* mehr der außerschulische Bereich in „heilpädagogischen Einrichtungen" (Leber 1980, 3). *Sonderpädagogik* wäre demnach institutionell und konzeptionell als „'Sonder'(-schul-)Pädagogik" zu verstehen.

„Heil"-Pädagogik

Der Begriff *Heilpädagogik* hat sich dagegen offenbar im außerschulischen Praxisbereich etabliert. Dort werden die institutionellen Einrichtungen eben „heilpädagogischer Kindergarten", „heilpädagogisches Heim", „heilpädagogische Beratungsstelle" etc. genannt. Der Begriff *Heilpädagogik* geht auf Johann Daniel *Georgens* und Heinrich Marianus *Deinhardt* zurück, die

13

diesen Terminus erstmals im Rahmen ihres 1861 veröffentlichten gleichnamigen Buches verwendeten. Mit dem Wort *Heil* war von Anfang an der Vorgang des Heilens im medizinischen Sinne gemeint, nämlich Heilen im Sinne von Gesundmachen bzw. Wiederherstellen. Für den Kinder- und Jugendpsychiater Hermann *Stutte* blieb deshalb diese spezifische Pädagogik „für schwierige, für körperlich, geistig und seelisch behinderte Kinder" im wesentlichen eine „angewandte Kinderpsychiatrie" (Stutte 1968, 495).

Aber schon 1932 relativierte Heinrich *Hanselmann* diese medizinische Intention, indem er betonte, der Terminus *Heilpädagogik* sei keine zutreffende Bezeichnung für diese spezifische pädagogische Tätigkeit, denn: „Heilen ist Sache des Arztes, Pädagogik Sache des Erziehers" (Hanselmann 1932, 12). Der Begriff *Heilpädagogik* wurde gleichzeitig mit den wertphilosophischen Entwürfen von Linus *Bopp* (1930) und später von Eduard *Montalta* (1967) mehr im theologischen Sinne als „Wertverwirklichung" zum „Heil des Zöglings" gebraucht. Heilung bezog sich dort auf den „göttlichen Heilsplan", weshalb *Bopp* in diesem Sinne auch von „Heilspädagogik" sprach, die er der Philosophie bzw. der Theologie zuordnete (vgl. Bopp 1930).

Neben der medizinischen und theologischen Definition wurde andererseits unter dem Terminus *Heil* im Sinne der Aufklärungspädagogik eine *heilende Erziehung* und als Ziel ein „sinnerfülltes Leben" verstanden. In der Pädagogik der Aufklärung ging es u.a. um die „Heilung" von Kinderfehlern, die z.B. auf „Erziehungsfehler" zurückgeführt wurden und die durch spezifische pädagogische Maßnahmen zu „heilen" waren (vgl. Haeberlin 1996, 23f).

Offenbar ist die jüngere „geisteswissenschaftlich-hermeneutische Heilpädagogik" aus dieser Tradition hervorgegangen, die sich seither von subjektorientierten, ganzheitlichen bzw. systemökologischen Problemstellungen leiten läßt und sich von einer medizinisch-naturwissenschaftlichen, empirisch-analytischen Orientierung distanziert. So wird innerhalb des *„systemökologischen"* Ansatzes die Bezeichnung *„Heilpädagogik"* im Sinne einer *ganzheitlich orientierten Pädagogik* verwendet, in der betroffene Menschen über die konkreten Beeinträchtigungen hinaus vorrangig in ihren jeweiligen sozialen Lebensbezügen gesehen werden (vgl. Speck 1991).

Es geht also in diesem Verständnis von *Heilpädagogik* um die zentrale Frage, die z.B. *Kobi* so formuliert: „Was kann trotz der Behinderung an Lebensglück und Lebensfülle gefunden werden?" (Kobi 1983, 103). Der Begriff *Heilpädagogik* läßt sich nach Kobi dann vertreten, wenn wir „die Bezeichnung 'heilen' nicht mehr nur im speziellen Sinne des 'Gesundmachens', sondern im umfassenderen Sinne der Verganzheitlichung und Sinnerfüllung des Lebens verstehen - den 'Gegenstand' unserer Bemü-

14

hungen nicht mehr nur im behinderten Kind als solchem sehen, sondern in bedrohten oder beeinträchtigten Erziehungsverhältnissen, die wir zu erfüllen, zu vertiefen oder überhaupt erst einmal zu stiften versuchen" (Kobi 1983, 107).

Die Auseinandersetzung um die angemessene Terminologie ist längst nicht zu Ende. So wurde in der Zeitschrift „Behindertenpädagogik" vom Februar 1996 über ein erneutes Ringen um die adäquate Begriffsbildung berichtet. Die beschlossene Namensänderung des Verbandes Deutscher Sonderschulen (VDS) in „Verband der Sonderpädagogik in Deutschland" führte zu kontroversen Diskussionen über die neu gewählte Begrifflichkeit „Sonderpädagogik", da mit dem Wort „Sonder" Assoziationen zu diskriminierenden Besonderungen Betroffener und mit dem Alternativvorschlag „Heil"-pädagogik unselige Reminiszensen an die nationalsozialistische Vergangenheit befürchtet wurden.

Es offenbart sich hiermit erneut, daß dieses Ringen um die adäquate Begrifflichkeit kein bloßer Streit um Worte ist, sondern wohl eher die kaum abzusehende Suche nach der adäquaten terminologisch-inhaltlichen Erfassung des Phänomens Behinderung.

Die Schwierigkeit einer eindeutigen begrifflichen Fassung des Phänomens Behinderung ist wohl u.a. darin begründet, daß Behinderung unter verschiedener Perspektive gesehen werden kann. So wird ein Mediziner eine Behinderung auf dem Hintergrund möglicher organischer Schädigungen und ein Psychologe eine Beeinträchtigung im Hinblick auf geistige Entwicklungsrückstände beurteilen, während ein Soziologe die gesellschaftliche Konstruktion dieses Phänomens zu analysieren sucht. Ein soziologisches Verständnis von Behinderung im Sinne einer sozialen Kategorie wird die gesellschaftlich-historischen Hintergründe zu untersuchen haben, da nach diesem Verständnis die konkrete Lebenssituation Betroffener immer im Zusammenhang eines historisch gewachsenen gesellschaftlichen Kontextes beurteilt werden muß. Aus dieser Perspektive hat jede gesellschaftliche Beurteilung des „Anderen der Normalität" Konsequenzen für Theoriebildungen zum Phänomen Behinderung und damit auch unmittelbare Auswirkungen auf mögliche sorgende bzw. „ent-sorgende" Behandlungsstrategien behinderter Menschen.

Dieser zuletzt genannte Aspekt einer historisch-gesellschaftlichen Konstituierung von Behinderung und seine Folgen für die Lebenswirklichkeit betroffener Menschen soll Gegenstand der weiteren Ausführungen sein.

2 Die Beurteilung des „Anderen der Normalität" im Wandel der Geschichte

2.1 Behinderte Menschen in Frühgeschichte und Altertum

Eine besondere Behandlung behinderter Menschen in der Ur- bzw. Frühgeschichte der Menschheit läßt sich aufgrund spärlicher Belege kaum rekonstruieren. Dennoch kann man durch verschiedene Skelettfunde und vorgefundene Bestattungsrituale annehmen, daß Menschen mit angeborenen bzw. durch Unfälle oder Kampfhandlungen erworbenen Behinderungen in der Vorgeschichte der Menschheit ganz offenbar eine Chance hatten, in der sozialen Gruppe aufgenommen und gepflegt zu werden. So geben verschiedentlich verheilte lebensgefährliche Verletzungen mit offensichtlich erheblichen Folgeschädigungen zur Vermutung Anlaß, daß den Betroffenen Pflege zuteil wurde, ohne die sie wohl kaum überlebt hätten. Ebenso lassen die verschiedentlich vorgefundenen Bestattungsmerkmale - z.B. die Ausgrabung eines offensichtlich geistig behinderten Neandertalerkindes mit einer Hydrocephalie („Wasserkopf") - Rückschlüsse auf den Stellenwert der Betroffenen in der sozialen Gemeinschaft zu (vgl. Reisch 1996).

Offensichtlich läßt sich die oft geäußerte Annahme, daß in der Zeit der Jäger und Sammler behinderte Mitglieder einer Urhorde ihrem Schicksal überlassen wurden, da sie ansonsten der herumziehenden Gruppe von Jägern und Sammlern zur Last gefallen wären, nicht mehr ohne weiteres halten (vgl. See 1973).

Für die Zeit der Antike lassen sich durch überlieferte Schriften schon konkretere Hinweise bezüglich des gesellschaftlichen Stellenwertes und der Behandlung behinderter Menschen finden.

Im alten *Ägypten* standen behinderte Menschen, wie überlieferte Texte belegen, unter dem besonderen Schutz der Götter. Nach der Darstellung der Weisheitslehre von *Amenemopes* (12.-11. Jahrhundert vor Chr.) liegt die Erschaffung des Menschen - auch des Lahmen und des Blinden - im Belieben Gottes. Somit stehe es keinem Menschen zu, dessen Werke zu verhöhnen (vgl. Fischer-Elfert 1996).

> „Erschwere nicht das Befinden eines Gelähmten.
> Verspotte nicht einen Mann, der in der Hand Gottes ist, und sei nicht aufgebracht gegen ihn ‹als ob du› ihn angreifen wolltest.

16

Der Mensch ist Lehm und Stroh, der Gott ist sein Baumeister.
Er zerstört und erbaut täglich, er macht tausend Geringe nach seinem
Belieben (...)."
(Amenemope; zit. nach Fischer-Elfert 1996, 93)

Im altägyptischen Glauben war der Mensch nach seinem Tode, in seiner
ewig währenden jenseitigen Existenz, seines diesseitigen Mangelzustandes
entledigt. Einige behinderte Menschen waren wohl aufgrund dieses
Stellenwertes in der ägyptischen Gesellschaft, der eine Diskriminierung
dieser Menschen verbot, zu Wohlstand und Anerkennung gekommen. So
finden sich Berichte und Abbildungen über berühmte blinde Künstler,
gelähmte Schreiber oder gehbehinderte Tempeltürhüter. Berühmt war der
Zwerg *Seneb* (um 2500 vor Chr.), dessen prachtvolles Grab nahe der
Cheops-Pyramide gefunden wurde, das Hinweise auf seine vielfältigen
hohen Ämter bei Hofe gibt. Er war mit einer Dame königlichen Geschlechts
verheiratet und hatte einen Sohn und zwei Töchter. Ein anderes Schicksal
teilte allerdings der Zwerg *Perniachu*, der im Grabmal des Pharao *Menas*
neben dem Pharao und seiner Gemahlin abgebildet ist. Er hatte als Hofnarr
für die tägliche Erheiterung seines Herrn zu sorgen. Offensichtlich verlor
sich im Wandel der Zeit die anfängliche Ehrfurcht vor den von der Gottheit
geschaffenen behinderten Menschen. Die Tatsache, daß Zwerge zusammen
mit Haustieren bei Darbietungen auftraten und verschiedentlich wie die
Lieblingshunde ihrem Herrn ins Jenseits zu folgen hatten, läßt den Schluß
zu, daß in gewisser Weise dort die Grenze von Mensch und Tier aufgehoben
war (vgl. Fischer-Elfert 1996, 97ff).

Im übrigen soll nicht unerwähnt bleiben, daß sog. Hofzwerge diese
Aufgabe der Erheiterung des Hofstaates bis ins ausgehende 18. Jahrhundert
zu erfüllen hatten. Möglicherweise haben sog. Liliputanerdarbietungen in der
Gegenwart - z.B. Clowns im Zirkus, Liliputdörfer, die in manchen Freizeit-
parks mit ihren „Puppenstuben" zu besichtigen sind, oder das in Diskothe-
ken zur allgemeinen Volksbelustigung praktizierte „Zwergenwerfen" - eine
ähnliche Funktion wie zur damaligen Zeit: der Zwerg, ein von der äußeren
Norm abweichender Mensch, als Inbegriff des tolpatschigen, scheinbar
kindlich zurückgebliebenen Erwachsenen, dessen Lebensrecht darauf reduziert wird, der Erheiterung der „Normalwelt" zu dienen.

Im Zweistromland *Mesopotamien* (um 3000 v. Chr.) wurden den Überlieferungen nach Behinderungen und Krankheiten wohl mehr als Launen der
Götter interpretiert (vgl. Waetzold 1996, 87f). In den Omen-Texten werden
viele Behinderungen und deren negativen, aber auch positiven Auswirkungen für die eigene Familie, die Stadt und das gesamte Land aufgezählt:

> „Wenn eine Frau eine Mißgeburt gebiert, wird das Land Not ergreifen. Wenn die Königin eine Mißgeburt gebiert, wird der Feind die Habe des Königs rauben. Wenn eine Frau einen Krüppel gebiert, wird das Haus des Menschen in Leid geraten. Wenn eine Sklavin ein Kind ohne Mund gebiert, wird die kranke Herrin des Hauses sterben."
> (Omen-Übersetzung; zit. nach Meyer 1983, 86).

Es ist allerdings aus heutiger Sicht kaum nachvollziebar, warum sich z.B. hinkende Frauen und taube Menschen positiv und Blinde und stark Behinderte negativ für eine Stadt auswirken sollten (vgl. Waetzold 1996, 78). Dennoch waren im damaligen Gesellschaftssystem Mesopotamiens behinderte Menschen auf eigentümliche Weise integriert. Man lebte selbstverständlich mit behinderten Menschen zusammen. Es war durchaus üblich, Behinderte nicht nach ihrem Namen zu nennen, sondern einfach von ihnen als der „Lahme", der „Hinkende" oder der „Blinzler" zu sprechen. Nach den Überlieferungen gingen behinderte Menschen in der Gemeinschaft den verschiedensten Beschäftigungen nach. Es wird auch berichtet, daß man sich bemühte, Menschen mit leichteren Behinderungen in Tempeln oder staatlichen Stellen bei Hofe zu beschäftigen (vgl. Waetzold 1996).

Andererseits wurden durch das damalige Strafsystem Behinderungen regelrecht geschaffen. So zogen bestimmte Vergehen zur Vergeltung körperliche Verstümmelungen (z.B. bei Diebstahl das Abhacken der Hände) nach sich. Auch war es durchaus üblich, besiegte Feinde durch Blenden der Augen, Abschneiden der Hände und Füße zu verstümmeln.

Im antiken *Sparta* (um 900 v. Chr.) mußten Neugeborene der Versammlung der Ältesten vorgeführt werden, die darüber entschieden, ob sie in die Gemeinschaft aufgenommen werden konnten. Eine Chance hatten nur Kinder, die dem Ideal des gesunden Menschen entsprachen. Kranke und mißgebildete Kinder wurden den Familien weggenommen und, wie bei dem Philosophen *Plutrach* nachzulesen ist, in die Bergschluchten des Berges Taygetos geworfen (vgl. Meyer 1983; Mehl 1996).

Nicht anders verhielt es sich im *Staatswesen Athens*. Im elitären Humanitätsideal der griechischen Antike blieb den Menschen, denen man die Möglichkeit, zum Erhalt des Staates beizutragen, absprach, ein Recht auf Leben versagt. Der Wert eines menschlichen Individuums wurde an seiner sozialen Brauchbarkeit gemessen. *Solons* Gesetzgebung (594 v. Chr.) formulierte den Grundsatz des Staatswesens, in dem es primär um militärische Machterhaltung, wirtschaftliche Dominaz und Erlangung von Reichtum ging. Die dort erstmals zugrundegelegte „*Gleichheit aller Menschen, gleich welcher Herkunft*" schloß allerdings geistig und körperlich Behinderte ausdrücklich aus, da diese keinen Kriegsdienst versehen und nicht am wirtschaftlichen und politischen Leben teilnehmen konnten. Damit wurde die Tötung mißgebildeter Neugeborener zum Interesse des Gemeinwohls erhoben, obschon es im Gegensatz zu Sparta nicht gesetzlich vorgeschrieben war. Wie dies geschah, beschreibt *Platon* drastisch:

> „Die Kinder der untüchtigen Eltern und etwaige verkrüppelte Kinder der tüchtigen werden sie an einen geheimen Ort bringen. . . so müssen sie mit dem Kinde verfahren, als sei keine Nahrung für dasselbe vorhanden."
> (Platon; zit. nach Meyer 1983, 87).

Begüterte Familien gaben den ausgesetzten Kindern oftmals Geld mit, damit diese die Chance bekamen, von anderen Menschen angenommen und aufgezogen zu werden (vgl. Mehl 1996, 123f).

Wie den Ratschlägen *Äskulaps* und *Hippocrates* zu entnehmen ist, sollten behinderte Menschen und sog. „unheilbare Fälle" (gemeint waren wohl vorwiegend ältere Menschen) nicht medizinisch betreut werden, da deren medizinische Behandlung nicht sonderlich erfolgversprechend erschien. Die medizinische Behandlung sollte sich primär auf junge und arbeitsfreudige Menschen konzentrieren (vgl. Meyer 1983, 87). Dem am Leben gebliebenen behinderten Menschen war es aufgrund seiner Unvollkommenheit versagt, an Kulthandlungen teilzunehmen bzw. Würden und Ämter zu bekleiden. Da man die Existenz behinderter Menschen als von den Göttern gesandtes Unglück verstand, mußten sie verschiedentlich selbst zur Besänftigung des strafenden Gottes herhalten. So trieb man betroffene Menschen unter Prügel aus der Gemeinschaft und glaubte, sich auf diese Weise vom Gottesfluch reinigen und der weiteren Bestrafung der Götter entziehen zu können (vgl. Mehl 1996, 126). Lediglich Kriegsinvaliden, die sich um das Wohl des Staates verdient gemacht hatten, genossen im griechischen Staatswesen hohes Ansehen, was sich u.a. darin ausdrückte, daß sie eine staatliche Unterstützung zur Bestreitung ihres Lebensunterhaltes erhielten.

Auch im *römischen Staatswesen* waren behinderte Menschen Ausgrenzungen bis hin zur Aberkennung des Lebensrechts ausgesetzt. Es war auch dort auf der Grundlage eines elitären Humanitätsideals durchaus üblich, gebrechliche, geistig behinderte und entstellte Menschen zu töten, wie wir z.B. bei dem römischen Philosophen *Seneca* nachlesen können:

> „Tolle Hunde bringen wir um; einen wilden und unbändigen Ochsen hauen wir nieder, und an krankhaftes Vieh, damit es die Herde nicht anstecke,

legen wir das Messer, ungestaltete Geburten schaffen wir aus der Welt, auch Kinder, wenn sie gebrechlich und mißgestaltet zur Welt kommen, ersäufen wir. Es ist nicht Zorn, sondern Vernunft, das Unbrauchbare von dem Gesunden abzusondern."
(Seneca; zit. nach deMause 1982, 48)

Die Entscheidung über Leben und Tod eines Kindes, auch bei einem (gesunden) Mädchen, lag dort allerdings beim Vater, der als Familienoberhaupt absolute Verfügungsgewalt über Frau und Kinder besaß. Dies galt auch dann, wenn sich eine Behinderung bei einem Kind erst zu einem späteren Zeitpunkt bemerkbar machte. Behinderte, die am Leben gelassen wurden, wurden auf Märkten verkauft und mußten dann als Sklaven oder Bettler ihr Leben fristen. So war es durchaus üblich, daß die Besitzer die erworbenen behinderten Kinder noch mehr verunstalteten, um sie als verkrüppelte Bettler gewinnbringender einsetzen zu können.

Seneca berichtet:

> „Diesen Sklavenherren zum Nutzen schwanken die Blinden auf den Stab gestützt einher, ihm zum Vorteile zeigen die anderen die verstümmelten Arme, die verrenkten Knöchel (...). Jener Beinzermalmer haut dem einen den Arm ab, schwächt den anderen, verdreht diesem (...) die Schulter, damit er höckrig werde."
> (Seneca; zit. nach Meyer 1983, 88)

Mißgestaltete Menschen wurden auf speziellen Narrenmärkten (*forum morionum*) zum Verkauf angeboten, wo laut *Kirmsse* die „Geistesschwachen mit Spitz-, Turm- und Wasserköpfen aus der ganzen Welt" mit Umtauschrecht angepriesen wurden (Kirmsse 1922, 85). Verschiedentlich wurden *moriones* (lat. Narren) als Beigabe beim Kauf eines bestimmten Konsumgegenstandes gratis hinzugegeben. Größte Verkaufschancen hatten dort diejenigen mit den deformiertesten Verwachsungen und skurrilsten Absonderlichkeiten, die dann als Narren zur Belustigung bei gesellschaftlichen Anlässen dienten bzw. auf Märkten gegen Bezahlung dem Gespött der Bevölkerung ausgesetzt wurden. Bei Hofe wurden regelmäßig, wie der *Historia Augusta* zu entnehmen ist, bei großen Gelagen die erworbenen *moriones* zum allgemeinen Vergnügen der geladenen Gäste vorgeführt (vgl. Meyer 1983; Kirmsse 1911; 1922; Rösger 1996).

Es soll in diesem Zusammenhang nicht unerwähnt bleiben, daß dieses von Geschäftsinteressen geprägte Zur-Schau-Stellen von Menschen mit besonderen äußeren Merkmalen, von sog. „Monstern" oder „Freaks" bis zum Beginn des 20. Jahrhunderts auf Jahrmärkten praktiziert wurde und zum Teil noch heute praktiziert wird.

Auch von den *Germanen* wird berichtet, daß sie mißgebildete Kinder nach der Geburt aussetzten bzw. ertränkten. Das neugeborene Kind wurde dem Vater zu Füßen gelegt. Hob er es nach eingehender Begutachtung auf („auf-nehmen"), wurde es aufgezogen, im anderen Falle wurde es ausgesetzt (vgl. Grimm 1899, 634). Diese selektive Praxis diente später den Nationalsozialisten als Argument ihrer Rassenhygiene bzw. Erbgesundheitspflege (Eugenik), mit dem sie u.a. die Vernichtung sog. unwerten Lebens begründeten (vgl. Günther 1935, 145ff).

2.2 Die „teuflisch Besessenen" des Mittelalters

Im *Mittelalter* (ca. 500 n. Chr. - 1500 n. Chr.) war die allgegenwärtige christliche Moral der Nächstenliebe keineswegs ein Garant für eine humane Behandlung behinderter Menschen. Es herrschte dort eine Verquickung des Abnormen mit dem Satanischen vor, womit die Ursache des Anderen der mittelalterlich konstituierten Normalität in den transzentenden Bereich verlegt wurde. Dieses Andere war gewissermaßen die selbstverschuldete Inkarnation des Bösen, dessen man sich durch spezifische exorzistische Behandlungspraktiken dieser dämonisierten Menschen entledigen konnte (vgl. Kobi 1983, 214f). Die teuflische „Besessenheit" bei Menschen mit unheilbaren Krankheiten, Behinderungen oder Anomalien wurde in Hexenprozessen durch die damals üblichen Folterungen „bewiesen" und schließlich durch Verbrennen auf dem Scheiterhaufen geahndet. Auf diese Weise wurden z.B. 1494 in Osnabrück 160 psychisch und geistig behinderte Menschen verbrannt. Verschiedentlich wurde versucht, wie Überlieferungen zu entnehmen ist, die sog. Besessenheit Betroffener mit Exorzismus zu bannen. Als vom Teufel Besessene waren all diejenigen verdächtig, die in keiner Weise der Vorstellung des menschlichen Ebenbildes Gottes entsprachen bzw. deren Gebrechen auf eine Verwandtschaft mit dem hinkenden Satan schließen ließen (vgl. Beschel 1960; Meyer 1983; Mezger 1981).

Der Wechselbalg

Weit verbreitet war der Aberglaube, ein behinderter Säugling sei ein ausgewechseltes, untergeschobenes Kind: ein sog. *Wechselbalg*. Nach heidnischer Vorstellung war dies ein mißgestaltetes nichtmenschliches Wesen („falsches Kind"), das die elbischen Wesen der Unterwelt (Trolle, Kobolde, Elfen, Wichtelmännlein, Zwerge) anstelle des gesunden Menschenkindes (bevorzugt Knaben), das zur Veredelung des eigenen Geschlechtes benötigt wurde, zurückließen. Nach christlichem Aberglauben waren es Teufel und Hexen, die sich der reinen Seelen der unschuldigen Kinder bemächtigen wollten und an deren Stelle ein satanisches Wesen zurückließen. Schutz vor dem Kindertausch bot nach christlicher Vorstellung in erster Linie die Taufe. Aber auch das Bespritzen des Kindes mit Weihwasser und andere religiöse Rituale sowie Heiligenbilder und Bibeltexte, die am Kinderbett anzubringen waren, sollten der Abwehr teuflischer Mächte dienen. Als wirksamste Mittel, um den Tausch rückgängig zu machen, wurden höchst grausame Mißhandlungen empfohlen. So wurde geraten, den Wechselbalg mit „geweihten Ruhten" bis aufs Blut zu schlagen, die Nahrung zu entziehen oder das „teuflische Wesen" auszusetzen bzw. zu töten (vgl. Bachmann 1985, 182ff). Selbst Luther empfahl, man solle die „Wechselbälge" und „Kielkröppe" ersäufen, denn solche Wechselkinder seien lediglich ein vom Satan in die Wiege gelegtes Stück seelenloses Fleisch („massa carnis"), „das denn nicht gedeiht, sondern nur frißt und seugt" (vgl. Meyer 1983, 91; Bachmann 1985, 31; Kobi 1983, 206f). In den Märchen der *Gebrüder Grimm* wird noch eine andere eigentümliche Tauschmaßnahme geschildert:

> „Einer Mutter war ihr Kind von den Wichtelmännern aus der Wiege geholt und ein Wechselbalg mit dickem Kopf und starren Augen hineingelegt, der nichts als essen und trinken wollte. In ihrer Not ging sie zu ihrer Nachbarin und fragte sie um Rat. Die Nachbarin sagte, sie sollte den Wechselbalg in die Küche tragen, auf den Herd setzen, Feuer anmachen und in zwei Eierschalen Wasser kochen: das bringe den Wechselbalg zum Lachen, und wenn er lache, dann sei es aus mit ihm. Die Frau tat alles, wie die Nachbarin gesagt hatte. Wie sie die Eierschalen mit Wasser über das Feuer setzte, sprach der Klotzkopf:
> > 'Nun bin ich so alt
> > wie der Westerwald
> > und hab' nicht gesehen, daß jemand in Schalen kocht',
> und fing an, darüber zu lachen. Indem er lachte, kam auf einmal eine Menge von Wichtelmännerchen; die brachten das rechte Kind, setzten es auf den Herd und nahmen den Wechselbalg wieder mit fort."
> (Grimms Märchen: Die Wichtelmänner / 3. Märchen)

In dem Märchen wird auf die äußeren Merkmale des sog. Wechselbalges Bezug genommen. Meist sind dies in den Überlieferungen zum Wechselbalg folgende somatische und psychische Besonderheiten: äußerlich mißgestaltet, verwachsen, wasserköpfig, klein, dick und plump, außer-ordentlich häßlich, freßsüchtig, unruhig und wunderlich in seinen Gebärden, geistig zurückgeblieben, verwahrlost, der Sprache nicht mächtig, schadenfroh, boshaft und verschlagen (vgl. Bachmann 1985, 178ff).

Andere Wesensbesonderheiten wie die Epilepsie galten in damaliger Zeit als „heilige" Krankheiten. Verwirrte, geisteskranke Menschen, sog. „Irre", sah man hingegen als vom Teufel besessen bzw. auch als von Gott verlassen an, für die es zu beten galt. So ist es wohl zu erklären, daß an bestimmten Pilgerstätten Betroffene häufiger als an anderen Orten anzutreffen waren. Meist schrieb man Geisteskrankheiten jedoch schon seit der Zeit der Antike der Einwirkung einer erzürnten Gottheit oder Dämonen zu. Auch im Mittelalter sah man die Ursache der „Besessenheit" in einer selbstverschuldeten Sündhaftigkeit. Die Besessenheit der vom Satan in Besitz Genommenen wurde mit rabiaten Mitteln bekämpft, wie z.B. durch Transfusionen mit Eselsblut, Kastration, Brennen und Sengen des Kopfes mit glühenden Eisen oder Öffnung des Schädels, damit die „bösen Säfte" austreten konnten. Meist wurden jedoch die „Irren", wenn sie nicht auf Scheiterhaufen verbrannt wurden oder unter der Folter umkamen, aus den Städten verjagt, bzw. wurden Händler oder Binnenschiffer (sog. „Narrenschiffe") beauftragt, diese mit sich zu nehmen, um sie an irgendeinem Ort auszusetzen. Die Städte reinigten sich auf diese Weise gewissermaßen vom satanischen Irrsinn.

Andere Städte wie Nürnberg schlossen sie in Gefängnisse, Narr- oder Tollhäuser ein bzw. warfen sie in sog. „Narrentürme". Die Tore von Lübeck dienten zeitweise diesem Zweck. Bestimmte Städte wurden im 14. Jahrhundert auf diese Weise zu regelrechten Sammelzentren, die eine hohe Zahl von „Irr-Sinnigen" auf ihrem Gebiet festhielten. Offenbar hat es in der Mehrzahl der europäischen Städte während des Mittelalters bis hin zur Renaissance einen bestimmten Verwahrungsort gegeben, der für betroffene Menschen vorgesehen war (vgl. Braum 1986, 21f; Foucault 1978, 27ff).

Es war dort vielfach Sitte, die Irren zur Schau zu stellen:

> „In einigen der Narrtürme in Deutschland sind Gitterfenster eingebaut worden, die den Außenstehenden erlaubten, die darin angeketteten Irren zu beobachten. Sie boten auf diese Weise ein Schausspiel an den Toren der Stadt." (Foucault 1978, 138)

Der Wahnsinn war Schauspiel geworden, er wurde inszeniert. Auch später gab es noch bis in das 19. Jahrhundert hinein Führungen durch die Hospitäler. Die Irren, die dort vorgeführt wurden, waren Objekt der Aufmerksamkeit und der Neugier des sensationslüsternen Publikums.

> „Man läßt die Wärter die Irren ausstellen, wie der Dompteur auf dem Jahrmarkt von Saint Germain die Affen zeigt. Einige Wärter waren bekannt für ihr Geschick, die Irren Tänze und Akrobatik vorführen zu lassen, während sie mehrmals mit der Peitsche knallten." (ebnd. 138)

Die Demonstration der Animalität des Wahnsinns war nach *Foucault* ein besonderes Thema des 16. Jahrhunderts. Die Menschen wurden wie Tiere in käfigartigen Verschlägen angekettet, durch Gitter wurden sie mit Nahrung versorgt und das verschmutzte Stroh wurde mit Harken von außen entfernt. Es war der zum Tier gewordene Mensch, der zur Schau gestellt wurde.

In die Zeit des Mittelalters fällt auch der Beginn der Armenfürsorge, die auch die Pflege und Fürsorge behinderter Menschen in Form von kirchlichen Spitälern und Anstalten für Kranke beinhaltete. Es existierten zudem seit dem Ende des Mittelalters hospitalähnliche Einrichtungen, die speziell für die „Irren" bestimmt waren, wie z. B. ein sog. „Narrhäuslein" in Nürnberg oder ein (um 1477) im Hospital von Frankfurt errichtetes Gebäude für Geisteskranke und „ungehursame" Kranke (vgl. Foucault 1978, 111). Man darf sich diese Institutionen jedoch nicht als idyllische Orte der Barmherzigkeit vorstellen. Sie waren vielmehr beklagenswerte Sammelbecken von mittellosen Menschen, die man aus der Öffentlichkeit entfernte und durch ein Minimum an Verpflegung gerade so am Leben hielt (vgl. Meyer 1983, 91). Andere Betroffene, die in keiner kirchlichen Einrichtung unterkamen, blieb lediglich die Möglichkeit, sich das Lebensnotwendigste zu erbetteln. Für gläubige Spender bot die religiös motivierte liebestätige Almosenvergabe („caritas") die Möglichkeit, Buße zu tun für begangene Sünden. Diese von Kirchen, Klöstern und Orden getragene „*Caritas*" war schließlich die Grundlage der gesamten Armen- und Krankenfürsorge des Mittelalters.

2.3 Die Konstituierung der „Normalität" und des „Irr-Sinns" in der Epoche der Aufklärung

Obschon Einrichtungen für psychisch und geistig behinderte Menschen verschiedentlich schon für das ausgehende Mittelalter nachgewiesen werden können (z.B im Jahre 1409 in Valencia), entwickelten sich diese Institutionen erst eigentlich im 17. Jahrhundert und etablierten sich schließlich im 18. Jahrhundert. In diesem „Zeitalter der Aufklärung", der Zeit des Umbruchs zur Moderne, galt unter dem Eindruck des *Rationalismus* das philosophische Interesse in erster Linie den Problemen der Erkenntnis und nicht länger den Fragen der Metaphysik. Die Voraussetzungen der rationalistischen Wissenschaftsauffassung, der die Methodik der Mathematik und die zeitlose Gültigkeit ihrer Axiome und Gesetze Orientierungsmaßstab moderner Realitätserfassung war, bestimmte die gesamte Art des neuzeitlichen Denkens und Forschens. Es galt von nun an, nicht länger nach einer Beantwortung der über Jahrtausende anhaltenden Frage nach dem Sinn und der metaphysischen Bedeutung des Lebens zu suchen, sondern die Erscheinungen der Welt im Kreislauf des objektiv-verifizierbaren kausalen Geschehens zu erfassen.

In dieser Zeit des Umbruchs zur *Moderne*, in deren Gefolge später die gewaltigen technischen Errungenschaften des Industriezeitalters entstanden, wurde der Grundstein der exakten Wissenschaften gelegt, die von nun an bemüht waren, alle Hypothesen metaphysischer Art durch wissenschaftlich belegbare Tatsachen zu ersetzen. Der metaphysische Gott, dem sich die Menschen bis dahin schicksalsgläubig auslieferten, schien ins Jenseits verbannt und sukzessive durch die Wissenschaft ersetzt zu werden. Das unvollkommene spekulative Wissen der Religionen sollte durch die objektiven, exakten Tatsachen der modernen Wissenschaften ersetzt werden.

Nach *Foucault* setzte mit dem Beginn der Aufklärung und dem dort entstehenden wissenschaftlichen Interesse auch das objektiv-wissenschaftliche Interesse am „Irr-Sinn" als dem Anderen der Vernunft ein, was gleichzeitig die Internierung und totale Isolation des „Wahnsinns" von der Welt der (vernünftigen) „Normalität" zur Folge hatte (vgl. Foucault 1978, S.79). Für *Foucault* ist diesem Geist der Zeit auch die Geburt anderer „Internierungszentren" wie Hospital, Gefängnis, Zuchthaus geschuldet. Damals entstanden spezielle „Zucht"- und Arbeitshäuser und Gefängnisse, in denen u.a. „Bettler" und „Müßiggänger" und auch behinderte Menschen, die aus den unterschiedlichsten Gründen nicht für ihren Lebensunterhalt sorgen konnten, interniert waren und damit aus der Öffentlichkeit verschwunden waren (vgl. Störmer 1991, 29; Braum 1986, 14). Mit der Aufklärung geriet der bis dahin als besessen oder animalisch angesehene Irre zunehmend in das Blickfeld der enstehenden medizinisch-psychiatrischen Wissenschaften.

Es entstanden die Wissenschaften über das Andere der Vernunft. Damit etablierte sich allmählich eine wissenschaftliche, objektiv-verifizierbare Erkenntnis über den „Irr-Sinn", nach der der „Ver-rückte" gewissermaßen aufgrund einer kausal begründbaren organischen Beeinträchtigung in der Wahrnehmung (mit seinen *Sinnen* also) und einer darauf begründeten falschen Verarbeitung einer objektiv gegeben Welt „irre" und somit aufgrund dieser falschen Wahrnehmungsverarbeitung die Gegebenheiten (stimuli) der Welt mit falschem, „un"- bzw. „irr-sinnigem" Verhalten (response) beantworte. Der Wahnsinnige - der Mensch der „Unvernunft" - blieb im Zeitalter der Vernunft nicht länger ein vom Teufel Besessener, auch nicht mehr das zum Tier gewordene menschliche Subjekt, sondern er wurde ein kranker, in seinen Sinnen und Empfindungen irrender Mensch. Mit diesem Erklärungsmechanismus war gleichzeitig eine „vernünftige", als „normal" geltende Seinsweise hinsichtlich Wahrnehmung, Denken und Verhalten etabliert: ein aufgeklärtes Verständnis einer sog. vernünftig-gesunden „Normalität" und ein damit postuliertes adäquates, normales Verhalten. Auf dem Hintergrund dieses aufgeklärt-vernünftigen Seinsverständnisses konnte den objektiven Ursachen des „Irr-Sinns" auf den Grund gegangen werden. Die bis in die Gegenwart reichende Suche nach objektiv begründbaren somatischen Ursachen einer vermuteten Krankheit („Wahn-Sinn") war damit initiiert.

Es entstand also im Zeitalter der Vernunft ein wissenschaftlich-analytisches Bewußtsein über die Erscheinungen der Welt und im Zuge dessen eine nach objektiven Kriterien forschende medizinische Wissenschaft vom Wahnsinn - als dem Anderen der Vernunft -, die sich mit seinen Erscheinungsformen und seiner Entstehungslogik beschäftigte. Diese Suche nach den objektiv erforschbaren Ursachen des Wahnsinns hatte u.a. zum Ziel, den „Irr-Sinn" vom dämonischen Unsichtbaren und Geheimnisvollen, vom irrationalen Aberglauben zu befreien. Der vom Dämon Besessene früherer Zeiten wurde zum kranken Subjekt, das seither der medizinischen Behandlung innerhalb spezifischer Internierungszentren bedarf.

Während also vor dieser Zeitenwende die Formen der Unvernunft als Versinnbildlichung des Bösen oder als das Animalische der Öffentlichkeit zur Belustigung oder als mahnendes Beispiel zur Schau gestellt wurden, verschwand das Andere der Vernunft nun hinter den Mauern der Asyle. Die Welt der Vernunft wurde seither vor irrationalen Lebensentwürfen bewahrt, und die sog. „Normalität" als alleinige Daseinsberechtigung etabliert (vgl. Foucault 1978). Dies ist sicherlich einer der Hauptgründe dafür, daß die „Ver-rückten", deren Hauptvergehen im wesentlichen darin besteht, der Erwartungs-Norm „ent-rückt" zu sein, bis in unsere Zeit am Rande der Metropolen in eigens dafür errichteten Bewahranstalten ihr Dasein fristen.

Im Zusammenhang mit der Idee der Aufklärung unter dem Postulat der Vernunft stand allerdings auch die Idee der allgemeinen Bildung des Menschen, womit gleichzeitig eine diesseitige Auffassung vom Menschen, die Betonung der sog. Verstandeskräfte und deren Entwicklung, die Idee der allgemeinen Volksbildung im Vordergrund standen. Auf diesem Hintergrund aufgeklärten Denkens wurde auch die Möglichkeit einer sozial bedingten Entwicklungsverzögerung diskutiert.

Interessant ist in diesem Zusammenhang die *Itard-Pinel-Kontroverse*, die eine wissenschaftliche Debatte über die Ursachen und Behandlung des sog. *Schwachsinns* in der damaligen Zeit auslöste (vgl. Eggert 1990, 38f). Ausschlaggebend waren dabei die veröffentlichten Berichte (1802 und 1806) des Arztes und Pädagogen *Itard* über die Betreuung eines im Alter von ungefähr 11 Jahren in den Wäldern von Aveyron aufgefundenen „Wildkindes" (*Victor*), das offenbar ohne jegliche menschliche Gemeinschaft aufgewachsen war, sich lediglich über Grunzlaute bemerkbar machte und das *Itard* durch ein gewissermaßen verhaltenssteuerndes Programm über den Spracherwerb nachsozialisieren wollte. Im Gegensatz zu *Pinel*, der bei dem Jungen eine „irreversible Idiotie" diagnostizierte, ging *Itard* von einem Sozialisationsdefizit als Verursachung aus und versuchte diesem, so würden man heute sagen, (heil-)pädagogisch-therapeutisch zu begegnen. Die Itard-Pinel-Kontroverse führte schließlich zum Versuch *Seguins*, in einer Irrenanstalt in Paris mittels einer systematischen Unterrichtung geistig behinderte Kinder zu fördern (vgl. ebd.).

2.4 Behinderte zwischen Förderung und Verwahrung im Zeitalter der Industrialisierung

Die „Schwachsinnigen" und die Entstehung der Hilfsschule

Die beginnende Industrialisierung und der damit verbundene Übergang von der Manufaktur zur maschinellen Produktion im Fabrikbetrieb ab der Mitte des 19. Jahrhunderts verlangte seitens der prosperierenden Industrien nach höherer Qualifikation der Arbeitskräfte. Mit dem Wandel von der klein-bäuerlichen Agrarwirtschaft zu mehr industriellen Produktionsstätten veränderten sich die gesellschaftlichen Strukturen, und damit gewann der Aspekt der wirtschaftlichen Verwertbarkeit der Menschen im industriellen Produktionsgeschehen immer mehr an Bedeutung. Die florierende Industriegesellschaft verlangte nach besser qualifizierten Bildungsabschlüssen, die die schulische Versorgung noch nicht gewährleisten konnte.

Obschon sich bereits im 16. Jahrhundert im Zuge der Reformation auf Drängen der Kirche die „Deutsche Schule" neben der Latein- und Gelehrtenschule allmählich etablierte (vgl. Myschker 1983, 120f.), war erst gegen Ende des 18. Jahrhunderts in fast allen deutschen Staaten eine allgemeine Schulpflicht durchgesetzt. Die Verhältnisse dort waren jedoch u.a. durch eine Vielfalt von unterschiedlichen Schulsystemen katastrophal (vgl. Meyer 1983, 92). Es kam schließlich zur Vereinheitlichung des zersplitterten Elementarschulwesens (*Armenschulen, Fabrikschulen, einklassige Schule*), mit dem Ziel, die Voraussetzungen für eine einheitliche Basis zur Mindestqualifikation zu schaffen. Um die Mitte des 19. Jahrhunderts war schließlich die *Volksschule* etabliert. Sie war meistens 3- oder 4-klassig, die Klassenstärke lag bei 80 Schülern und mehr; unterdurchschnittlich begabte Schüler waren offenbar in der Mehrzahl, wie den Klagen der damaligen Volksschullehrer zu entnehmen ist; die Klassen umfaßten mehrere Jahrgänge, die meist in 3 Stufen (*Unterstufe*: 1.u.2. Schuljahr; *Mittelstufe*: 3.-5.

Schuljahr; *Oberstufe*: 6.-8. Schuljahr) eingeteilt waren. Bis zur Mitte des 19. Jahrhunderts wurden lernschwache Kinder, die im Massenunterricht der Elementarschulen kaum auffielen, nicht gesondert gefördert. Lediglich Kinder der begüterten Schichten erhielten speziellen Privatunterricht. Die leistungsschwachen Schüler wiederholten jeweils die entsprechenden Stufen bzw. verblieben in der Unterstufe (vgl. Beschel 1960, 8f).

Um ein differenziertes Leistungsangebot überprüfbarer zu machen und eine weitere Ansammlung der Leistungsschwachen in der Unterstufe zu verhindern, ging man in den Volkschulen dazu über, Jahrgangsklassen einzurichten (vgl. Altstaedt, 1977, 40). Dadurch konnten auch Leistungs-schwache deutlicher ermittelt werden. Schwierige und schwache Schüler, meist als „schwachsinnig", „schwach befähigt", „geistesschwach" oder als „Halbidioten" bezeichnet, wurden damit zunehmend zum Ballast für das Erreichen des geforderten Leistungsniveaus einer damals noch heterogen zusammengesetzten Jahrgangsklasse. Als Folge dessen kam es um die Mitte des 19. Jahrhunderts zu ersten Einrichtungen von schulischen Hilfssystemen zur speziellen Beschulung von „Schwachsinnigen" bzw. „Halbidioten". Dies waren zunächst *Nachhilfeklassen*, später (ab 1867) sog. *Hilfsklassen*, die eine Zurückversetzung in die Stufen erübrigten und zudem eine vorzeitige Schulentlassung erlaubten. Die Hilfsklassen hatten die Wiedereingliederung in die Regelklassen zum Ziel. Aber aufgrund der geringen Rückführung kam es zum weiteren Aufbau von Hilfsklassen und damit sukzessive zur Einrichtung und Entstehung der *Hilfsschule*, in der die betroffenen Kinder in den meisten Fällen während ihrer gesamten Schulzeit verblieben. Die dia-gnostischen Kriterien, die zur Aussonderung führten, waren sehr vage. Hauptkriterium war meistens die jeweilige Sprachentwicklung. Demnach sollten nach damaliger Empfehlung „Kinder mit Bewußtsein", bei denen mangelhafte Sprachleistungen festgestellt wurden, den Nachhilfeeinrich-tungen und Kinder, „welche sinnlos schwätzen oder nur unartikulierte Laute ausstoßen", den Blödsinnigenanstalten zugewiesen werden, die ab dem Jahre 1835 entstanden. Im Jahre 1864 veröffentlichte der Taubstummen-lehrer *Stötzner* seinen Entwurf einer „Schule für schwachbefähigte Kinder". Er bezog sich dabei auf einen Personenkreis der „Schwachsinnigen", den er „in der Mitte zwischen normal gebildeten und blödsinnigen Kindern" ansiedelte und für die er die Einrichtung einer speziellen „Nachhilfeschule" empfahl. Diese beschulbaren Schwachsinnigen sollten zu brauchbaren Menschen herangezogen werden, um nach Möglichkeit ihren Gemeinden nicht zur Last zu fallen (vgl. Beschel 1960, 12ff).

Für die Regelschulen hatten die entstandenen Hilfseinrichtungen eine große Entlastungsfunktion. Sie waren ihrer leistungshemmenden Klientel entledigt und konnten sich somit ungestörter dem erhöhten Schulleistungsauftrag widmen. Neben dem Gedanken einer optimaleren Förderung der Schwachen in speziell für sie eingerichteten Lernsystemen waren es demnach primär ökonomische Interessen, die zur Differenzierung des Schulsystems führten. Zudem wurde es zu Beginn der Industrialisierung zunehmend erforderlich, Hilfskräfte für untergeordnete Tätigkeiten heranzubilden, wofür die Hilfeinrichtungen zu sorgen hatten (vgl. Altstaedt 1977, S.68). Damit war über den spezifische Fördergedanken und der damit verbundenen Einrichtung besonderer Hilfssysteme auch eine stigmatisierende Selektionspraxis installiert, die, wie später zu zeigen sein wird, bis in die Gegenwart nachwirkte.

Die Idiotenanstalten

Gleichzeitig neben der Entwicklung der Volksschule existierten in der ersten Hälfte des 19. Jahrhunderts (seit 1835) private Hilfsorganisationen (meist in kirchlicher Trägerschaft) mit karitativ-religiösen und humanitären Absichten, die Menschen mit unterschiedlichsten Behinderungen (Taubstumme, Blinde, Verwahrloste und sog. Idioten) in ihre Anstaltsfürsorge aufnahmen: die sog. *Idiotenanstalten* bzw. *Irrenanstalten*. Sie knüpften an die mittelalterlichen Armenanstalten, insbesondere an die mittelalterliche Tradition der „Caritas" der Pflegeorden bzw. an die Zucht- und Tollhäuser des 18. Jahrhunderts an. Das dort praktizierte caritativ-klösterliche Modell der Betreuung von Geistigbehinderten war primär auf Verwahrung und die notwendige Pflege reduziert. Die Versorgung der betroffenen Menschen wurde in den Anstalten durch christlich-caritativ orientierte Diakonissen und Diakone gewährleistet (vgl. Bradl 1991; Moser 1998).

Diese Idiotenanstalten bezogen ihre Klientel vorwiegend aus begüterten Schichten des Adels und des Bürgertums, die für die relativ hohen Pflegekosten selbst aufkommen mußten. Diese Verwahranstalten fürchteten nun mit der Enstehung der Hilfsschulen um ihre Existenz, da diese wesentlich billiger waren und damit auch die Kinder niederer Schichten erreichten, die sich eine Unterbringung ihrer Kinder in den Anstalten nicht leisten konnten. Sie befürchteten zudem, daß sie ihrer „Schwachsinnigen" beraubt werden könnten und damit zu reinen Pflegestätten für nicht bildungsfähige „Idioten" würden (vgl. Altstaedt 1977, S.82).

Die Vertreter der Idiotenanstalten verteidigten ihre Institution vehement gegenüber der Etablierung dieser konkurrierenden Einrichtungen. Ein Inspektor einer Idiotenanstalt schrieb im Jahre 1893 folgende mahnende Worte:

„Ich kann nicht umhin, im Interesse der Schwachen zu behaupten, dass da, wo gut organisierte Idiotenanstalten existieren, Hilfsschulen nicht nothwendig sind; daß Hilfsklassen resp. Schulen ein nur unvollkommener Ersatz der Anstalten sind, und dass sie das leisten können, was man von einer guten Anstalt erwarten darf."
(Dörner; zit. nach Altstaedt 1977, 83).

Die Gründung der kostengünstigeren Hilfsschulen ließ sich nicht mehr aufhalten. Letzlich setzte sich die ökonomische Zweckmäßigkeit des Hilfsschulwesens durch. Ende des 19. Jahrhunderts kam es durch die Zunahme der Hilfsschulen zur Gründung des „Verbandes der Hilfsschulen Deutschlands", in dem sich die Hilfsschullehrer zusammenschlossen und Kriterien der Hilfsschulüberweisung regelten. Dort wurde u.a. beschlossen, Kinder mit „hohem Schwachsinnsgrad bzw. blödsinnige Kinder" nicht mehr in ihren schulischen Institutionen aufzunehmen.

Geistig behinderte Kinder waren seither in Westdeutschland bis in die 60er Jahre von jeglicher Beschulung ausgeschlossen. Auch in Ostdeutschland galten geistig Behinderte während der Zeit der DDR bis zur politischen „Wende" (1989) als nicht beschulbar.

Die Anfänge der Psychiatrie

Parallel zu immer differenzierteren Bemühungen der Förderung spezifischer Behinderungen nahm im 19. Jahrhundert deutlich das Interesse an geistig behinderten Menschen, an sog. Idioten, Blödsinnigen oder Schwachsinnigen zu (vgl. Siegenthaler 1983, 41). Wenn wir vorher das Zeitalter der Vernunft als den Ausgangspunkt des medizinisch-wissenschaftlichen Interesses am „Irr-Sinn" bezeichneten, so kann das 19. Jahrhundert als die eigentliche Epoche der Psychiatrie - als verfestigte Ideologie und Wissenschaft der Irrenlehre - gekennzeichnet werden. Die geistige Behinderung galt in der psychiatrischen Lehre gemeinhin als endogen krankhafter Prozeß. Der „Kranke" wurde als psychopathologischer Extremfall einer Gehirn- bzw. Nervenschädigung auf seine Defekte reduziert, und die wissenschaftlich-medizinische Begründung seines Anders-Seins war schließlich der Ausgangspunkt seiner medizinischen Behandlung und Betreuung nach den Kriterien eines Krankenhauses (vgl. Theunissen 1989, 97; Bradel 1991, 510). Damit verband sich auch die Forderung, sämtliche Anstalten, besonders die konfessionell geführten, nach wissenschaftlichen Anforderungen einer ärztlichen Leitung zu unterstellen. Die konfessionellen Idiotenanstalten wurden daraufhin den Medizinalbehörden zugeordnet, was auf deren heftigsten Widerstand stieß (vgl. Klevinghaus 1972, 22f).

In Deutschland wurde mit Johann Christian *Reil* der Grundstein der psychiatrischen Wissenschaften gelegt. Er nahm 1803 eine dreistufige Klassifikation des „Blödsinns" vor, die in ihrer Grundstruktur bis in die Gegenwart in Psychiatrie und traditionelle Heilpädagogik hineinwirkt und die Behandlung Betroffener prägt. *Reil* unterschied dort einen *„ersten Grad"*, der eine schwer zu bestimmende *„Demarkationslinie zwischen gesundem Menschenverstand und anfangendem Blödsinn"* markiere, von einem *„mittleren Grad"*, in dem Betroffene noch die einfachsten Begriffe erfaßten, im Gegensatz zum *„äußersten Grade des Blödsinns"*, in dem alle Wahrnehmung der Sinne fehlten und der Kranke gleich einem Tier *„ohne Begriffe, Urteile, Gefühle, Leidenschaften"* dahinvegetiere. Schließlich forderte *Reil* eine Trennung zwischen Irrenanstalten für „Heilbare" („Irrenheilanstalten") und Aufbewahrungsstätten („Irrenbewahranstalten") für „hoffnungslose, unheilbare Fälle" (Reil; zit. nach Theunissen 1989, 92).

Um die Jahrhundertwende erfuhr die Psychiatrie schließlich durch Emil *Kraepelin* ein dreistufiges Klassifizierungssystem von sog. Schwachsinnsformen, das sich bis in die Gegenwart erhalten hat. Er unterschied dort die *Demenz* als eine durch organische Gehirnkrankheit (meist im fortschreitenden Alter) bedingte Minderung einer früher vorhandenen geistigen Leistungsfähigkeit von der *„Oligophrenie"* („Schwachsinn") im Sinne eines angeborenen oder in frühester Kindheit erworbenen Schwachsinnszustands, den er in folgende drei Schweregrade unterteilte (die später mit folgenden IQ-Werten in Verbindung gebracht wurden):

- „Debilität" als leichtgradiger Schwachsinn   (IQ 67-52)
- „Imbezillität" als mittelgradiger Schwachsinn   (IQ 51-20)
- „Idiotie" als hochgradiger Schwachsinn   (IQ unter 20)

(vgl. Bradl 1987, 130ff; Dörner/Plog 1989, 470ff).

Die sog. *Idioten* bzw. *Blödsinnigen* standen in der sich entwickelnden psychiatrischen Lehre des ausgehenden 18. Jahrhunderts an unterster Stelle. Sie galten gemeinhin als unheilbar bzw. medizinisch-psychiatrisch unbeeinflußbar. Ab der Mitte des 19. Jahrhunderts wurden nach einer kurzen Phase der getrennten Unterbringung von „heilbaren" und „unheilbaren" Irren kombinierte Institutionen, sog. „Heil- und Pflegeanstalten" geschaffen. Schließlich wurde seitens psychiatrisch orientierter Anstaltsfürsorge angeregt, die aus medizinischer Sicht unheilbaren und damit für medizinische Forschungen uninteressanten Idioten den von Theologen oder Pädagogen geleiteten Anstalten zu überlassen. Neben der Psychiatrie bildeten sich folglich noch zwei weitere, konzeptionell unterschiedlich orientierte Interessensgruppen der Schwachsinnigenbetreuung heraus, so daß von insgesamt drei Hauptströmungen während dieser Zeit ausgegangen werden kann:

- ein *medizinisch-psychiatrischer* Entwicklungsstrang mit primär medizinisch-wissenschaftlichem Interesse am Anderen der Normalität
- ein *caritativer* Entwicklungsstrang mit theologisch-religiösem Hintergrund und eines darin begründeten sozialen Auftrages, der in der zweiten Hälfte des 19. Jahrhunderts zur Gründung vieler Anstalten der Idiotenfürsorge führte
- ein *heil- bzw. hilfsschulpädagogischer* Entwicklungsstrang als historische Wurzel einer späteren *Heilpädagogik* mit pädagogischer Motivation, die es gegenüber der Psychiatrie jedoch nicht schaffte, sich als eigenständige Wissenschaft zu etablieren.

(vgl. Bradl 1987, 125; Siegenthaler 1983, 44; Moser 1998)

Die Entstehung des heilpädagogischen Gedankens

Die Ursprünge des heilpädagogischen Gedankens sind auf den Beginn des Aufklärungszeitalters des ausgehenden 17. Jahrhunderts und die Entstehung eines modernen Rationalismus zurückzuführen. Bezüglich einer Erziehung von heranwachsenden jungen Menschen war man nun von der Beeinflußbarkeit des Menschen mittels effizienter pädagogischer Methoden überzeugt. Man ging im Sinne der Aufklärung davon aus, daß jeder Mensch gleichermaßen mit Vernunft ausgestattet sei, und es lediglich der Kunst des Pädagogen obliege, durch geeignete erzieherische Mittel Heranwachsende zur Entfaltung und optimalen Gebrauch ihres noch nicht entwickelten oder verschütteten Vernunftpotentials zu verhelfen. Der englische Philosoph John *Locke* (1632 - 1704), einer der einflußreichsten Denker seiner Zeit, leugnete das Vorhandensein angeborener theoretischer wie ethischer Ideen. Er ging beim Menschen bezüglich seines anfänglichen Bewußtseins von einer *tabula rasa* aus, die im Laufe des Lebens durch individuelle Lebenserfahrungen inhaltlich („Ideen") geprägt und gefüllt würde. Dies hebt *Locke* besonders in seinen „Gedanken über Erziehung" hervor:

> „Ich darf wohl sagen, daß von zehn Menschen, denen wir begegnen, neun das, was sie sind, gut oder böse, nützlich oder unnütz, durch ihre Erziehung sind. Sie ist es, welche die großen Unterschiede unter den Menschen schafft. Die kleinen oder nahezu unmerklichen Eindrücke auf unsere zarte Kindheit haben sehr bedeutende und dauernde Folgen (...)."
> (Locke 1693; zit. nach Haeberlin 1998, 227)

In der Schweiz wandte sich in diesem Sinne vor allem Johann Heinrich *Pestalozzi* (1746-1827) der Erziehung der sozial Schwachen zu. Er sammelte verwahrloste Kinder, „geistig schwache", „schwachsinnige Kinder schwersten Grades" und Körperbehinderte um sich. Es ging ihm primär um die „Errettung der im niedersten Stand der untersten Menschheit vergessenen Kinder", denen er zu einem „nützlichen und tätigen Leben" verhelfen wollte (Beschel 1960, 52).

> „Es soll aber die Menschheit sehr interessieren, daß auch die Kinder vom äußersten Blödsinn, die durch gewohnte Härte dem Tollhaus aufgeopfert werden, durch liebreiche Leitung zu einem ihrer Schwachheit angemessenen, einfachen Verdienst vom Elend eines eingesperrtes Lebens errettet und zur Gewinnung ihres Unterhalts freien und ungehemmten Lebens geführt werden können."
> (Pestalozzi 1946, Bd.I, 173f)

Ein anderer Schweizer, der Arzt Jacob *Guggenbühl*, widmete sich in der Mitte des 19. Jahrhunderts einer bestimmten Erscheinungsform körperlich-geistiger Behinderung, die vorwiegend als Stoffwechselanomalie (Funktionsstörung der Schilddrüse) im Alpenraum vorkam: dem sog. *Kretinismus*, der neben einer intellektuellen Beeinträchtigung mit Zwergenwuchs und Schwerhörigkeit verbunden war. Bei der Betreuung dieser Kinder ging es *Guggenbühl* in erster Linie um die Schulung der Funktionstüchtigkeit der Sinne nach der Methode *Itards*. Er verstand allerdings darunter nicht eine Heilung im medizinischen Sinne, sondern die pädagogisch geförderte Entwicklung der geistigen Fähigkeiten bis zu einem gewissen Grad der relativen Reproduktionsfähigkeit (vgl. Beschel 1960, S.57).

Seine Maßnahmen umfaßten Bereiche, wie sie bis heute zur Anwendung kommen und im Sinne einer ganzheitlichen Betreuung hochaktuell sind. So sollten dort Sinnesqualitäten im heutigen ganzheitlichen Sinne optimiert werden, indem Dinge der Umgebung in ihrer Bedeutung für das jeweilige Kind erfahrbar gemacht werden sollten. Gymnastische Übungen dienten der Verbesserung des Bewegungsgeschicks. Darüber hinaus ging es ihm insbesondere um die Erziehung des Gefühls- und Willenslebens. Der heutige Gedanke einer integrativen Pädagogik fand erste Anwendung, indem die Familiengruppen nicht nach der Schwere und Art der Behinderungen zusammengestellt wurden, sondern behinderte und nichtbehinderte Kinder gemeinsam in einer Lerngruppe betreut wurden. Als wichtigste Voraussetzung aller Erziehung sah es *Guggenbühl* an, die Liebe der Kinder zu gewinnen. Das pädagogische Ziel war für *Guggenbühl* erreicht, wenn die Betroffenen in die Lage versetzt wurden, selbständig für ihren Lebensunterhalt zu sorgen (vgl. Beschel 1960).

Im deutschsprachigen Raum waren es in der Mitte des 19. Jahrhunderts die beiden Pädagogen Johann Daniel *Georgens* und Heinrich Marianus *Deinhardt*, die sich in ihrer „Heilpflege- und Erziehanstalt Levana" in der

Nähe von Wien behinderten Kindern widmeten. In diesem Heim („Heil-pflege- und Erziehanstalt für geistes- und körperschwache Kinder"), eine „Musteranstalt für gesunde und abnorme Kinder", arbeiteten Mitarbeiter aus den unterschiedlichsten Bereichen (Ärzte, Kunstgewerbler, Pädagogen). Für sie war die Betreuung der ihnen anvertrauten Kinder über eine bloße wohl-tätige Fürsorge hinaus im wesentlichen von einer „heilpädagogischen" Inten-tion geprägt. Hierzu erstellten sie eine spezifische Konzeption, die in einem Buch mit dem Titel „Die Heilpädagogik mit besonderer Berücksichtigung der Idiotie und der Idiotenanstalten" veröffentlicht wurde (vgl. Georgens/ Deinhardt 1861; Paul 1807). Damit wurde erstmals der Terminus „Heilpäda-gogik" in seiner Verbindung von ärztlich-heilender und pädagogischer Inten-tion gebraucht (vgl. Beschel 1960, 59f; Möckel 1988, 155ff).

3 Der Sozialdarwinismus:
die Biologisierung der sozialen Frage

Während der Phase der beginnenden Industrialisierung im 19. Jahrhundert verschärfte sich in Deutschland durch das enorme Anwachsen der Bevölkerungszahl, durch die Verelendung niederer Schichten („Lumpenproletariat") und durch die Verarmung der Menschen, die aus den unterschiedlichsten Gründen am Arbeitsleben nicht teilhaben konnten, die soziale Lage. Die Industriegesellschaft zerfiel zunehmend in die Gruppe der sozial Brauchbaren, die sich im Arbeitsprozeß produktiv einbringen und reproduzieren konnten, und in die Gruppe der „sozial Unbrauchbaren", die dem entstehenden Sozialsystem zugewiesen wurden.

Im Zuge der durch knapper werdende Ressourcen angespannten sozialen Situation entstanden schließlich im ausgehenden 19. Jahrhundert unter dem Eindruck sozialdarwinistischer Erkenntnisse unheilvolle Perspektiven, mit denen die damalige Gesundheits- und Bevölkerungspolitik in den Strudel biologistischer Steuerungsprogramme geriet. Die sozialdarwinistischen Thesen, mit denen die Schuld der „sozialen Unbrauchbarkeit" bei den Betroffenen selbst gesucht und schließlich in deren biologisch-genetischen Minderwertigkeit gefunden wurde, fanden überraschend viele Anhänger seitens der Wissenschaft und Politik. Sie legten schließlich den ideologischen Grundstein für die späteren „rassenhygienischen Maßnahmen", die damit verknüpfte Züchtung „Erbgesunder" und die „Endlösung" der sozialen Frage durch Vernichtung sog. „Minderwertiger", die dann in der nationalsozialistischen Ära auf brachiale, menschenverachtende Art und Weise in die Tat umgesetzt wurde. Mit der Phase des Nationalsozialismus war also keineswegs lediglich eine einmalige, von einzelnen „satanischen Wesen" getragene, zeitgeschichtlich relativ kurze Phase einer Schreckensherrschaft installiert, deren Ideologie gewissermaßen mit ihren Protagonisten entstand und schließlich mit ihnen wieder spurlos verschwinden sollte; es offenbart sich bei eingehender Analyse vielmehr, daß sich mit der zunehmenden Biologisierung der sozialen Frage und den daraus abgeleiteten bevölkerungspolitischen Handlungskonzepten in der zweiten Hälfte des neunzehnten Jahrhunderts eine unheilvolle Kontinuität bis hin zu den eliminatorischen Praktiken der nationalsozialistischen „Rassenhygiene" ergab (vgl. Kaiser u.a. 1992).

Der Gedanke von eugenischen Maßnahmen zur Vermeidung des sozialen Ballastes sog. „Erbgeschädigter" und die Züchtung „erbgesunder

Menschen" entwickelte sich bereits in der Mitte des 19. Jahrhunderts. In der Tendenz kamen diese Gedanken schon in den Überlegungen *Darwins* und dem nach ihm benannten *Sozialdarwinismus* vor.

Charles *Darwin* entwickelte in seinem 1859 erschienenen Werk „Über die Entstehung der Arten durch natürliche Zuchtwahl oder die Erhaltung der begünstigten Rassen im Kampfe um's Dasein" seine Thesen zur natürlichen Selektion als Grundvoraussetzung jeglicher Evolution. Seine Theorien zur Selektion und Abstammung bezogen sich zum einen auf den Grundsatz, daß alle Arten (zunächst der Pflanzen- und Tierwelt) mehr Nachkommen reproduzierten als zur Erhaltung der Art nötig sei. Der andere Grundsatz betonte die Variabilität der Eigenschaften einer Art. Demnach sollte eine Auslese innerhalb einer Art dergestalt stattfinden, daß sich bestimmte Eigenschaften von Mitgliedern einer Art im „Kampf um's Überleben" als unterlegen erwiesen, während andere sich bewährten, um an die nachfolgende Generationen weitervererbt zu werden, die damit sukzessive mit optimaleren Anpassungsmöglichkeiten an Umweltgegebenheiten ausgestattet würden.

Im Jahre 1871 wandte *Darwin* in seinem Werk „Die Abstammung des Menschen und die geschlechtliche Zuchtwahl" seine zunächst auf die Pflanzen- und Tierwelt bezogene Evolutionstheorie auf die Entwicklung der menschliche Gesellschaft an, was vorher schon Thomas H. *Huxley* (1863) und Ernst *Haeckel* (1899) unternommen hatten.

Im *Sozialdarwinismus* wurden die von *Darwin* in der Natur ausgemachten Gesetze der Evolution, wie die Selektion im Kampf um das Dasein und die dort angenommene natürliche Zuchtauswahl, auf die menschliche Entwicklung übertragen, die dort, wovon z.B. auch *Haeckel* ausging, nach der gleichen naturgesetzlichen Logik ablaufen sollte (vgl. Haeckel 1899, 312ff). Bereits 1868 hob *Haeckel* in seiner „Natürlichen Schöpfungsgeschichte" neben der „natürlichen Auslese" insbesondere noch die sog. „künstliche Auslese" hervor, die durch Todesstrafe oder, wie dies im alten Sparta praktiziert worden sei, durch Tötung schwächlicher Kinder dafür sorge, daß minderwertige menschliche Anlagen nicht weitervererbt werden könnten (vgl. Klee 1989, 16).

Es soll nicht unerwähnt bleiben, daß auch der Philosoph Friedrich *Nietzsche* von dem „Kampf-ums-Dasein-Prinzip" des Darwinismus seiner Zeit stark beeinflußt war. *Nietzsche* wollte den neuen Menschen, den „Übermenschen" schaffen, dessen Aufgabe es sein sollte, alles Lebensfeindliche, Schwache und Krankhafte zu vernichten. Im „Antichrist" formulierte er dies im Jahre 1888 so:

> „Die Schwachen und Mißratenen sollen zugrunde gehen:
> erster Satz *unsrer* Menschenliebe. Und man soll ihnen noch dazu helfen.
> Was ist schädlicher als irgendein Laster? - Das Mitleiden der Tat mit allen
> Mißratnen und Schwachen - das Christentum..."
> (Nietzsche 1969, 1166)

Für *Nietzsche* verhinderte das Christentum als „Religion des *Mitleidens*"
den starken Menschen, indem sie Partei für „alles Schwache, Niedrige,
Mißratne" ergreife (vgl. ebd., 1167). *Nietzsches* Idee vom „Übermenschen", vor allem seine Kritik am Christentum, wurde später, wie auch
Schopenhauers Idee vom „Willen als letztem Daseinsgrund", von der nationalsozialistischen Ideologie für ihre Interessen mißbraucht, wie deutlich dem
1930 veröffentlichten Buch Alfred *Rosenbergs* „Der Mythus des 20. Jahrhunderts" mit seinen trivialphilosophischen Abhandlungen und „völkischen"
Begründungen zu entnehmen ist.

> „Aus dem Zwangsglaubenssatz der schrankenlosen Liebe und der Gleich-
> heit alles Menschlichen vor Gott einerseits, der Lehre vom demokrati-
> schen rasselosen und von keinem nationalverwurzelten Ehrgedanken ge-
> tragenen 'Menschenrecht' andererseits, hat sich die europäische Gesell-
> schaft geradezu als Hüterin des Minderwertigen, Kranken, Verkrüppelten,
> Verbrecherischen und Verfaulten 'entwickelt'."
> (Rosenberg 1930, 169)

Mit dem Sozialdarwinismus wurde also die nach *Darwin* entwickelte
Selektions- und Deszendententheorie (Abstammungslehre) im Sinne einer
menschlichen Evolutionstheorie zu begründen versucht, woraus dann später
bezüglich der menschlichen Gemeinschaft ein „Recht des Stärkeren"
abgeleitet wurde:

> „Aber das Recht des Stärkeren, das sich im Sieg der besseren Anpas-
> sungsform über die Unvollkommeneren geltend macht, herrscht nicht nur
> in der Natur, sondern auch in der menschlichen Sozialgeschichte."
> (Schallmayer 1903, 213)

Damit wurde gleichzeitig das soziale Engagement für die Schwachen innerhalb der sozialen Gemeinschaften in Frage gestellt. In der sozialdarwinistischen Logik war dies ein Eingriff in die naturgesetzliche Selektion, weil
durch die fürsorgerischen Tätigkeiten des Staates die natürlich ablaufenden
evolutionären Prozesse gestört und damit die Gesellschaft insgesamt der
Gefahr der Degeneration ausgesetzt würde (vgl. Schallmayer 1903, 95). Aus
sozialdarwinistischer Perspektive stand damit der medizinische Fortschritt
und die Fürsorge für die Schwächsten im Widerspruch zum Prinzip der
Auslese, da nach dieser Logik die Schwachen, die ohne Fürsorge der Selek-

tion anheimfallen müßten, durch die ihr zuteil werdende Hilfe am Leben blieben und so uneingeschränkt ihr krankes Erbgut und die daraus resultierenden schlechten Eigenschaften an ihre Nachkommen weitergeben konnten. Die in der Gesellschaft praktizierten Prinzipien der „Individualhygiene" als Hilfe für die Schwachen würden demnach einen naturgemäß vorgegebenen Selektionsprozeß verhindern und damit die evolutionären Prozesse gefährden. Dies waren die sozialdarwinistischen Hauptvorwürfe gegen das soziale Engagement gegen Ende des 19. Jahrhunderts. Von diesen Überlegungen zur Grundlegung einer sog. *„Rassenhygiene"* war es nicht mehr weit.

3.1 Von der Eugenik zur Rassenhygiene

Bis hierhin ging es im Sinne des Sozialdarwinismus' um einen, wie es dort hieß, „natürlichen" Ausleseprozeß der menschlichen Spezies und im Sinne der *Eugenik* um die Optimierung menschlicher Erbanlagen künftiger Generationen durch selektive Aufzucht. Während der Sozialdarwinismus die angespannte soziale Lage lediglich dem Kampf ums Dasein empfahl, in dem der Wohlfahrtsstaat seine fürsorgerischen Tätigkeiten einstellen sollte, beabsichtigte die Eugenik als Wissenschaft aktiv in den Ausleseprozeß einzugreifen.

Eugenik

Der Begriff *Eugenik* (die Lehre von der guten Abstammung), der auf das griechische Wort „eugenes" (wohlgeboren; von „guter Abstammung") zurückgeht, wurde 1883 von einem Vetter *Darwins*, Francis *Galton* (1822-1911), geprägt, der die Theorie vertrat, daß Talent und Charakter vorwiegend vererbt seien und Umwelteinflüsse eine untergeordnete Rolle spielten. *Galton* setzte sich ausdrücklich für den gezielten Eingriff in die menschliche Evolution ein (vgl. Weß 1989, 24; Wolff 1993, 49; Kühl 1997, 18ff).

Eugenische Utopien zur staatlich sanktionierten Züchtung von Menschen wurden bereits schon von dem griechischen Philosophen *Platon* formuliert, der institutionelle Vorkehrungen zur Regulierung der Fortpflanzung forderte, um so die „Reinerhaltung" der herrschenden Klasse zu garantieren (vgl. Bayertz 1987, 32). Thomas *Morus* forderte in „Utopia" (1517), daß zukünftige Eheleute nackt begutachtet werden sollten, um verheimlichte oder verdeckte Gebrechen auf diese Weise aufspüren zu können. Auch Thomas *Campanella* empfahl in seinem „Sonnenstaat" (1623), die „Gattenwahl" staatlich zu regeln (vgl. Grassi 1979). Im 19. Jahrhundert beschäftigen sich eine Fülle von Züchtungsutopien, angeregt durch wissenschaftliche Erkenntnisse und philosophische Überlegungen, mit der Idee des künstlich erzeugten Menschen. Jedoch erst mit der Ausbreitung sozialdarwinistischer Erkenntnisse in Verbindung mit der wirtschaftlichen Krise des Staates schien die praktische Umsetzung dieser Utopien möglich zu werden.

Als „Wissenschaft von der Verbesserung des Menschen durch Zucht" beabsichtigte die Eugenik, die Entwicklung von Erbanlagen zu beeinflussen, was durch folgende eugenische Maßnahmen geschehen sollte:

1. *Positive Eugenik*

Maßnahmen zur Förderung der Entwicklung positiver Erbanlagen durch Begünstigung der Fortpflanzung von Menschen mit gesunden Erbanlagen

2. *Negative Eugenik*

Maßnahmen zur Einschränkung der Auswirkungen negativer Erbanlagen durch Verhinderung der Fortpflanzung von Menschen mit ungünstigen Erbanlagen.

In Deutschland prägte der Mediziner Alfred *Ploetz*, der als der Begründer der deutschen Eugenik gilt, den Begriff „Rassenhygiene". Er gab seit 1904 die Fachzeitschrift „Archiv für Rassen- und Gesellschaftsbiologie, einschließlich Rassen- und Gesellschaftshygiene" heraus und gründete 1905 die „Gesellschaft für Rassenhygiene".

Im Jahre 1895 veröffentlichte *Ploetz* in seinem Buch „Die Tüchtigkeit unserer Rasse und der Schutz der Schwachen" unter konsequenter Umsetzung darwinscher Theorien die Grundlinien einer Rassenhygiene zur, wie er dort betonte, Gesunderhaltung der Rasse und Vervollkommnung ihrer Anlagen durch Erzeugung besserer und „Ausjäte" bzw. „Ausmerze" schlechter Gattungsvertreter. *Ploetz* warnte ausdrücklich vor einer „Kontraselection", womit er eine Selektion der Guten durch Kriege und blutige Revolutionen einerseits und einen besonderen Schutz der Kranken und Schwachen andererseits meinte. Er empfahl, die Fortpflanzung staatlich zu regeln und diese generell nur „hochwertigen Paaren" zu gestatten. Fortpflanzungsexperten sollten den optimalen Zeugungszeitpunkt bestimmen und die Schwangerschaft medizinisch überwachen. In seiner sog. „Fortpflanzungs-Lehre" forderte er, jedes Neugeborene ärztlich zu begutachten und schwächlichen und „missgestalteten" Säuglingen mittels einer Dosis Morphium einen sanften Tod zu bereiten. Die Entscheidung über Leben und Tod sollte einem dafür bestellten „Ärzte-Collegium" vorbehalten bleiben. Andere rassenhygienische Utopien sahen vor, Heiratserlaubnisse vom „Erbwert" abhängig zu machen; wieder andere favorisierten Zuchtmaßnahmen mittels künstlicher Befruchtung und Vielweiberei bei Männern mit herausragendem Erbmaterial. *Ploetz* forderte gar, die Kranken- und Arbeitslosenversicherung ganz abzuschaffen, da seiner Ansicht nach die soziale Unterstützung der Armen den selektiv wirksamen Kampf ums Dasein unterlaufe (vgl. Weß 1989, 24f, 97; Klee 1989, 18):

> „Wer sich dann in dem ökonomischen Kampf als schwach erweist und sich nicht erhalten kann, verfällt der Armut mit ihrem ausjätenden Schrecken. Armen-Unterstützung darf nur minimal sein und nur an Leute verabfolgt werden, die keinen Einfluss mehr auf die Brutpflege haben. Solche und andere 'humane Gefühlsduseleien' wie Pflege der Kranken, der Blinden, Taubstummen, überhaupt aller Schwachen, hindern oder verzögern nur die Wirksamkeit der natürlichen Zuchtwahl.
> Besonders für Dinge wie Krankheits- und Arbeitslosen-Versicherung, wie die Hülfe des Arztes, hauptsächlich des Geburtshelfers, wird der strenge Rassenhygieniker nur ein missbilligendes Achselzucken haben. Der Kampf um's Dasein muss in seiner vollen Schärfe erhalten bleiben, wenn wir uns rasch vervollkommnen sollen, das bleibt sein Dictum."
> (Ploetz 1895; zit. nach Weß 1989, 98)

Der Mediziner Wilhelm *Schallmayer*, einer der herausragensten Vertreter der Rassenhygiene, betonte ausdrücklich die Auslese als Grundbedingung jeglichen Fortschritts und warnte vor kontraselektiven Tendenzen wie Ehelosigkeit, geringe Nachkommenschaft der „am besten Angepaßten" (gemeint waren die gehobenen und gebildeten Schichten). Er sah eine der größten Gefahren im medizinischen Fortschritt, der einer natürlichen Selektion durch Krankheiten entgegenwirke (z.B. durch TBC als ein wichtiger Bestandteil der Selektion). Auch er warnte ausdrücklich vor den Folgen von Kriegsverlusten, die zur Selektion der Guten führten, minderwertige Wehruntaugliche hingegen verschone (vgl. Schallmayer 1903, 94; Weingart u.a. 1996, 39f).

Der Vorwurf einer „falschen Humanität" für die Schwachen

Als Haupthemmnis einer natürlichen Auslese machte *Schallmayer* jedoch die falsch verstandene humanitäre Gesinnung gegenüber den erbkranken Menschen aus und nannte in diesem Zusammenhang u.a. die *„scheinhumane Irrenpflege"* in den Pflegeanstalten:

> „Unsere scheinhumane Irrenpflege hat natürlich nicht den Erfolg, die Zahl dieser Unglücklichen, denen ihr von uns so ausnehmend sorgfältig behütetes Leben meist nur eine schwere Last ist, zu vermindern, sondern gerade den gegenteiligen, und so müssen die Irrenanstalten fortwährend vermehrt und erweitert werden."
> (Schallmayer 1903, 152)

Auch der bis in die Gegenwart als „Vater der psychiatrischen *Klassifikationskunde*" gefeierte Psychiater Emil *Kraepelin* warnte ausdrücklich vor den „ernsthafte(n) Gefahren für unsere Rasse" („Keimverderbnis") durch das menschlichen Mitleid gegenüber den „Untauglichen" (vgl. Trus 1995, 21 ff):

> „Alle die zahlreichen Schöpfungen menschlichen Mitleids, die darauf abzielen, auch das Leben der Kranken, Schwachen, Untauglichen nach Möglichkeit zu erhalten und menschenwürdig zu gestalten, haben ohne Zweifel die unerfreuliche Folge, daß sich unserem Nachwuchs dauernd ein breiter Strom minderwertiger Keime beimischt, der eine Verschlechterung der Rasse bedeutet. Je vollkommener uns also die Erfüllung unserer Menschenpflicht gegen die Elenden, Verirrten und Hilflosen gelingt, desto nachhaltiger schädigen wir die Kraft unseres Volkstums."
> (Kraepelin 1918; zit. nach Clausen u.a. 1997, 28)

Schallmayer sah in einer falsch verstandenen Humanität lediglich die Interessen des Einzelnen vertreten, was jedoch nicht zum Wohle des gesamten Volkes sei. Zur Vermeidung dieser falschen humanitären Haltung und der weiteren fortschreitenden Degenerierung und Entartung des Volkes empfahl er schließlich, im Sinne einer „*Vererbungshygiene*" politisch darauf hinzuwirken, erbkranke Menschen durch eine sog. „künstliche Auslese" an der weiteren Fortpflanzung zu hindern und für Heiratswillige präventiv ein Gesundheitszeugnis einzuführen. Dies sei u.a. bildungspolitisch durch eine rassenhygienische Erziehung der Jugend vorzubereiten, damit zukünftig in der öffentlichen Meinung die Fortpflanzung von „Personen mit Erbkrankheiten oder sonstigen Entartungsanlagen" als ein „unverzeihliches Verbrechen" verabscheut würde (vgl. Schallmayer 1903, 309, 351):

> „Diesem neuen Glied der Hygiene, der Vererbungshygiene, ist die dankbare und ruhmvolle Aufgabe vorbehalten, die degenerierenden Wirkungen der Kultur des Westens, die so vielen Völkern verderblich geworden sind, auszugleichen und ins Gegenteil zu kehren."
> (Schallmayer 1903, 354)

Die „Ökonomisierung des Menschen"

Die Rassenhygiene betrieb mit ihrer Propagierung biologischer Rasseeinheit des Volkskörpers offensiv die Abkehr von ethisch-moralischen Werten wie Individualität, Humanität und Menschenwürde. Ihre politische Bedeutung gewann sie allerdings erst ab 1908 durch das Zusammentreffen mit der Finanzkrise des Staates, die sich nachhaltig auf das damalige Gesundheitswesen auswirkte, und die schließlich durch eine Fusion von Ökonomie und Rassenhygiene „menschenökonomische" Überlegungen zur Folge hatte. Mit der „Ökonomisierung des Menschen" wurde die Kosten-Nutzen-Frage von sog. „Ballast-Existenzen" offen gestellt, was z.B. im Jahre 1911 durch eine Wochenschrift mit einem 1200 Mark dotierten Preisausschreiben zum Thema „Was kosten die schlechten Rassenelemente den Staat und die Gesellschaft?" auf den Punkt gebracht wurde (vgl. Weingart u.a. 1996, 254ff). Mit dem Kosten-Nutzen-Kalkül wurde die biologisch-genetische Reduktion um die ökonomische Reduktion auf den volkswirtschaftlichen Wert des Menschen ergänzt und damit der biologischen Minderwertigkeit die ökonomische zur Seite gestellt. Damit war der spätere Erfolg von rassenhygienischen Strategien zur Lösung bevölkerungsökonomischer Probleme vorgezeichnet.

Die Medizinisierung der sozialen Frage als Vorstufe ihrer Eliminierung

Mit dem zunehmend gesellschaftlich sanktionierten Begriff der „Ent-Artung", mit dem eigentlich die Abweichung und Nichterfüllung von industrieller Brauchbarkeit, gesellschaftlicher Anpassungsfähigkeit und intuitiv gelebter „Normalität" gemeint war, und dem damit assoziierten Begriff der „Minderwertigkeit" wurde also die soziale Frage zur Wertfrage und zum individuellen biologisch-genetischen Problem. Die damaligen Erkenntnisse der medizinischen Wissenschaften, die sich sukzessive der sozialen Frage bemächtigten, trugen dazu bei, die durch knapper werdende Ressourcen angespannte soziale Problematik auf die Betroffenen selbst abzuwälzen. Sie stützten die sozialdarwinistischen Thesen einer „sozialen Unbrauchbarkeit" als Folge von biologisch-genetisch Minderwertigem. Die Folge war, daß es von nun an wertvolles und minderwertiges biologisch-genetisches Menschenmaterial und damit wertvolle und minderwertige Menschen gab (vgl. Dörner 1989a, 28). Die Medizin des 19. Jahrhunderts, die sich anschickte, sich vom Ballast philosophischer Fragestellungen zum Menschen zu befreien und sich statt dessen zunehmend am Paradigma der Naturwissenschaften orientierte (z.B. durch die Ablösung des „Philosophikums" durch das „Physikum" im Medizinstudium), war fortan um mathematisch-physikalische, objektive, logisch nachvollziehbare Exaktheit ihrer Forschungsresultate bemüht und beantwortete die sozialen Frage mit dem medizinisch-psychiatrischen Denkmodell und damit monokausal mit biologisch-endogenen bzw. genetischen Verursachungstheorien (Griesinger 1860: „Geisteskrankheiten sind Gehirnkrankheiten").

> „Gegenüber dem liebevoll pflegenden, endlos geduldigen Denkmodell des
> die Pflanze zur Entfaltung bringenden Gärtners der Pädagogik war das mit
> schneidenden, vergiftenden und diätischen Maßnahmen operierende
> Denkmodell der Medizin, der straffen Reduktion von Wirkungen auf eine
> Ursache verpflichtet, vermutlich schneller, kostengünstiger und damit
> effektiver."
> (Dörner 1989a, 29f)

Der Medizin schien es zu gelingen, wissenschaftlich fundierte Antworten auf
die sozialen Probleme der damaligen Zeit zu finden, indem sie scheinbar
belegen konnte, daß die Entstehung des sozialen Ballastes der „sozial
Unbrauchbaren" auf organisch-genetische Verursachungen, eben biologisch
„Minderwertiges" bzw. „Ent-Artetes" zurückzuführen war. So wurden u.a.
obskure diagnostische Kriterien der „Entartung" enwickelt, die beispielsweise das angewachsene Ohrläppchen zum diagnostischen Differenzie-
rungsmerkmal des „geborenen Verbrechers" werden ließ. Gegen Ende des
19. Jahrhunderts entstand das Konzept der „psychopathischen Minder-
wertigkeiten", das sich unter den Begriffen des „Psychopathen" bzw.
„Soziopathen" durch das ganze 20. Jahrhundert hindurch behaupten konnte.
Kraepelin erfand das Konzept der „dementia praecox", die spätere Schizophrenie: nach *Dörner* eine der schrecklichsten psychiatrischen Erfindungen.
Paul Julius *Moebius* erfand schließlich die „Endogenität", d.h. die erblich
bedingte Psychose. In den psychiatrischen Anstalten wurde durch die nach
Geschlechtern getrennte psychiatrische Unterbringung von fortpflanzungsfä-
higen Betroffenen schon in vornazistischer Zeit eugenisch-präventiv wirksam verfahren, wie allenthalben betont wurde (vgl. Dörner 1989a, 34ff).
    Die Medizin übernahm also die Erblichkeitshypothese der Biologie
und schickte sich an, Empfehlungen zur Sterilisation bzw. die Frage nach
dem Lebenssinn von Betroffenen zu stellen. So bemerkte August *Forell*, ein
bedeutender medizinischer Sozialreformer seiner Zeit, hierzu folgendes:

> „Durch Recht und Religion beherrscht und die soziale Hygiene vernach-
> lässigend, verlangt die Medizin von den Ärzten, daß sie selbst das elen-
> deste Geschöpf so lange am Leben erhalten, als nur möglich. Für einen
> Geburtshelfer ist es ein Triumph, die Geburt selbst der traurigsten Wesen
> zu ermöglichen und sie am Leben zu erhalten. Als Ärzte haben wir leider
> die Pflicht, das Leben der Idioten, der Entarteten, der geborenen
> Verbrecher und der Irrsinnigen so lange wie möglich zu erhalten; wir sind
> sogar verpflichtet, viele derselben, die sich selbst töten möchten, daran zu
> hindern."
> (Forell 1924; zit. nach Dörner 1989a, 30)

Von dort war es nicht weit, das Recht auf den eigenen Tod zu propagieren,
wie dies z.B. *Jost* mit seinem 1895 verfaßten Buch „Das Recht auf den

Tod" unternahm, in dem er diesem geforderten Recht auf den eigenen Tod den Charakter einer „sozialen Reform" verlieh, die auf einer humanen Pflicht zum Mitleid für alte, schwache und behinderte Menschen beruhen sollte (vgl. Dörner 1989a, 36f). Mit diesem „Mitleid" war allerdings auch latent die Tötung von unproduktiven „Ballastexistenzen" gemeint, die Anfang des 20. Jahrhunderts nun offen artikuliert wurde.

3.2 Die Lebenswert-Debatte der 20er Jahre

Die Lebenswert- bzw. Tötungs-Debatte um die Jahrhundertwende und das in diesem Zusammenhang eingeklagte Recht auf den eigenen Tod führte zum Ende des Ersten Weltkrieges, der die sozialdarwinistischen Thesen einer kontraselektiven Auslese von Millionen „erbgesunden", jungen Menschen drastisch zu bestätigen schien, zu konkreten Forderungen einer Tötung sog. „lebensunwerten" Lebens.

Höhepunkt dieser Tötungs-Debatte bildete die 1920 von Karl *Binding* und Alfred *Hoche* verfaßte Schrift „*Die Freigabe der Vernichtung lebens-unwerten Lebens*". Im ersten Teil der Schrift behandelte der damals anerkannte und renommierte Jurist *Binding* juristische Fragen zum Aspekt der aktiven Sterbehilfe („Euthanasie"). Sogenannte „unrettbar Verlorene" dienten ihm als Einstieg in die Tötungsproblematik. So sei es offenkundig, daß bei einer Tötung eines „Verwundeten oder innerlich Kranken", dessen Tod „sicher und alsbald" bevorstünde, „der Zeitunterschied zwischen dem infolge der Krankheit vorauszusehenden und dem durch das untergeschobene Mittel verursachten Tode nicht in Betracht fällt". Dies sei keine „Tötungs-handlung im Rechtssinne", sondern vielmehr „eine Pflicht gesetzlichen Mitleids"; „in Wahrheit eine reine Heilbehandlung", da die „Beseitigung der Qual" eben auch „Heilwerk" sei (Binding/Hoche 1920, 17f).

Gemeint waren damit „die zufolge Krankheit oder Verwundung unrettbar Verlorenen, die im vollen Verständnis ihrer Lage den dringenden Wunsch nach Erlösung besitzen und ihn in irgendeiner Weise zu erkennen gegeben haben" (ebnd. 31), bzw. nicht einwilligungsfähige „geistig gesunde Persönlichkeiten, die durch irgendein Ereignis, etwa sehr schwere, zweifellos tödliche Verwundung, bewußtlos geworden sind, und die, wenn sie aus ihrer Bewußtlosigkeit noch einmal erwachen sollten, zu einem namenlosen Elend erwachen würden" (ebnd. 33).

Einen besonderen Stellenwert nahmen in seinen Überlegungen die „*Gruppe der unheilbar Blödsinnigen*" ein, für die in den entsprechenden „Idioteninstituten" ein großes Maß von „oft ganz nutzlos vergeuteter Arbeitskraft, Geduld, Vermögensaufwendung" nur darauf verwendet würde,

44

„um lebensunwerte Leben so lange zu erhalten, bis die Natur - oft so mitleidlos spät - sie der letzten Möglichkeit der Fortdauer beraubt" (ebnda., 27). Er empfand ein krasses Mißverhältnis, daß auf der einen Seite in Kriegen die Jugend verschwenderisch geopfert würde, während andererseits „absolut wertlosen" und „negativ zu wertenden Existenzen" die größte Pflege zukam, „deren Tod für sie eine Erlösung und zugleich für die Gesellschaft und den Staat insbesondere eine Befreiung von einer Last ist" (ebnd.).

> „Sie haben weder den Willen zu leben, noch zu sterben. So gibt es ihrerseits keine beachtliche Einwilligung in die Tötung, andererseits stößt diese auf keinen Lebenswillen, der gebrochen werden müßte. Ihr Leben ist absolut zwecklos, aber sie empfinden es nicht als unerträglich. Für ihre Angehörigen wie für die Gesellschaft bilden sie eine furchtbar schwere Belastung. Ihr Tod reißt nicht die geringste Lücke - außer vielleicht im Gefühl der Mutter oder der treuen Pflegerin. Da sie großer Pflege bedürfen, geben sie Anlaß, daß ein Menschenberuf entsteht, der darin aufgeht, absolut lebensunwertes Leben für Jahre und Jahrzehnte zu fristen. (...)
> Wieder finde ich weder vom rechtlichen, noch vom sozialen, noch vom sittlichen, noch vom religiösen Standpunkt aus schlechterdings keinen Grund, die Tötung dieser Menschen, die das furchtbare Gegenbild echter Menschen bilden und fast in Jedem Entsetzen erwecken, der ihnen begegnet, freizugeben."
> (Binding/Hoche 1920, 32)

Nachdem *Binding* erste Überlegungen zum Wert eines Menschen hinsichtlich seiner sozialen Brauchbarkeit und seines Lebenssinns anstellte und in den genannten Fällen deren Vernichtung empfohlen hatte, liefert *Hoche* in seinem Kapitel „Ärztliche Bemerkungen" weitere Fakten zu einer Eliminierung bzw. Endlösung der sozialen Frage. So führte er mit seiner Kosten-Nutzen-Aufstellung, wonach für die Pflege eines Idioten jährlich 1.300 M. und für alle „Ballastexistenzen" in deutschen Anstalten 20-30.000 M. aufgewendet würden, konkret auf, „welches ungeheure Kapital in Form von Nahrungsmitteln, Kleidung und Heizung dem Nationalvermögen für einen unproduktiven Zweck entzogen" würde (ebnd., 54). Die sozialen Tätigkeiten schätzte er folgendermaßen ein:

> „Es ist eine peinliche Vorstellung, daß ganze Generationen von Pflegern neben diesen leeren Menschenhülsen dahinaltern, von denen nicht wenige 70 Jahre und älter werden. Die Frage, ob der für diese Kategorien von Ballastexistenzen notwendige Aufwand nach allen Richtungen hin gerechtfertigt sei, war in verflossenen Zeiten des Wohlstands nicht dringend; jetzt ist es anders geworden, und wir müssen uns ernstlich mit ihr beschäftigen."
> (Binding/Hoche 1920, 55)

Bezeichnend für die Situation der „Ballastexistenzen" sei deren „Fremdkörpercharakter" in der Gesellschaft, „das Fehlen irgendwelcher produktiven Leistungen", der „Zustand völliger Hilflosigkeit mit der Notwendigkeit der Versorgung durch Dritte" (ebnd. 57).

Die „geistig Toten"

Weitere Belege zur Eliminierung des behinderten Menschen lieferte *Hoche* im Zuge seiner Definition des sog. „Geistig Toten", den er nicht mehr als zur menschlichen Art zugehörig betrachtete. Das wesentliche Charakteristikum eines „geistig Toten" sei demnach „das Fehlen der Möglichkeit, sich der eigenen Persönlichkeit bewußt zu werden, das Fehlen des Selbstbewußtseins". Sie befänden sich auf einem intellektuellen Niveau, „das wir erst tief unten in der Tierreihe wieder finden, und auch die Gefühlsregungen erheben sich nicht über die Linie elementarster, an das animalische Leben gebundener Vorgänge. Ein geistig Toter ist somit auch nicht imstande, innerlich einen subjektiven Anspruch auf Leben erheben zu können, ebenso wenig wie er irgendwelcher anderer geistiger Prozesse fähig wäre" (ebnd. 57f).

Hoche prognostizierte schließlich (leider richtig), daß die Gesellschaft eines Tages zur Auffassung kommen würde, „daß die Beseitigung der geistig völlig Toten kein Verbrechen, keine unmoralische Handlung, keine gefühlsmäßige Rohheit, sondern einen erlaubten nützlichen Akt darstellt" (ebnd. 57).

Schon im Jahre 1920 konstatierte ein Berliner Kammergerichtsrat anläßlich eines Vortrages vor der forensisch-medizinischen Vereinigung, man könne der Tötung „Gemeinschädlicher" und „Wertloser" nicht mehr skeptisch entgegenstehen. Er unterteilte in seinem Vortrag die Gruppe der „Schädlinge" in „passive Schädlinge" (Geisteskranke) und „aktive Schädlinge" (Verbrecher), deren Tötung eine sozialhygienische Maßnahme darstelle. Im gleichen Zeitraum wurde über Empfehlungen nachgedacht, die Bevölkerung der Kontrolle einer Gesundheitspolizei zu überstellen. In der „Deutschen Strafrechtszeitung" erschien schließlich 1922 ein Entwurf zu einem „Gesetz über die Freigabe der Tötung unheilbarer Geistesschwacher"; auch einige Theologieprofessoren und Religionspädagogen empfahlen, „unterwertiges" Leben zu töten. Der Theologieprofessor *Lemme* machte z.B. die Entscheidung zur Tötung von der Fähigkeit und Möglichkeit zur Religiosität abhängig (vgl. Klee 1989, 25f).

Der Rasseprimat

Um die Mitte des 19. Jahrhunderts kamen zu den sozialdarwinistisch-eugenischen Vorstellungen rassische Ideologien hinzu, deren Bestrebungen primär darin bestanden, die evolutionären Prozesse auf eine bestimmte bevorzugte Rasse zu konzentrieren. Bei *Ploetz* war zunächst mit dem Begriff der „Rassenhygiene" im Sinne einer wissenschaftlichen Rassenanthropologie noch nicht die Höherzüchtung einer spezifischen (arischen oder weissen) Rasse („Systemrasse") gemeint, sondern die Abwehr degenerativer Tendenzen von der universellen „biologischen Menschenrasse" bzw. die Anhebung des generativen Niveaus ganzer Völker („Vitalrasse"). Erst später kam es zur Fusion mit populärwissenschaftlich-rasseideologischen Theorien.

Vorreiter von völkisch-rassistischen Ideologien waren Houston Steward *Chamberlain*, Ludwig *Schemann* und Joseph Arthur *Gobineau*, aber auch schon früher („*Turnvater*") Friedrich Ludwig *Jahn* oder der Philosoph und Rassentheoretiker Christoph *Meiners* (1747-1810), die allesamt den Vorzug der arisch-germanischen Rasse propagierten (vgl. Weingart u.a. 1996, 91ff). Im Jahre 1853 erschien vom „Germanenschwärmer" *Gobineau* das Buch „Über die Ungleichheit der Menschenrasse", in dem er die Vorzüge der weißen Rasse hervorhob und das Ende der Menschheit als Folge der Rassenvermischung prognostizierte. Auch *Chamberlain* ging in seinem 1899 erschienenen Buch mit dem Titel „Die Grundlagen des 19. Jahrhunderts" von der Ungleichheit der Rassen aus, sah jedoch im Gegensatz zu *Gobineau* Möglichkeiten der Veredelung einer bevorzugten, insbesondere germanischen Rasse durch selektive Züchtung.

Schließlich dauerte es vom Primat einer germanischen Rasse nicht mehr lange bis zur Propagierung der Züchtung der nordisch-arischen *Herrenrasse*, wie dies später in Adolf *Hitler*s Buch „*Mein Kampf*" nachzulesen war. Diese „Bibel der NS-Bewegung", deren erster Band 1925 und zweiter Band 1927 erstmals erschien, wurde bis 1939 fünf millionenfach verkauft und in 11 Sprachen übersetzt. *Hitler* bezog sich dort ganz offensichtlich auf sozialdarwinistisch-rassische Ideologien seiner Zeit, ohne allerdings deren Urheber in seinen Ausführungen zu zitieren. Seine rassenhygienischen Forderungen, z.B. die Sterisilierung „defekter Menschen", die „Förderung der gesündesten Träger des Volkstums" und die Verhinderung einer kriegsbedingten „Gegenauslese", die der völkische Staat als primäre Aufgabe zu achten habe, entsprachen weitestgehend den damaligen Vorstellungen führender deutscher Rassenhygieniker (vgl. Kühl 1997, 122ff). Nach *Hitler* war der „Arier" der „Begründer höheren Menschentums", der „Urtyp" dessen, „was wir unter dem Worte 'Mensch' verstehen"; ganz im Gegensatz zum Juden, dem „gewaltigsten Gegensatz zum Arier" (Hitler 1935, 317, 329).

Die „alleinige Ursache des Absterbens alter Kulturen" war für ihn die „Blutsvermischung", die „Bastardisierung" (ebnd. 324), die „Verschmelzung von höherer Rasse mit niederer" (ebnd. 313). Insofern bestand für den „völkischen Staat" die Verpflichtung, der „Rassenschande", aber auch der Zeugung von „Mißgeburten zwischen Mensch und Affe" entgegenzutreten, ganz im Gegensatz zur bestehenden Regierung der Weimarer Republik, die „die Verhinderung der Zeugungsfähigkeit bei Syphilitikern, Tuberkulosen, erblich Belasteten, Krüppeln und Kretins" als Verbrechen beurteile (ebnd. 444f).

Der völkische Staat habe für die „Verhinderung der Zeugungsfähigkeit und Zeugungsmöglichkeit seitens körperlich Degenerierter und geistig Kranker" und die „planmäßige Förderung der Fruchtbarkeit der gesündesten Träger des Volkstums" Sorge zu tragen (ebnd. 448). Unter der Überschrift „Sterilisation Unheilbarer" konstatierte *Hitler*:

> „Es ist eine Halbheit, unheilbar kranken Menschen die dauernde Möglichkeit einer Verseuchung der übrigen gesunden zu gewähren. Es entspricht dies einer Humanität, die, um dem einen nicht wehe zu tun, hundert andere zugrunde gehen läßt. Die Forderung, daß defekten Menschen die Zeugung anderer ebenso defekter Nachkommen unmöglich gemacht wird, ist eine Forderung klarster Vernunft und bedeutet in ihrer klaren Durchführung die humanste Tat der Menschheit."
> (Hitler 1935, 279)

*Hitler*s Forderung lautete demnach definitiv:

> „Wer körperlich und geistig nicht gesund und würdig ist, darf sein Leid nicht im Körper seines Kindes verewigen."
> (Hitler 1935, 447)

Diese ideologisch-propagandistisch vorgetragenen rassenhygienischen Thesen wurden damals auch von wissenschaftlicher Seite gestützt. So wies beispielsweise der Sozialanthropologe Hans F.K. *Günther*, der Begründer des „deutschen" Rassengedankens, in seinem 1930 erstmals erschienenen Buch „Rassenkunde des deutschen Volkes" auf die herausragenen „leiblichen Merkmale der nordischen Rasse" hin, die von edler, hoher, schlanker Gestalt, schmalgesichtig sei und vorwiegend helles, blondes Kopfhaar, blaue bis blaugraue Augenfarbe habe. Die „seelischen Eigenschaften der nordischen Rasse" versah er mit Charakteristika wie: relative „Leidenschaftslosigkeit" („Gefühlshärte"), Gerechtigkeitssinn, Wahrhaftigkeit, hohe Intelligenz, „Führereigenschaft", leibliche Reinlichkeit, gewisse Neigung zum „Selbstmord" (vgl. Günther 1935, 38ff; 1933, 190ff). Der Begründer der sog. „Rassenseelenkunde" Ludwig Ferdinand *Clauß* sprach im Zusammenhang mit der „nordischen Seele" insbesondere vom *„Leistungsmenschen"*, weil „'Leistung' der bestimmende Wert in der inneren Wertordnung dieses Menschen ist" (Clauß 1933, 29). In dem im Jahre 1935 von *Günther* herausgegeben Buch „Herkunft und Rassengeschichte der Germanen" wurde im Unterkapitel „Ausmerze und Auslese" die „leiblich-seelische Tüchtigkeit des Germanentums" auf die „bewußte germanische Erbgesundheitspflege (Eugenik, Rassenhygiene)" zurückgeführt und in diesem Zusammenhang ausdrücklich darauf hingewiesen, daß bei den Germanen, den Vorfahren der „heutigen Deutschen", „schwächliche und mißgebildete Kinder" nach der Geburt ausgesetzt wurden (vgl. Günther 1935, 145f). Diese germanische „Rassenpflege" war nach ihm „unmittelbarer Ausdruck des germanisch-frommen Gemüts" (ebd. 157).

Eines der herausragensten Themen der 20er Jahre seitens der Vertreter der Rassenhygiene - der sog. „Sozial"- bzw. „Psychischen Hygiene" - und der wissenschaftlichen, medizinischen, juristischen und biologischen Diskussion war die *„Sterilisierung"* („Unfruchtbarmachung") Minderwertiger und, wie im Zuge der Lebenswert-Debatte gezeigt wurde, die Tötung lebensuntüchtiger bzw. minderwertiger Ballastexistenzen. Als Auswuchs dieses ideologischen Diskurses ließ sich schon im Jahre 1930 in den „Nationalsozialistischen Monatsschriften" der Slogan finden: „Tod dem lebensunwerten Leben" (vgl. Klee 1989, 32).

3.3 Diskussionen und Vorschläge zur Rassenhygiene zur Zeit der Weimarer Republik

Wie bereits erwähnt, wurde schon 1904 die sog. „Gesellschaft für Rassenhygiene" gegründet, mit dem Ziel einer Gesunderhaltung der menschlichen Rasse und Vervollkommnung ihrer Anlagen durch Erzeugung besserer und „Ausjätung" bzw. „Ausmerzung" schlechter Gattungsvertreter.

Die Erfahrungen und Konsequenzen des Ersten Weltkrieges schienen die Theorien der Rassenhygiene zu bestätigen. Viele junge, sog. „erbgesunde" Menschen fielen dem Krieg zum Opfer, was aus rassenideologischer Sicht eine dramatische Schwächung der gesunden Erbanlagen, eine *„Entnordung"* (Günther 1933, 456f) durch die *„Gegenauslese des Krieges"* (Graf 1934, 299) bei gleichzeitiger Stärkung des minderwertigen genetischen Materials bedeuten mußte, das von der kriegerischen Auslese verschont blieb und sich nun ungehindert fortpflanzen konnte (vgl. Trus 1995, 35).

Hinzu kamen die Theorien führender Vererbungswissenschaftler mit der Warnung, Minderwertige würden sich schneller als „Hochwertige" vermehren (vgl. Höck 1979, 13ff). Schließlich verschärfte die Wirtschaftskrise während der Zeit der Weimarer Republik in den Jahren 1923 und 1929 zusätzlich die angespannte soziale Situation. Hier empfahl sich die Rassenhygiene mit ihren eugenischen Interventionen als mögliches Lösungskonzept zur Einsparung von sozialen Ausgaben für soziale Ballastexistenzen. Wer damit gemeint war, war klar. Ein Reichstagsabgeordneter der SPD nannte auch bald in seinen „Leitsätzen zur sozialen und degenerativen Hygiene" die Gruppe der Volksschädlinge beim Namen, um die es bei zukünftigen Gegenmaßnahmen gehen sollte. Sie reichte vom bis dahin üblich zitierten Personenkreis der „Epileptiker, Geisteskranke[n] und Geistesschwache[n], Sonderlinge[n] und Krüppel" bis hin zum „Heer der Landstreicher, Alkoholiker, Verbrecher und Prostituierte[n]" (vgl. Klee 1989, 29ff).

Die Position der Kirchen zur Rassenhygiene

An der eugenische Debatte Ende der 20er Jahre, die bald über die Spezialistenzirkel der Medizin, der Gesundheits- bzw. Bevölkerungspolitik hinauswuchs und die zunehmend auf das Interesse der breiten Öffentlichkeit stieß, beteiligten sich verstärkt die jeweiligen Großkirchen, denen in ihren Institutionen ein Großteil der für eugenische Eingriffe in Frage kommenden Patienten anvertraut war.

Die *katholische Kirche* befürwortete die Maßnahmen einer positiven Eugenik im Sinne einer Stärkung des erbgesunden Volkes, lehnte jedoch die negative Eugenik wie das Eheverbot, Asylierung und Sterilisation ab. Sie bezog sich in ihrer Ablehnung explizit auf die päpstlichen Enzyklika („Casti Connubii") von 1930, die jede Form des Eingriffs in die körperliche Integrität des Menschen zu Zwecken der Hebung der Erbgesundheit untersagte (vgl. Kaiser u.a. 1992, 117). Einige Vertreter der katholischen Kirche, wie der Leiter der eugenischen Abteilung des Kaiser Wilhelm Instituts für Anthropologie, der Jesuitenpater Hermann *Muckermann*, und der Moraltheologe Josef *Mayer*, plädierten dennoch für Maßnahmen einer negativen Eugenik. *Muckermann* relativierte in seiner 1933 herausgegebenen Schrift „Eugenik und Katholizismus" die päpstliche Enzyklika. Er empfahl ausdrücklich die Asylierung von „Geisteskranken und psychopathischen Verbrechern" und die freiwillige Sterilisierung als eine Maßnahme der negativen Eugenik. In seinen Begründungen ging er ganz im Sinne der rassenhygienischen Ideologie von einer zunehmenden Entartung der Bevölkerung durch Erbkranke aus und beklagte die hohen Fürsorgekosten für Minderwertige. Als zusätzliche rassenhygienische Maßnahmen forderte er die bewußte Auswahl von erbgesunden Ehepartnern, eine rassenhygienische Erziehung der

Eheleute und die eheliche Treue der Ehepartner als positive eugenische Maßnahme (vgl. Muckermann 1925).

Auch der Moraltheologe Josef *Mayer* beklagte die erhöhte Geburtenrate bei Minderwertigen und fordert die Maßnahme der Sterilisation „Geisteskranker" zur Verhinderung einer Degeneration des Volkskörpers:

> „Uns war es darum zu tun (...), den Grundsatz aufzustellen und zu erweisen, daß die gesetzliche Sterilisation Geisteskranker nicht in sich schlecht ist, weil oder wenigstens solange sie etwas sittlich Gutes mit gutem Willen anstrebt. Es wurden probable Gründe dafür beigebracht, daß die gesetzliche Sterilisation auf eine an sich gute Sache, nämlich die Kinderlosigkeit Geisteskranker, gerichtet ist, und daß sie diesem guten Zweck (...) mit erlaubten Mitteln und unter erlaubten Begleitumständen anstrebt, namentlich wenn und soweit es sich um die Heilung von schweren Schäden des Volkskörpers handelt."
> (Mayer 1927, 493)

Ganz im Gegensatz zur katholischen Kirche wurden seitens der *evangelischen Kirche* Maßnahmen der negativen Eugenik ausdrücklich befürwortet. Eine von der Inneren Mission begründete Fachkonferenz für Eugenik, deren erste Tagung 1931 stattfand, beabsichtigte denn auch eine Neuorientierung der Wohlfahrtspflege unter eugenischen Gesichtspunkten. In der Resolution der Tagung wurde anstelle einer „unterschiedslosen Wohlfahrtspflege" eine „differenzierte Fürsorge" formuliert, die davon ausging, nur solchen Menschen Aufwendungen für adäquate Förderung zukommen zu lassen, „die voraussichtlich ihre volle Leistungsfähigkeit wieder erlangen. Für alle übrigen sind dagegen die wohlfahrtspflegerischen Leistungen auf menschenwürdige Versorgung und Bewahrung zu begrenzen" (Harmsen 1931, 337). Die Resolution beinhaltete zudem im Sinne eines Aktes der Nächstenliebe Maßnahmen der negativen Eugenik wie z.B. die Sterilisation und Asylierung von Geistigbehinderten.

> „Führen seine von Gott gegebenen Funktionen zum Bösen oder zur Zerstörung seines Reiches in diesem oder jenem Glied der Gemeinschaft, so besteht nicht nur ein Recht, sondern eine sittliche Pflicht zur Sterilisation aus Nächstenliebe und der Verantwortung, die uns nicht nur für die gewordene, sondern auch die kommende Generation auferlegt ist."
> (Harmsen 1931, 339)

Ein Vertreter der evangelischen Kirche, nach dem noch nach 1945 Schulen benannt sind, Bernhard *Bavink*, offenbarte sich als ausdrücklicher Befürworter und Propagandist einer Vernichtung „unwerten Lebens". Seine Begründungen resultierten gewissermaßen aus einer Neuauflage des mittelalterlichen Verständnisses der Sünde, wonach Übel, Leid und Tod in engem

Zusammenhang mit Sünde, Schuld und „Teufelswerk" gesehen werden mußten. Er sah im geistigen Einfluß Albert *Schweizers*, dessen Ethik er als „Pseudochristentum" abtat, und im christlichen Gebot der Nächstenliebe, das für ihn „Kranke, Epileptische, verbrecherisch Veranlagte" ausdrücklich auschloß, eine Gefahr für die Ausbreitung des eugenischen Denkens. *Bavink* propagierte in seinen Vorträgen und Publikationen (1925-1933) immer wieder die Tötung der „Dahinvegetierenden". Er trat u.a. als Schriftleiter der Zeitschrift „Unsere Welt" konsequent dafür ein, den Forderungen der Rassenhygiene ein christliches Fundament zu geben (vgl. Musfeld 1991, 429ff).

Ein erster möglicher Schritt zur gesetzlich erlaubten negativen eugenischen Maßnahme während der Weimarer Republik war schließlich die Neufassung eines Entwurfes des Allgemeinen Deutschen Strafrechtes, mit der die Sterilisation, die bis dahin im Sinne einer schweren Körperverletzung verboten war, bei Einwilligung Betroffener zugelassen werden sollte. Obschon es noch weitere weiterreichende Entwürfe und Empfehlungen zur Sterilisation aus eugenischer Indikation gab, kam es jedoch zur Zeit der Weimarer Republik zu keiner gesetzlichen Regelung zur Verhinderung von sog. Erbschäden durch Maßnahmen einer negativen Eugenik; dennoch lassen die vielen Gesetzentwürfe auf eine latente Bereitschaft zur Durchführung eugenischer Maßnahmen schließen.

Fassen wir zusammen:

- Die angespannte soziale Situation, verursacht durch die Industrialisierung im 19. Jahrhundert, die späteren Auswirkungen des Ersten Weltkrieges und die Weltwirtschaftskrise mit ihren katastrophalen Folgen für die Sozialarbeit und Wohlfahrtspflege, führten zu Diskussionen über Kosten und Nutzen der Förderung sozial Bedürftiger und damit zu Überlegungen von Einsparungsmöglichkeiten der explodierenden Sozialausgaben.
- Hier schien der Sozialdarwinismus mit seinen biologistischen Utopien und biologisch-sozialsanitären Maßnahmen der gefundene Schlüssel zur Minimierung der staatlichen Sozialausgaben.
- In der Vorstellung des Sozialdarwinismus vollzog sich die menschliche Entwicklung nach dem Prinzip von Selektion im Kampf um das Dasein und einer Vererbung der im Lebenskampf bewährten genetischen Eigenschaften.
- In der sozialdarwinistischen Logik waren demnach Abweichungen von einer als erbgesund definierten Norm (Behinderungen, Kriminaltität, Verarmung etc.) tendenziell ein Beleg für genetisch Minderwertiges, also für

„Ent-Artetes", das sich im Lebenskampf ohne Kontra-Selektion nicht bewähren könne.

- Gründe einer festgestellten „zunehmenden Entartung" der Gesellschaft sah man, dieser Logik folgend, in der „falschen Humanität" für Entartete und einer darauf begründeten staatlich sanktionierten Hemmung der „natürlichen Auslese". Verantwortlich für menschliche Entartungen war die „Kontra-Selektion" einer „scheinhumanen Pflege" für Minderwertige.
- Ein weiteres Faktum der Kontraselektion sah man in der sog. „Gegenauslese des Krieges", die die Zunahme minderwertigen Erbmaterials zur Folge haben sollte.
- Der Eugenik sollte es nun vorbehalten sein, die „natürliche Selektion" durch eine „künstliche" (positive und/oder negative) Auslese zu gewährleisten, um damit einer zunehmenden Entartung der menschlichen Gesellschaft entgegenzutreten.
- Der Sozialdarwinismus diffamierte damit die sozialen Maßnahmen zur Unterstützung der verelendenden niederen Schichten und sonstigen verarmten Randgruppen der vorindustriellen Ära als widernatürliche Kontraselektion und beantwortete die gesellschaftlich bedingte soziale Frage mit biologistisch begründeten rassenhygienischen Konsequenzen.
- Zu den sozialdarwinistisch-eugenischen Vorstellungen kamen rassische Ideologien hinzu („Rassenhygiene"), die bestrebt waren, die evolutionären Prozesse auf eine bestimmte bevorzugte Rasse (Rasseprimat) zu konzentrieren, was schließlich zur Zeit des Nationalsozialismus zum Primat der germanisch-nordisch-arischen Rasse führte.

Im Sozialdarwinismus wurde also das biologisch begründete Prinzip der Evolution auf die menschliche Gesellschaft bezogen. Mit der Biologisierung der sozialen Frage, mit der die beginnende Verelendung sozial randständiger Gruppen im Industriezeitalter des 19. Jahrhunderts als ein sog. „Kampf um das Dasein" biologisch-genetisch begründet wurde, setzte gleichzeitig die „Medizinisierung" der sozialen Frage ein, mit der schließlich in der nationalsozialistischen Ära der soziale Ballast als das genetisch wie rassisch „Minderwertige" in die Phase ihrer „Endlösung" und damit ihrer Liquidierung geriet.

4 Die nationalsozialistische Utopie eines rassereinen Volkes und die „Endlösung" der sozialen Frage

„Nationalsozialismus bedeutet nichts
anderes als angewandte Rassenkunde"
(Rudolf Hess 1933)

Rasse und Volk

Das sozialdarwinistische Argument einer Kontraselektion bzw. Gegenauslese des Krieges, die die Zunahme minderwertigen Erbmaterials zur Folge habe, wurde ebenso in der nationalsozialistischen Argumentation übernommen wie die massive Kritik am sozialen Engagement für die Schwächsten der Gesellschaft.

> „Der Krieg ist somit der denkbar härteste Eingriff in das lebenskräftige (organische) Wachsen und Werden eines Volkes, denn er ist nicht nur Vernichter der hochwertigen Erbanlagen, sondern auch Erhalter des minderwertigen Erbgutes."
> (Graf 1934, 299)

Das soziale Engagement für das „minderwertige Erbgut", so wurde argumentiert, diene lediglich den Interessen einzelner „Ballastexistenzen" und richte sich gegen das Gesamtwohl des Volkes. Gründe dieser „falsch verstandenen Humanität" seien in der christlichen Ethik und dem dort verankerten Gebot der Nächstenliebe zu suchen.

Die nationalsozialistischen Ideologie mit ihren sozialdarwinistischen, antisemitischen und rassenhygienischen Inhalten mußte somit dem Humanismus der demokratischen Kultur, ihrer Orientierung an Menschenrechten und politischer Gleichheit den Krieg erklären. Eine der Hauptbemühungen der nationalsozialistischen Ideologie bestand nun darin, christlich-humanistisch motivierte moralische Bedenken gegen die zur Anwendung anstehende „Rassenhygiene" zum Zwecke einer „Aufnordung" auszuräumen. Dies geschah im unermüdlichen Bestreben, diese Humanität für die Schwächsten einer Gesellschaft als volksschädliche „Individualhygiene" zu diffamieren und dem die Vorzüge der „Volkshygiene" im Sinne einer „Vererbungshygiene" zum Wohle des gesamten Volkes entgegenzusetzen. Hierzu war es notwendig, die nationalsozialistischen Definitionen von „Rasse" und „Volk" im Bewußtsein der damaligen Volksgenossen, aber auch im Bewußtsein der

„Minderwertigen" selbst zu verankern. Es galt also, Minderwertiges vom Volkskörper fernzuhalten und, wie es im nationalsozialistischen „Ahnenpaß" eingangs hieß, „sein Blut von fremden Einflüssen rein zu halten und die in den Volkskörper eingedrungenen fremden Blutseinschläge wieder auszumerzen." In diesem „Ahnenpaß", der seit der „Verordnung zu amtlichen Abstammungsnachweisen" (14.2. 1935) zum Nachweis der arischen Abstammung unbedingt von jedem Volksdeutschen zu führen war, wurde ausdrücklich darauf hingewiesen, daß sich dieser „Rassegrundsatz" auf die „wissenschaftlichen Erkenntnisse der Erblehre und Rassenforschung" gründe (vgl. Ahnenpaß: herausgegeben vom Reichsbund der Standesbeamten Deutschlands E.V. Berlin; ohne Jahresangaben).

„Rasse" war in der nationalsozialistischen Definition ein über äußere Merkmale fast ins Metaphysische hinausragender mythischer Ordnungsbegriff. Mit der Zugehörigkeit zur arisch-nordischen Rasse wies der einzelne „Volksgenosse" gewissermaßen über sich selbst hinaus, im Sinne eines genetisch vermittelten „Urbildes" oder, wie es auch noch hieß, durch die Gesetzlichkeit einer „Gestaltidee", die sich ohne äußere Einflußmöglichkeit im Einzelmenschen und ohne sein Zutun als „Wesen eines bestimmten Rassenstiltypus" niederschlage und „seine ganze Typik durchgreift und all sein Erleben bestimmt" (Clauß 1933, 117, 118f, 120). Rasse meinte demnach eine ins Mythische weisende Größe von in tausenden von Jahren selektiv entstandenen Erbanlagen, die die Gesamtheit von spezifischen menschlichen Merkmalen und Eigenschaften eines „erlesenen Volkes" ergaben, und die zu schützen Aufgabe der nationalsozialistischen Volkshygiene von nun an war.

> „In der Bezeichnung 'Rassenhygiene' bedeutet der Ausdruck 'Rasse' weiter nichts als den Strom menschlichen Lebens, der in Gestalt des Erbgutes durch alle Zeiten dahinfließt. Diesen ununterbrochenen Lebensstrom in richtige Bahnen lenken und am Versiegen hindern, also Gesundheitspflege der kommenden Geschlechter betreiben, das ist der Sinn und Inhalt der Rassenhygiene oder Erbgesundheitspflege."
> (Graf 1934, 302)

Damit mußte nach dieser Logik eine zur Erhaltung oder „Aufnordung" der Rasse angetretene „Rassenhygiene" von Interessen des Einzelmenschen absehen („Du bist nichts, dein Volk ist alles"), wenn seine vom Rassenideal durch sog. „minderwertiges Erbgut" verursachten abweichenden Merkmale und (Verhaltens-) Eigenschaften oder eine erwiesene oder zu vermutende Rassenunreinheit („Bastardisierung") den Weiterbestand der Rasse als Gesamtheit zu bedrohen schien.

> „Bei aller Rassenbetrachtung müssen wir stets das Ganze über das Glied, die Keimbahn über den Einzelmenschen, die höhere Lebenseinheit 'Rasse' über die niedere Einheit des Einzelorganismus stellen."
> (Graf 1934, 208)

„Volk" war nach nationalsozialistischer Definition eine aus einer bestimmten Rasse hervorgegangene höhere Lebenseinheit, in der die Rasse die „völkische" Eigenart bestimmte und der einzelne als „Volkspersönlichkeit" in der „Volksgemeinschaft" aufging (vgl. Graf 1934, 208). Das „Volk" war in diesem Verständnis „die höchstwertige, sittlichste und damit in letzter Folgerung einzig religiöse Gemeinschaft", an die der einzelne Mensch als „Volkspersönlichkeit" durch „ein göttliches Gesetz" gebunden war (Schmidt 1940, 69). Der „ewigen Schöpfungsordnung" des göttlich-völkischen Ideals „in ganzer Hingabe und tiefster Treue" zu folgen, bedeutete, „nach menschlichem Ermessen in Gott" zu leben. Der „Volkspersönlichkeit" war damit die „heilige Verpflichtung" überantwortet, „alle Lebenserscheinungen unseres Volkes mit nationalsozialistischem revolutionären Geist zu erfüllen und innerhalb Deutschlands alle Traditionen der alten Welt zu beseitigen" (Schmidt 1940, 70f).

Mittels rassenhygienischer Maßnahmen sollte von nun an die nordisch-arische Rasse gegen alles sog. „Artfremde" und „Minderwertige" zugunsten der zukünftigen „Rassenreinheit" der „Herrenrasse" als Ausgangsbasis einer Erneuerung des deutschen Volkes geschützt werden.

Alfred *Rosenberg*, der Chefideologe der Nationalsozialisten, hob in seinem 1930 herausgegebenen Buch „Der Mythus des 20. Jahrhunderts" denn auch die nordische Rasse als besonderes „blutvolles Bindemittel" hervor:

> „Will eine deutsche Erneuerung die Werte unserer Seele im Leben verwirklichen, so muß sie auch die körperlichen Voraussetzungen dieser Werte erhalten und stärken. Rassenschutz, Rassenzucht und Rassenhygiene sind also die unerläßlichen Forderungen einer neuen Zeit. Rassenzucht bedeutet aber im Sinn unseres tiefsten Suchens vor allem den Schutz der nordischen Rassenbestandteile unseres Volkes. Ein deutscher Staat hat als die erste Pflicht, Gesetze zu schaffen, die dieser Grundforderung entsprechen." (Rosenberg 1930, 577)

Rosenberg bezog sich in seinem Buch, von dem bis 1941 mehr als eine Million Exemplare verkauft waren, ausdrücklich auf die Rassentheorien *Gobineaus* und *Chamberlains*, wonach die Rasse den entscheidenden Faktor zur Entstehung von Wissenschaft, Kunst und Kultur liefere. Der kulturbildenden „Herrenrasse" der „Arier" sollte es vorbehalten sein, ganz Europa zu unterwerfen.

Die Zugehörigkeit zur nationalsozialistischen Volksgemeinschaft war allerdings nicht allein durch die deutschblütig-arische Abstammung gewährleistet, wie sich insbesondere später am Beispiel der Ausgrenzung deutschstämmiger „Asozialer" zeigte. Mitglied des Volkskörpers konnte in der nationalsozialistischen Volksgemeinschaft nur derjenige Staatsangehörige „deutschen oder artverwandten Blutes" sein, der, wie dies später das *Reichsbürgergesetz* aus dem Jahre 1935 festlegte, „durch sein Verhalten beweist, daß er gewillt und geeignet ist, in Treue dem Deutschen Volk zu dienen" (vgl. Ayaß 1995, 105).

Zur Bewahrung und Züchtung der auserwählten Rasse und einer damit legimierten Eliminierung alles sog. Artfremden und Minderwertigen mußte sich der Nationalsozialismus allerdings erst das Primat des Staates auf dem Gebiet des Lebens sichern, was mit der Machtergreifung im Jahre 1933 gewährleistet schien.

4.1 Der nationalsozialistische Kampf gegen das „minderwertige Erbgut"

Schon sehr bald nach der Machtergreifung, die am 30.1.1933 mit der Ernennung Adolf *Hitlers* zum Reichskanzler vollzogen war, beeilte sich die nationalsozialistische Regierung, die vorher propagierten rassenhygienischen Maßnahmen in die Tat umzusetzten (vgl. Trus 1995, 53ff). Das Ermächtigungsgesetz („Gesetz zur Behebung der Not von Volk und Reich"), mit dem Hitler die gesamte Staatsgewalt übernahm, trat am 23.3.1933 in Kraft. Schon im Juni 1933 verkündete der amtierende Reichsinnenminister Wilhelm *Frick* anläßlich einer Rede auf der ersten Sitzung des „Sachverständigenbeirats für Bevölkerungs- und Rassenpolitik" die „übertriebene Fürsorge für das Einzelindividuum" müsse zwangsläufig zum Untergang des Volkes führen:

> „Es kostet der Geisteskranke etwa 4 RM. den Tag, der Verbrecher 3,50 RM., der Krüppel und Taubstumme 5-6 RM. den Tag, während der ungelernte Arbeiter nur etwa 2,51 RM., der Angestellte 3,60 RM., der untere Beamte etwa 4 RM. den Tag zur Verfügung haben. Das sind Folgen einer übertriebenen Fürsorge für das Einzelindividuum, die den Arbeitswillen der Gesunden ertöten und das Volk zu Rentenempfängern erziehen muß. Andererseits belasten sie die wertvollen Familien derart, daß Abtreibung und Geburtenverhütung die Folge davon sind. Was wir bisher ausgebaut haben, ist also eine übertriebene Personenhygiene und Fürsorge für das Einzelindividuum ohne Rücksicht auf die Erkenntnisse der Vererbungslehre, der Lebensauslese und der Rassenhygiene. Diese Art moderner 'Humanität' und soziale Fürsorge für das kranke, schwache und

minderwertige Individuum muß sich für das Volk im großen gesehen als größte Grausamkeit auswirken und schließlich zu seinem Untergang führen."
(Frick; zit. nach Graf 1934, 306f)

Innenminister *Frick* war es denn auch, der den im Jahr der Machtergreifung neu gebildeten „Sachverständigenrat für Bevölkerungs- und Rassenpolitik", dem u.a. mit Alfred *Ploetz*, Ernst *Rüdin* und Fritz *Lenz* herausragende Vertreter der Rassenhygiene angehörten, bereits in seiner ersten Sitzung beauftragte, kurzfristig das Sterilisationsgesetz zu verfassen.

Erste Phase des Kampfes gegen das „minderwertige Erbgut":
Die „Unfruchtbarmachung" Minderwertiger (1933-1939)

Noch im gleichen Jahr der Machtergreifung wurde umgehend der „Kampf gegen das minderwertige Erbgut" (Graf 1934, 304) in Angriff genommen. Bereits am 14.7.1933 wurde neben dem *„Gesetz gegen Neubildung von Parteien"*, das nur noch die NSDAP als alleinige Partei zuließ, auch das *„Gesetz zur Verhütung erbkranken Nachwuchses"* (GzVeN) verabschiedet, das am 1.1. 1934 in Kraft trat. Im gleichen Jahr, am 24.11.1933, wurde zudem das *„Gesetz gegen gefährliche Gewohnheitsverbrecher und Maßregeln der Sicherung und Besserung"* verabschiedet, das bei besonderen Delikten die „Entmannung gefährlicher Sittlichkeitsverbrecher" vorsah.

Schließlich waren mit der Verabschiedung des *„Gesetzes zur Verhütung erbkranken Nachwuchses"* (GzVeN) die vorher in langjährigen wissenschaftlichen Diskursen theoretisch erörterten rassenhygienischen Maßnahmen der vornazistischen Zeit in den Status einer ideologisch festgezurrten Staatsdoktrin erhoben, was auf die breite Resonanz ihrer ideologischen Vordenker stieß (vgl. Kühl 1997, 123ff; Weingart u.a. 1996, 390ff). Bereits im April 1933 sprach der herausragenste Rassenhygieniker seiner Zeit, *Ploetz*, in einem persönlichen Dankesschreiben *Hitler* seine „herzliche Verehrung" dafür aus, daß er der deutschen Rassenhygiene „aus dem Gestrüpp ihres bisherigen Weges durch seine Willenskraft in das weite Feld freier Betätigung führt" (Ploetz 1933; zit. nach Kühl 1997, 123). Für den Leiter der Deutschen Forschungsanstalt für Psychiatrie in München, Ernst *Rüdin*, war es erst durch das „politische Werk Adolf Hitlers" möglich, die Rassenhygiene in die Tat umsetzen. Der Rektor der Berliner Universität, der Humangenetiker Eugen *Fischer*, würdigte in einer großen Rede im Jahr der Machtergreifung die tatkräftige biologische Bevölkerungspolitik der neuen Führung:

> „Die neue Führung, kaum im Besitz des Staates, greift an der Stelle in den Ablauf der Geschichte und des Lebens ihres Volkes bewußt und tatkräftig ein, wo dies am dringendsten, am entscheidendsten, am unaufschiebbarsten nötig ist - freilich eine Notwendigkeit, die nur anerkannt wurde von Männern, die biologisch sehen und denken können - von ihnen aber mit schwerster und lastender Sorge. Das Eingreifen kann bezeichnet werden als biologische Bevölkerungspolitik, biologische, das heißt auf Lebensvorgänge der Vererbung, der Auslese und Ausmerze gerichteten Erb- und Rassenpflege des Staates."
> (Fischer 1933; zit. nach Richter 1998, 7)

Für den Anthropologen Theodor *Mollison* konnten erst die neuen weltanschaulichen Einstellungen des Nationalsozialismus der Wissenschaft die ihr zustehende Geltung verschaffen:

> „Die neue weltanschauliche Einstellung unseres Volkes hat dazu geführt, daß Ergebnisse wissenschaftlicher Forschung genützt werden, die einer früheren Regierung entweder gleichgültig oder ein Ärgernis waren. Die unwahre Behauptung von der Gleichwertigkeit der Menschen, die man uns Jahrhunderte lang vorredete, und an die in Wirklichkeit kein Mensch glaubte, gab den Vorwand dafür ab, das Minderwertige zu stützen und das Hochwertige herabzuziehen."
> (Mollison 1934; zitiert nach Weingart u.a. 1996, 390)

Otmar Freiherr von *Verschuer*, der geistige Mentor des KZ-Arztes Josef *Mengele*, fügte dem später hinzu:

> „Der Führer des deutschen Reiches ist der erste Staatsmann, der die Erkenntnisse der Erbbiologie und Rassenhygiene zum leitenden Prinzip der Staatsführung gemacht hat".
> (Verschuer 1941, 11)

Diese von beiden Seiten gefeierte Verbindung von Wissenschaft und Politik, die der Rassenhygiene zur eigentlichen Bedeutung verhalf, sollte schließlich zukünftig die Basis abgeben für eine *Rassenpolitik* im Sinne einer politischen Anwendung naturwissenschaftlicher Erkenntnisse (vgl. Weingart u.a. 1996, 403ff).

Die Positionen der Kirchen zum GzVeN

Im Gegensatz zur *katholischen Kirche*, die sich in ihrer Ablehnung des Gesetzes (GzVeN) auf die Stellungnahme der päpstlichen Enzyklika berief, wurde dieses Gesetz von der *evangelischen Kirche* ausdrücklich begrüßt, obwohl dieses Gesetz auch die erzwungene Sterilisation vorsah, von der man sich in der Stellungnahme der Fachkonferenz für Eugenik der Inneren Mission im Jahre 1931 noch ausdrücklich distanzierte. Die Innere Mission rief ihre Mitarbeiter zur uneingeschränkten Unterstützung auf und trug selbst durch themenspezifische Fortbildungen an ihren Institutionen zu einer reibungslosen Umsetzung des GzVeN bei. Diesem religiösen Eifer fielen schon 1934 in den Pflegeanstalten insgesamt 2399 Menschen und im darauf folgenden Jahr 3140 sog. „Minderwertige" zum Opfer (vgl. Die Rundschau, 1935, 12, 188). Im Mitteilungsblatt der Inneren Mission (*Die Rundschau*) vom Jahre 1934 wird dieses Engagement so begründet:

> „Die bejahende Haltung, die Kirche und Innere Mission seit langem zur Frage des Gesetzes zur Verhütung erbkranken Nachwuchses einnehmen, ist begründet in der Tatsache, daß uns vom Evangelium her nicht nur eine Verantwortung für das gewordene, sondern ebenso für das werdende Leben auferlegt ist."
> (Die Rundschau, 1934, 7, 108)

Das „Gesetz zur Verhütung erbkranken Nachwuchses" (GzVeN)

Im „Gesetz zur Verhütung erbkranken Nachwuchses" (GzVeN) hatten §1, Ziffer 1 und 2 folgenden Wortlaut:

> „(1) Wer erbkrank ist, kann durch chirurgischen Eingriff unfruchtbar gemacht (sterilisiert) werden, wenn nach den Erfahrungen der ärztlichen Wissenschaft mit großer Wahrscheinlichkeit zu erwarten ist, daß seine Nachkommen an schweren körperlichen und geistigen Schäden leiden werden.
> (2) Erkrankt im Sinne dieses Gesetzes ist, wer an einer der folgenden Krankheiten leidet:
>   1. angeborenem Schwachsinn,
>   2. Schizophrenie,
>   3. zirkulärem (manisch-depressivem) Irresein,
>   4. erblicher Fallsucht,
>   5. erblichem Veitstanz (Huntingtonsche Chorea),
>   6. erbliche Blindheit,
>   7. erbliche Taubheit,
>   8. schwerer erblicher körperlicher Mißbildung.
> (*) Ferner kann unfruchtbar gemacht werden, wer an schwerem Alkoholismus leidet." (Reichsgesetzblatt RGBl, Teil I, 1933, Nr. 86, 146ff)

Als Mißbildungen galten aber auch Kleinwüchsigkeit, spastische Lähmungen, Muskeldystrophie, fehlende Gliedmaßen (z.B. eines Fingers), Klump- und Spaltfuß und Gaumenspalte oder Nachtblindheit.

Die Kernformulierung des Gesetzes, wonach sog. Erbkranke sterilisiert werden konnten, wenn „mit großer Wahrscheinlichkeit" zu erwarten sei, daß die Nachkommenschaft „an schweren körperlichen oder geistigen Erbschäden" leiden werde, ließ den ausführenden Organen einen großen Interpretationsspielraum (vgl. Gers 1990, 113). Der Nachweis der Erblichkeit war damit nicht unbedingt zu erbringen; sie wurde zumeist einfach vorausgesetzt (vgl. Rudnick 1990, 96). So gibt es Hinweise, daß auch in Fällen, in denen ganz offensichtlich kein Erbleiden vorliegen konnte (z.B. bei Kriegshirnverletzungen), die Entscheidungsgremien dennoch eine Sterilisation anordneten (vgl. Kaminer 1996, 94).

Die Diagnose „*angeborener Schwachsinn*" war die wohl am meisten gestellte Indikation zur Sterilisation. Sie kam besonders bei sog. arbeitsscheuen „Asozialen" bzw. „Gemeinschaftsfremden" oder „Gemeinschaftsunfähigen" im Sinne eines angeborenen „sozialen" oder „moralischen" Schwachsinns zur Anwendung. Der sog. „Asoziale" war aus der völkischen Gemeinschaft ausgegrenzt. Er wurde als „Leistungsunwilliger" den volksschädlichen „Ballastexistenzen" zugerechnet (vgl. Ayaß 1995, 105ff; Dörner 1989a, 52f). In den Verdacht eines erblichen Schwachsinns gerieten alle Menschen, die in irgendeiner Weise sozial auffällig waren (vgl. Klee 1989, 37f). Mit dieser Diagnose konnten all diejenigen Menschen medizinisch-psychiatrisch etikettiert, ausgegrenzt, in Anstalten weggeschlossen und sterilisiert werden, die zur sozialen Belastung wurden bzw. die aus den unterschiedlichen Gründen den Ansprüchen und den „völkischen" Zielen der nationalsozialistischen Volksgemeinschaft widersprachen. Andersdenkende und Kritiker wurden auf diese Weise sehr schnell mit pathologisierenden Etikettierungen wie „Schwachsinniger" bzw. „biologischer Bolschewist" zum Schweigen gebracht (vgl. Klee 1989, 86; Kaminer 1996, 72f; Trus 1995, 74). In der nationalsozialistischen Logik konnte nur ein Schwachsinniger gegen nationalsozialistische Zielsetzungen sein.

Der Sterilisationsantrag konnte vom Betroffenen selbst, einem gesetzlichen Vertreter oder einem beamteten Arzt gestellt werden. Für Insassen von Kranken- Pflege- oder Strafanstalten war die Anstaltsleitung zuständig (vgl. Trus 199561ff). Mit der Neu-Verordnung zum „Gesetz zur Verhütung erbkranken Nachwuchses" (GzVeN) wurde bereits schon Ende 1933 die „Anzeigepflicht" sog. Erbkranker eingeführt, deren Zuwiderhandlung strafrechtlich verfolgt wurde. Nach Artikel 3 dieses Gesetzes waren Ärzte und die Leitung von Pflegeanstalten verpflichtet, „Erbkranke" dem zuständigen Amtsarzt zu melden. Eine Verweigerung der Anzeigepflicht war somit eine kriminelle Handlung im Sinne eines „Verbrechens am Volkskörper". Schließlich wurde mit der Änderung des GzVeN vom Juli 1935 auch die Abtreibung aus *„eugenischer Indikation"* ermöglicht. Was bedeutete, daß bei schwangeren „erbkranken" Frauen neben der Sterilisation zugleich eine Abtreibung vorgenommen werden konnte. Dieser Schritt der legalisierten Tötung von ungeborenem Leben wurde im übrigen von der evangelischen Kirche aus Furcht vor einem Dammbruch hinsichtlich einer möglichen Legalisierung der Tötung von bereits geborenem erbkranken Leben nicht mehr mitgetragen.

Die Entscheidung über die Durchführung der Sterilisation trafen speziell eingerichtete *Gesundheitsgerichte*, die aus einem Amtsrichter, einem beamteten Arzt und einem weiteren Arzt als ausgewiesenem Vertreter der Rassenhygiene bestanden. Ein Einspruch gegen die Entscheidung des Gesundheitsgerichts hatte lediglich aufschiebenden Charakter (vgl. Trus 1995, 62f; Kaminer 1996, 65ff).

Auf dieser gesetzlichen Grundlage eines „Gesetzes zur Verhinderung erbkranken Nachwuchses" wurden während der Zeit des Nationalsozialismus vermutlich ca. 400 000 sog. „erbkranke Volksschädlinge" zwangsweise sterilisiert. Ab 1935 wurden mit dem *„Gesetz zum Schutz des deutschen Blutes und der deutschen Ehre"* (sog. *„Blutschutzgesetz"*) (RGBl.I, S.1146) die Sterilisationen auch auf Sinti und Roma, Juden, Schwarze und sog. „Rheinlandbastarde" ausgeweitet. Gleichzeitig wurde mit diesem Gesetz „die Ehe und der geschlechtliche Verkehr zwischen deutschen Volksgenossen und Juden" unter Strafe gestellt (vgl. Blume 1991, 51; Weingart u.a. 1996, 470ff). Im gleichen Jahr verbot das *„Gesetz zum Schutze der Erbgesundheit des deutschen Volkes (Ehegesundheitsgesetz)"* nach §1 ausdrücklich die Eheschließung, „wenn einer der Verlobten, ohne entmündigt zu sein, an einer geistigen Störung" bzw. „an einer Erbkrankheit im Sinne des Gesetzes zur Verhütung erbkranken Nachwuchses leidet" (RGBl. I, S.246). Mit diesem Gesetz wurde ein sog. *„Ehetauglichkeits-Zeugnis"* eingeführt, das von nun an von allen Heiratswilligen vor der Eheschließung zu erbringen war.

Rassenpropaganda

> *„Du bist nichts, dein Volk ist alles"*
> (Adolf Hitler)

Zur rassenideologischen Indoktrinierung wurden Radiosendungen und Filme mit entsprechenden Inhalten produziert („Sünden der Väter", „Paläste für Geisteskranke", „Ich klage an"). Es erschienen spezielle Zeitschriften wie die „Illustrierte Monatsschrift für deutsches Volkstum" mit dem Titel „*Volk und Rasse*". Zur Durchsetzung der rassenpolitischen Ziele wurde eigens ein „*Aufklärungsamt für Bevölkerungspolitik*" eingerichtet, das „rassenhygieni-sche Aufklärungsarbeiten" zu leisten hatte. Diese ideologische Indoktrina-tion wurde besonders massiv auf die heranwachsende Generation ausgeübt. Mittels einer allumfassenden nationalsozialistischen Erziehung sollte eine Generation von entschlossenen, im nationalsozialistischen rassenhygieni-schen Geiste geprägten Soldaten für zukünftige Kriege herangezogen werden, wie deutlich im „*Handbuch der deutschen Jugend im Reichsar-beitsdienst*" mit dem Titel „*Spaten und Ähre*" (1937) nachzulesen ist:

> „Die Schulerziehung wird ergänzt durch die Erziehung in 'Jungvolk und Hitlerjugend'. Die gesamte Jugend tritt dann in den 'Reichsarbeitsdienst' ein. Dessen Erziehungsform findet ihre Fortführung in dem zweijährigen Dienst in der 'Wehrmacht'. Der Spaten wird mit der Waffe vertauscht und der junge Deutsche zur Wehrertüchtigkeit erzogen."
> (vgl. ebnd. 73)

Das Erziehungswesen im Nationalsozialismus

Wie *Schaller* in seinem 1935 veröffentlichten Buch „Die Schule im Staat Adolf Hitlers" formulierte, schickte sich der Nationalsozialismus als „Erzie-hungsstaat" an, durch „Züchtung einer an Leib und Seele gesunden Jugend" den heldischen Menschen, den Menschen des Kampfes zu schaffen (ebnd. 119). Dafür hatte die nationalsozialistische schulische Erziehung den anti-intellektuellen Grundstein zu legen, um, wie es in „Spaten und Ähre" hieß, einen „neuen Geist der Treue, Tapfergeist und Opferbereitschaft" zu er-schaffen (ebend. 75) für, wie sich später zeigte, mit Kadavergehorsam ausgestattete soldatische Befehlsempfänger, die nach der Devise handeln sollten: „Führer befiehl, wir folgen". Insofern sollte dort die körperliche Ertüchtigung vor jeglicher intellektuellen Schulung absolute Priorität haben, was *Hitler* schon in „Mein Kampf" mit folgenden Worten forderte:

> „Der völkische Staat hat in dieser Erkenntnis seine gesamte Erziehungs-arbeit in erster Linie nicht auf das Einpumpen bloßen Wissens einzustel-len, sondern auf das Heranzüchten kerngesunder Körper. Erst in zweiter Linie kommt dann die Ausbildung der geistigen Fähigkeiten. Hier aber wieder an der Spitze die Entwicklung des Charakters, besonders die För-derung der Willens- und Entschlußkraft, verbunden mit der Erziehung zur Verantwortungsfreudigkeit, und erst als Letztes die wissenschaftliche Schulung.
> Der völkische Staat muß dabei von der Voraussetzung ausgehen, daß ein zwar wissenschaftlich wenig gebildeter, aber körperlich gesunder

Mensch mit gutem, festem Charakter, erfüllt von Entschlußfreudigkeit und Willenskraft, für die Volksgemeinschaft wertvoller ist als ein geistreicher Schwächling." (ebnd. 452)

Die schulischen Einrichtungen hatten diesen Zielen zur Realisierung des nationalsozialistischen Menschenbildes zu folgen und zudem ideologisch die Voraussetzungen für die nationalsozialistische Rassenhygiene zu schaffen. So gab ein sog. *„Nationalsozialistischer Lehrerbund"* schon 1934 eine mit nationalsozialistisch-rassenhygienischen Zielen begründete Ahnentafel unter der nach *Hitler* benannten Devise *„Du bist nichts, dein Volk ist alles"* heraus, die von allen Schülern und Schülerinnen „mit Unterstützung des Lehrers" auszufüllen war. Im Schulunterricht wurden die Fächer Rassenkunde und Vererbungslehre eingeführt, deren Inhalte auch in anderen Fächern (z.B. Mathematik und Deutsch) zu berücksichtigen waren (vgl. Klee 1989, 53). Am Ende ihrer Schulzeit wurde den Schulabgängern eine von der Reichsleitung der NSDAP herausgegebene Broschüre mit dem Titel *„Du und dein Volk"* überreicht, mit der neben üblichen nationalsozialistischen Zielen eines „völkischen Staates" noch einmal ausdrücklich auf die „Grundgesetze der Vererbung", die Gefahren der „Rassenmischung" und die rassenhygienischen Regeln bei der zukünftigen Gattenwahl („zehn Gebote für die Gattenwahl") hingewiesen wurde. Im Kapitel mit der Überschrift *„Die Verhütung erbkranken Nachwuchses"* hieß es dort:

„Beim Menschen hat sich durch völligen Verzicht auf Auslese ein höchst unerwünschter und keineswegs erwarteter Zustand ergeben. Es findet nämlich dauernd eine ungewollte Auslese statt, die sich nun so weit und verhängnisvoll von der Natur entfernt, daß man sie geradezu als eine unnatürliche Auslese bezeichnen muß. Man nennt solche unerwünschte Auslese gemeinhin G e g e n a u s l e s e. Die oben erwähnte Rassevermischung beruht auf solcher Gegenauslese. Ein besonders krasser Fall von Gegenauslese ist die Vermehrung der Erbkranken. In Deutschland gab es im Jahre 1930 ungefähr 150000 Geisteskranke in Irrenhäusern und 70000 Verbrecher in Gefängnissen und Besserungsanstalten. Diese stellen aber nur einen kleinen Teil der wirklichen Zahl der Minderwertigen dar. Die Gesamtheit der Gebrechlichen wurde auf mehr als eine halbe Million geschätzt. Hierfür hat die Allgemeinheit ungeheure Lasten aufzubringen: für einen Geisteskranken 4,- RM, einen Verbrecher 3,50 RM, einen Krüppel oder Taubstummen 5,- RM bis 6,- RM den Tag. Dagegen hat der ungelernte Arbeiter etwa 2,50 RM, der Angestellte 3,60 RM, der untere Beamte 4,- RM täglich zur Verfügung. (...) Das „Gesetz zur Verhütung erbkranken Nachwuchses" vom 14. Juli 1933 will die allerschlimmsten Fälle dieser widernatürlichen Gegenauslese dadurch mildern, daß es bei ganz schweren und unbedingt erblichen Krankheiten die Unfruchtbarmachung des Kranken ermöglicht. So wird das Heer der Geisteskranken, der Idioten und Schwachsinnigen, der Verbrecher, der Gemeingefährlichen, der

Landstreicher allmählich vermindert werden, damit für gesunde und tüchtige Menschen mehr Raum und Lebensmöglichkeit entsteht."
(Reichsleiter der NSDAP, Hauptamt für Erzieher: „Du und dein Volk";
ohne Jahresangabe; 34f)

Die Hilfsschulpädagogik im Nationalsozialismus

Schon während der Weimarer Zeit geriet die damalige Hilfsschullehrerschaft in den Sog des sozialdarwinistischen Zeitgeistes. Auch sie beteiligte sich mehrheitlich an der Kosten-Nutzen-Debatte und der Diskussion über die „soziale Brauchbarkeit" ihrer Klientel für den Staat und sah sich genötigt, die hohe staatliche Belastung durch die kostenintensive Förderung von sog. „Bildungsunfähigen" zu erörtern. Besonders die jüngere Hilfsschullehrerschaft unterwarf sich anfänglich nahezu bedingungslos den nationalsozialistischen Ideologien und den damit verbundenen rassenhygienischen Forderungen, wie einschlägige Publikationen dieser Zeitspanne ab 1933 belegen (vgl. Höck 1979, 11ff; 287).

In den ersten Jahren des Nationalsozialismus wurde zunächst aus Kostengründen darüber nachgedacht, die Hilfsschuleinrichtungen ganz abzuschaffen, bis man für diese Einrichtungen eine neue erbgesundheitliche und rassenpolitische Aufgabe vorsah: eine Sammelbeckenfunktion zur Erfassung minderwertiger Kinder und Jugendlicher, die im Sinne des GzVeN an einer Vererbung ihres minderwertigen Erbgutes gehindert werden sollten. Die Hilfsschullehrerschaft wurde auf diese Weise besonders in den Jahren 1933-1936 zur Übernahme der Funktion des „Hilfs-Amtwalters zur Verhinderung erbkranken, rassisch minderwertigen Nachwuchses" herangezogen (vgl. Höck 1979, 80ff; 287). Die Verbandszeitschrift der damaligen Hilfsschullehrer „Die Hilfsschule" propagierte nun auch offen die Sterilisation „schwachsinniger" Schüler (vgl. Gers 1990, 111). Im Publikationsorgan „Die deutsche Sonderschule" schrieb ein Reichsfachschaftsleiter, der Gehörlosenlehrer Paul Ruckau, ganz im Sinne der Rassenhygiene im Jahre 1934 folgendes:

„Uns Sonderschullehrern fällt (...) eine ungeheuer schwere Verantwortung zu. Wir haben dafür zu sorgen, daß die aufwachsende deutsche Volkskraft nicht durch volksfeindliche, rasseschädigende Überhumanität gedrosselt wird. Für die Betreuung Behinderter, aber für das Volksleben noch aussichtsvoller Schüler haben wir in angemessener Form verantwortungsbewußt zu wirken; das völlig Unwerte auszumerzen verlangt die Selbsterhaltungspflicht der Nation. Darin liegt die schwere Verantwortung aller Sonderschullehrer dem Vaterland gegenüber."
(Ruckau 1934; zit. nach Möckel 1991, 87)

In den Publikationsorganen zu Behinderungsfragen wurde die Sterilisation „Minderwertiger" nicht generell in Frage gestellt. Sie wurde meist nur dahingehend problematisiert und diskutiert, ob gegenüber der freiwilligen Sterilisation die Zwangssterilisation als die optimalere rassenhygienische Maßnahme vorzuziehen sei. Ein bedeutender Vertreter der Sonderpädagogik der Nachkriegszeit, Gustav *Lesemann*, veröffentlichte dort 1933 beispielsweise einen Artikel zum Thema *„Heilpädagogik und Eugenik"*, in dem er sich für die freiwillige Sterilisation aussprach (vgl. Gers 1990, 111). *Höhne* favorisierte in einem im gleichen Jahr erschienen Aufsatz *„Freiwillige oder zwangsweise Sterilisierung"* hingegen die Zwangssterilisation:

> „Die dem Volkswohle Dienenden müssen gefördert, die minderwertigen und zur Entwertung führenden Elemente ohne weichliche Rücksichtnahme an der Fortpflanzung gehindert werden. Dazu ist Zwangssterilisation ein geeignetes Mittel."
> (Höhne 1933; zit. nach Gers 1990, 111)

Der Nationalsozialist und Hilfsschullehrer Karl *Tornow* teilte in der Zeitschrift *Die Hilfsschule* im Jahre 1933 seinen Fachkollegen mit, das oberste Ziel der Selbstauflösung der Hilfsschule sei nun bald erreicht, da „das Gesetz zur Verhütung erbkranken Nachwuchses (...) wie nie zuvor die Hoffnung fast zur Gewissheit werden lasse, daß die Hilfsschule einmal in Zukunft entbehrlich sein werde" (Tornow 1933; zit. nach Myschker 1983, 154). Zur optimalen Gewährleistung der Sterilisierungsmaßnahmen schlug der damalige Direktor der sächsischen Anstalt in Groß-Hennersdorf und Mitherausgeber des „Enzyklopädischen Handbuches der Heilpädagogik" (1934), E. *Meltzer*, vor, alle Hilfsschüler in Heimen unterzubringen (vgl. Meyer 1983, 109).

Den Institutionen, deren Aufgabe es bis dahin sein sollte, lernschwache Kinder zu fördern, kam von nun an eine wichtige rassenhygienische Funktion zu. Sie hatten, wie bereits erwähnt, als Institution der „Erbgesundheitspflege", als Sammelbecken und Ort der Vorauslese zur Erfassung von erbkrankem Material zu dienen. Getragen und überwacht wurde diese „volksbiologische Aufgabe" von einem 1937 eingerichteten *„Referat für negative Schülerauslese und Sonderschulfragen im Rassenpolitischen Amt (RPA)"*. So fiel es in die Pflichten der Hilfsschullehrer, mittels eines Personalbogens die rassenhygienisch relevanten Daten der Hilfsschüler zu erfassen und der Erbgesundheitsbehörde zu übergeben. Über das weitere Schicksal betroffener Kinder hatte dann das Erbgesundheitsgericht zu befinden (vgl. Meyer 1983, 110; Höck 1979, 78ff).

Für die damaligen Hilfsschüler wirkte sich der seit der Definition nach *Kraepelin* eingeführte Schwachsinnsbegriff, der auch die damalige Sichtweise der Hilfsschulpädagogik bestimmte, geradezu verhängnisvoll aus (vgl. Hanselmann 1932, 109). Denn nach der vagen Formulierung des Gesetzestextes des GzVeN konnte ein sog. *„angeborener Schwachsinn"* als Kriterium für eine Sterilisation bei fast allen Hilfsschülern pauschal unterstellt werden (vgl. Rudnick 1985, 109ff). In den Kommentaren zum GzVeN wurde eine Ausweitung des Schwachsinnbegriffs auch explizit gefordert. Besonders *Gütt/Rüdin/Ruttke* betonten in ihren juristischen Kommentaren zum Sterilisationsgesetz (1934) ausdrücklich, daß der Nachweis der Erblichkeit nicht unerläßliche Voraussetzung sei. Sie forderten zudem eine Ausweitung des Schwachsinnsbegriffs auch „bei zahlreichen asozialen und antisozialen, schwer erziehbaren, stark psychopathischen Debilen", bei denen ebenfalls die „Unfruchtbarmachung" indiziert sei, „selbst wenn sie in ihrer Intelligenzentwicklung allein nicht übermäßig zurückgeblieben sind" (Gütt/ Rüdin/Ruttke 1934; zit. nach Höck 1979, 96f).

Es wird hier deutlich, wie man versuchte, unter der willkürlich zugeschriebenen Kategorie *„angeborener Schwachsinn"* alle Arten unliebsamer menschlicher Besonderheiten zu fassen und über die staatlich sanktionierte Maßnahme der „Unfruchtbarmachung" zum Verschwinden zu bringen.

Von den späteren Euthanasiemaßnahmen waren die Hilfsschulen nur indirekt berührt. Denn schon kurz nach der Machtübernahme setzten sich Vertreter der Hilfschule aus Kosten- und Prestigegründen für die Entfernung schwer behinderter Kinder aus ihren schulischen Einrichtungen ein. Durch die von Vertretern der Hilfsschule initiierten Maßnahmen einer Begrenzung der Hilfsschulschülerschaft nach unten entledigte man sich schließlich in den Jahren 1933-1938 der sog. „bildungsunfähigen Schwerstschwachsinnigen". Nach dem Reichsschulpflichtgesetz von 1938 wurden diese sog. „bildungsunfähigen Kinder" kraft Gesetzes von der Schulpflicht befreit und der Fürsorge oder privaten Betreuung überlassen. Um die betroffenen Kinder dem Einflußbereich der kirchlichen Träger zu entziehen und sie besser in die Maßnahmen des GzVeN bzw. in die später durchgeführten Euthanasiemaßnahmen einbeziehen zu können, wurden die Jugendämter im Jahre 1940 durch das „Reichsministeriums des Innern" mit der Betreuung der „bildungsunfähigen Kinder" beauftragt (vgl. Höck 1979, 169ff).

Die schwerbehinderten Kinder wurden ausgeschult und zum größten Teil in Pflegeanstalten überwiesen, was vielfach einem späteren Todesurteil gleich kam.

Das (Erb-)Gesundheitswesen im Nationalsozialismus

Die Ärztekammern bildeten regionale „Abteilungen für Erbgesundheit und Rassenpflege" und übernahmen damit u.a. die rassenhygienischen Fortbildungskurse für Ärzte und Pflegepersonal (vgl. Kaminer 1996, 20). Grundsätze der Rassenhygiene wurden in der medizinischen Ausbildung verankert, indem z.B. an den medizinischen Fakultäten Lehrstühle für Rassenhygiene geschaffen wurden und schließlich ab 1936 das Fach Rassenhygiene relevantes Prüfungsfach wurde.

Die medizinische Ideologie des Nationalsozialismus, die sich vehement von einer fürsorgerischen, therapiebetonten, „gleichmacherischen" Medizin der Weimarer Republik distanzierte, prägte mit miltärischen Metaphern das Bild des nationalsozialistischen Arztes. Danach hatte er als nationalsozialistischer „Gesundheits-Soldat" an der Front der Minderwertigkeit, bzw. als „Gesundheits-Führer" und Mitglied einer „Volksgesundheitsarmee" im rassenhygienischen Auftrag den „Kampf gegen Krankheit und Minderwertigkeit" aufzunehmen. Dem als minderwertig abgestempelten Menschen wurde in diesem Kampf, ganz im Sinne der Selbstopferung für ein über das Einzelsubjekt hinausreichendes nationalsozialistisches Rassenideal, die absolute Unterordnung unter den ärztlichen Entscheidungswillen bis hin zum Einverständnis seiner eigenen Verstümmelung („das Opfer der Fruchtbarkeit") bzw. seiner eigenen Vernichtung abverlangt (vgl. Wuttke 1992).

> „Die Unfruchtbarmachung (ist) keine Strafe und keine Schande (...). Unsere volle Hochachtung gebührt denen, die dem Volke das Opfer ihrer Fruchtbarkeit bringen. Die Unfruchtbarmachung (ist ein) echtes Werk christlicher Nächstenliebe (und vollstreckt) auf die menschlichste Weise den göttlichen Willen der Auslese (...).
> Die Existenznot eines Volkes, die sogar das Töten des Feindes im Kriege sittlich rechtfertigt, fordert gebieterisch Maßnahmen zur Erhaltung und Pflege des ›Gesunden‹ und zur Beseitigung der kranken Erblinien. Wer das Gesetz (bekämpft, wird) zum Verräter seines Volkes und (tut) nichts anderes als der Kriegsdienstverweigerer."
> (Flugblatt: Amt für Volksgesundheit der NSDAP;
> zit. nach Wuttke 1992, 170)

Die wohl entscheidendste Voraussetzung zur Durchsetzung der nationalsozialistischen Rassenhygiene war die *Verstaatlichung des Gesundheitswesens*, die schon vor der Jahrhundertwende von den Rassenhygienikern *Ploetz* und *Schallmayer* im Sinne eines staatlich organisierten Medizinalbeamtenapparates zur kontrollierten Durchführung der Erbgesundheitspflege gefordert wurde. Im Rahmen eines „*Gesetzes zur Vereinheitlichung des Gesundheitswesens*" (GVG) vom 3.7. 1933, das im übrigen zusammen mit

dem Sterilisationsgesetz die nationalsozialistische Ära unbeschadet über-
lebte, wurden schließlich *staatliche Gesundheitsämter* gegründet, die für die
Erfassung von Erbkranken und für die Beratung zu Fragen der Erb- und
Rassenpflege zuständig waren (vgl. Weingart u.a. 1996, 480ff; Trus 1995,
54; Nitschke 1999, 90ff). Sie hatten auch die Forderungen des „Eheschutz-
gesetzes" zu überwachen, wonach angehende Ehepaare vor der Eheschlies-
sung beim Gesundheitsamt ein Gesundheitszeugnis einzuholen hatten. Die
Ehe durfte nicht eingegangen werden, wenn ein Partner eine geistige Störung
aufwies oder unter einer sog. Erbkrankheit litt. Neben diesen selektiven
Maßnahmen wurden Aktionen zur Züchtung der auserwählten nordisch-
arischen Rasse gestartet, wie z.B. die SS-Aktion „Lebensborn" im Jahre
1936, die der Zucht erbbiologisch besonders wertvoller Menschen dienen
sollte (vgl. Klinksiek 1982, 96f). Eine weitere Maßnahme der positiven
Eugenik waren die Ehestandsdarlehen, die von den als „rassisch wertvoll"
erkannten Familien „abgekindert" werden konnten (vgl. Benz 1993, 125).

Die staatlichen Gesundheitsämter wurden gleichzeitig zu Fürsorge-
stellen der Wohlfahrtspflege, wodurch die gesamte Wohlfahrtspflege dem
rassenhygienischen Diktat untergeordnet wurde, was konkret eine drastisch
Kürzung der Pflegesätze in den Pflegeanstalten bedeutete. Maßstab für die
Bemessung von Pflegeleistungen war von da an der Wert des jeweiligen
Pflegebedürftigen für die Volksgemeinschaft. Damit wurden das gesamte
Gesundheitswesen und die Einrichtungen der Sozialfürsorge ausführende
Organe der nationalsozialistischen Rassenhygiene. Dieser Umstand führte
schließlich ab 1942 zur weiteren „kriegsbedingten" Verkürzung der Lebens-
mittelrationen von sog. „Arbeitsunfähigen".

4.2 Die Liquidierung der „Ballast-Existenzen"

Die Endphase des Kampfes gegen das „minderwertige Erbgut

Die in den 20er Jahren lebhaft geführte Debatte über das Lebensrecht und
die Tötung von „Ballastexistenzen" wurde während der Zeit des Nationalsozialismus im Sinne einer sog. „Vernichtung lebensunwerten Lebens" kaum
thematisiert und selten offen propagiert. Eine der wenigen Ausnahmen wurde im SS-Organ „Das schwarze Korps" publiziert. Dort wurde in einer
Ausgabe im Jahre 1937, verdeutlicht an einem konkreten Beispiel, die „Vernichtung lebensunwerten Lebens" offen gefordert:

„Man müßte ein Gesetz schaffen, das der Natur zu ihrem Recht verhilft. Die Natur würde dieses lebensunfähige Geschöpf verhungern lassen. Wir dürfen humaner sein und ihm einen schmerzlosen Gnadentod bereiten. Das ist die einzige Humanität, die in solchen Fällen angebracht ist, und sie ist hundertmal edler, anständiger und menschlicher als jene Feigheit, die sich hinter der Humanitätsduselei verkriecht und dem armen Geschöpf die Last seines Daseins, der Familie und der Volksgemeinschaft die Last des Unterhalts aufbürdet."
(Das schwarze Korps, zit. nach Kaiser u.a. 1992, 224)

Obschon sich die Rassenhygieniker der vornazistischen Zeit, denen es primär um die Verhinderung einer Fortpflanzung Behinderter ging, mehrheitlich gegen die von *Binding* und *Hoche* in den 20er Jahren empfohlenen Euthanasiepraxis aussprachen, duldeten diese die Tötungspraxis bzw. wirkten nach 1939, seit dem Beginn des „deutschen Angriffskrieges", an der bürokratisch organisierten Ermordung geistig Behinderter und psychisch Kranker mit. *Ploetz* empfahl schon 1936, im Notfall die „kontraselektorische Wirkung eines Krieges durch Erhöhung der Ausmerzungsquote und vor allem durch die Erhöhung des Auslesequote" wettzumachen. Mit dem Krieg gegen den äußeren Feind begann gleichzeitig der Krieg gegen den inneren Feind: ein Krieg gegen die „Armee der Minderwertigen" bzw., wie sich der Gelehrte Ernst *Bergmann* ausdrückte, ein „Weltkrieg gegen die Idioten, Kretins und Schwachsinnigen, Gewohnheitsverbrechern und sonstwie Degenerierten und Verseuchten" (vgl. Kühl 1997, 158ff, 164).

Kinder-Euthanasie: Aktion „Gnadentod"

Am 1.9.1939, mit dem Beginn des Überfalls auf Polen, trat eine Verordnung in Kraft, mit der offiziell alle Sterilisationsverfahren eingestellt werden sollten. Die Sterilisierungspraxis fand dennoch insgeheim weiterhin bis Kriegsende statt (vgl. Klee 1989, 85f). Der Kampf gegen das „minderwertige Erbgut" trat nun in eine neue Phase. Besonders zu Kriegsbeginn drängten Vertreter der Rassenhygiene, wie Ernst *Rüdin*, auf eine forcierte Durchsetzung der rassenhygienischen Ziele. Es wurden Befürchtungen von kontraselektiven Auswirkungen einer kriegsbedingten Ausmerze laut. Man befürchtete eine kriegsbedingte Auslese der tüchtigsten und wertvollsten Elemente des Volkes und forderte massive rassenhygienische Gegenmaßnahmen. Die soziale Frage trat von nun an unaufhaltsam in die Phase ihrer Liquidierung (vgl. Trus 1995, 91ff).

Den ersten Anstoß zur Durchführung der Tötung behinderter Menschen gab schließlich das elterliche Sterbehilfeersuchen an die Kanzlei des

Führers (KdF) für ein körper- und geistigbehindertes Kind („Fall Knauer"). Es handelte sich um ein Kind, das sich zur Behandlung in einer von Werner *Catel*, einem Aktivisten der Kinder-Euthanasie und späteren (1954-1960) Ordinarius für Kinderheilkunde an der Universität Kiel (vgl. Klee 1988, 139ff), geleiteten Kinderklinik in Leipzig befand. Dem Gesuch wurde von Hitler persönlich stattgegeben (vgl. Fouquet 1978, 58; Klee 1989, 77ff; 294ff; 379ff). Es wurde daraufhin ein Gremium zur Vorbereitung der Kindereuthanasie gebildet, die zur geheimen Reichssache erklärt wurde. Als Tarnung diente ein „Reichsausschuß zur wissenschaftlichen Erfassung von erb- und anlagebedingten schweren Leiden".

Im August 1939 erging vom Reichsministerium des Innern (RMdI) ein Runderlaß („streng vertraulich") zur Einführung der „Meldepflicht über mißgestaltete usw. Neugeborene" an alle Landesregierungen, mit dem von nun an alle Hebammen und Ärzte verpflichtet wurden, die Geburt von Säuglingen dem zuständigen Gesundheitsamt zu melden, bei denen Idiotie, Mongolismus, spastische Lähmungen und körperliche Mißbildungen, Hydrocephalus und Microcephalie festgestellt wurden (vgl. Klee 1989, 80f). Ferner wurde dazu aufgefordert, auch rückwirkend alle betroffenen Kinder bis zum Lebensalter von drei Jahren zu melden (vgl. Meyer 1983, 110). Die Notwendigkeit der Meldung wurde mit der wissenschaftlichen Klärung von vorliegenden Krankheiten und Mißbildungen begründet. Die in den staatlichen Gesundheitsämtern eingegangenen Meldebögen wurden an den Reichsausschuß weitergeleitet. Dort entschieden medizinische Obergutachter, wie z.B. die Psychiater *Catel, Heinze, Wentzler, Pohlisch*, die Euthanasiemaßnahme, die dann in der vom „Reichsausschuß" eingerichteten „*Kinderfachabteilung*", von denen etwa dreißig im gesamten Reichsgebiet existierten (z.B. Hadamar), durchgeführt wurde. Die Zustimmung der Eltern für die Einweisung in die Tötungsinstitutionen wurde dadurch erschlichen, daß man den Angehörigen betroffener Kinder in diesen „therapeutischen" Einrichtungen „*Heilerfolge*", auch bei bisher als hoffnungslos geltenden Fällen, in Aussicht stellte. Diese Täuschung schrieb ein Runderlaß vor, der die Amtsärzte anwies, die Eltern von der Möglichkeit einer Behandlung in einer Heilanstalt zu unterrichten, und sie dazu zu veranlassen, die Kinder „beschleunigt" einzuweisen (vgl. Kaul 1979, 36f). Eltern, die sich der Einweisung widersetzten, konnte ab 1941 das Sorgerecht entzogen werden (vgl. Fouquet 1978, 60; Klee 1989, 300).

Der Tod wurde bei den betroffenen Kindern in der Regel durch Verhungern oder der Verabreichung einer Überdosis eines Schlafmittels („Luminal") in der Weise herbeigeführt, daß die Kinder eines „natürlichen Todes" (z.B. durch eine herbeigeführte Lungenentzündung) starben (vgl.

Meyer 1983, 110f). Standardisierte Beileidsbekundungen unterrichteten dann die Eltern vom Tod ihres Kindes.

Die „Kinder-Euthanasie" wurde auch auf sog. „schwachsinnige bildungsfähige", ab 1941 auch auf ältere, sog. „schwererziehbare" Kinder und Jugendliche bis zum Alter von sechzehn Jahren und auf sog. „rasseunreine" jüdische Kinder ausgedehnt (vgl. Mitscherlich/Mielke 1995, 273f). Die Zahl der auf diese Weise ermordeten Opfer wird insgesamt auf 5-8000 geschätzt (vgl. Fouquet 1978, 61; Kaiser u.a. 1992, XXVIII).

Aktion „T4": Die Ermordung geistigbehinderter Erwachsener (1939-1945)

Während die Zwangssterilisation noch (schein-)gesetzlich geregelt war und bei der Kinder-Euthanasie noch die Fiktion einer wissenschaftlich vertretbaren Regelung aufrechterhalten wurde, war die Tötungsaktion Erwachsener von Anbeginn an ein in allen Belangen getarntes Unternehmen. Hitler fürchtete ganz offensichtlich die politische Tragweite einer offiziellen gesetzlichen Regelung (vgl. Mitscherlich/Mielke 1995, 237ff; Klee 1986, 85ff). Lediglich ein persönliches Ermächtigungsschreiben von Hitler im Jahre 1939 war schließlich der Auslöser der Aktion. Es sah vor, „daß nach menschlichem Ermessen unheilbar Kranken bei kritischster Beurteilung ihres Krankheitszustandes der Gnadentod gewährt werden kann" (vgl. Mitscherlich/Mielke 1995, 238).

Bald darauf wurde die Beseitigung erwachsener Geistigbehinderter in Angriff genommen. Die Aktion erhielt die Tarnbezeichnung „T4" nach der Adresse der Euthanasiezentrale in Berlin, Tiergartenstraße 4.

Für die Durchführung wurden vier Tarnorganisationen gegründet:

1. Die „*Reichsarbeitsgemeinschaft Heil- und Pflegeanstalten*" (RAG), die mit der Erfassung der zu tötenden Menschen beauftragt war und die bürokratische Entsorgung der Getöteten zu verwalten hatte.
2. Die „*Gemeinnützige Stiftung für Anstaltspflege*", der das Personal der Tötungsanstalten unterstellt war und die die Finanzierung der Tötungsaktion regelte.
3. Die „*Gemeinnützige Krankentransportgesellschaft GmbH*" (Gekrat), die für den Transport und die Verlegung in die Tötungsanstalten verantwortlich war (vgl. Fouquet 1978, 62f).
4. Die „*Zentralverrechnungsstelle*", an die die Kostenträger „Pflegegelder" (auch über den Tod hinaus) zu entrichten hatten.

Grundlage der Erfassung der Opfer war im Jahre 1939 ein Runderlaß des Reichsminisieriums des Inneren (RMdI) um, wie es dort hieß, eine notwendige „planwirtschaftliche Erfassung" durchzuführen (vgl. Klee 1989, 91). Auf dem beigefügten Meldebogen waren sämtliche Patienten zu melden, die dem Wortlaut nach:

1. An nachstehenden Krankheiten leiden und in den Anstaltsbetrieben nicht oder nur mit mechanischen Arbeiten (Zupfen u.ä.) zu beschäftigen sind: Schizophrenie, Epilepsie (wenn exogen, Kriegsbeschädigung oder andere Ursachen angeben), senile Erkrankungen, Therapie-refraktäre Paralyse und andere Lues-Erkrankungen, Schwachsinn jeder Ursache, Encephalitis, Huntington und andere neurologische Endzustände; oder
2. sich seit mindestens 5 Jahren dauernd in Anstalten befinden; oder
3. als kriminelle Geisteskranke verwahrt sind; oder
4. nicht die deutsche Staatsangehörigkeit besitzen oder nicht deutschen oder artverwandten Blutes sind unter Angabe von Rasse und Staatsangehörigkeit.
(zit. nach Klee 1989, 93)

Die Meldebögen wurden an die T4-Zentrale zur Entscheidung weitergeleitet, die wiederum die Gekrat zwecks Organisation der „Krankentransporte" informierte. Die Zielorte blieben geheim; auch war es den Anstalten verboten, die Angehörigen über die Transporte zu informieren. Zur Durchführung der Tötung wurden die dafür vorgesehenen Tötungsanstalten (Grafeneck, Brandenburg, Hartheim, Sonnenschein, Bernburg, Hadamar) mit als Duschen getarnte Vergasungsanlagen und Krematorien ausgestattet (vgl. Trus 1995, 105ff). Es wurden dort Scheinstandesämter eingerichtet, die gefälschte Sterbeurkunden mit falschen Angaben über Todesursache und Todeszeitpunkt ausstellten und die Angehörigen benachrichtigten. Nach der Tötung erhielten die Angehörigen von den „Sonderstandesämtern" die Nachricht, daß der „Pflegling" kurz nach der Verlegung infolge einer plötzlichen Krankheit verstorben sei. Der Tote sei bereits aus Gründen einer Seuchengefahr eingeäschert worden, die Urne stehe zur Verfügung (vgl. Fouquet 1978, 65).

Trotz sorgfältigster Tarnung der Aktion konnte der Massenmord durch zahlreiche Pannen und die wachsende Aufmerksamkeit der näheren Umgebung der Tötungsanstalten nicht länger geheim gehalten werden (vgl. Mitscherlich/Mielke 1995, 254; Fouquet 1978, 65; Klee 1989, 334ff). Die Dimensionen der Tötungsaktionen, von denen nun jeder Volksgenosse (z.B. altersdemente Menschen) betroffen sein konnte, verbreitete zunehmendes Unbehagen. Es kam zu ersten Protesten seitens der Bevölkerung, durch Juristen, durch Vertreter der Psychiatrie und der Kirchen (vgl. Hauss 1989, 147ff; Trus 1995, 131ff; Mitscherlich/Mielke 1995, 254ff).

Die Phase der „wilden Euthanasie" (1941-1945)

Schließlich wurde die Aktion, der bis dahin etwa 100 000 Menschen zum Opfer gefallen waren, 1941 durch einen Befehl Hitlers gestoppt (vgl. Klee 1989, 232f). Es wurden daraufhin andere Wege einer sog. *„wilden Euthanasie"* zur Beseitigung „unwerten Lebens" gesucht (vgl. Trus 1995, 113ff). Das heißt: offiziell war die Aktion eingestellt. Es wurde allerdings erwartet, daß in den Anstalten ohne direkte Anordnung, beispielsweise durch Nahrungsentzug oder Überdosierungen von Medikamenten, weiter gemordet wurde.

Im Jahre 1942 ging ein entsprechender Erlaß an die Anstalten, der Geistigbehinderte dem Hungertod ausliefern mußte:

> „Es wird angeordnet, daß mit sofortiger Wirkung sowohl in quantitativer wie in qualitativer Hinsicht diejenigen Insassen der Heil- und Pflegeanstalten, die nutzbringende Arbeiten leisten oder in therapeutischer Behandlung stehen, ferner die noch bildungsfähigen Kinder, die Kriegsbeschädigten und die an Alterspsychose Leidenden zu Lasten der übrigen Insassen besser verpflegt werden."
>
> (zit. nach Meyer 1983, 113).

Fassen wir zusammen:

- Die im Sozialdarwinismus entwickelten bevölkerungspolitischen Utopien zur Senkung der Sozialausgaben, die immer mehr Befürworter seitens der Kirchen, der Politik, der Wirtschaft, der Wissenschaft und der breiteren Schichten der Bevölkerung fand, erfuhren zur Zeit des Nationalsozialismus eine unheilvolle Kontinuität.
- Unter dem Totalitarismus des Nationalsozialismus, der sich das Primat des Staates über das Leben sicherte, verwandelte sich die Eugenik des Sozialdarwinismus in die völkisch-nationalsozialistisch aufgeladene Rassenhygiene, mit der erst die spezifisch nationalsozialistische „End-Lösung" der sozialen Frage möglich wurde.

5 Ein Neubeginn nach 1945 ?!

Eine Auseinandersetzung über die Zeit des Nationalsozialismus kam während der ersten 20 Jahre nach 1945 kaum oder gar nicht zustande. Das zeigte sich u.a. auch darin, daß die „Nürnberger Ärzteprozesse" zur Aufdeckung der Rolle der NS-Psychiatrie, die bis in die späten 80er Jahre andauerten, nur auf ein geringes öffentliches Interesse stießen. Die vielfach in apokalyptischen Erklärungsmustern beschriebene „Katastrophe" der nationalsozialistischen Ära, die scheinbar wie ein unheilvolles Naturereignis über das deutsche Volk hereingebrochen war, glaubte man, hinter sich gelassen zu haben. Man mochte daran nicht mehr rühren und keinesfalls Ursachenforschung betreiben (vgl. Mitscherlich/Mielke 1995, 18ff). Viele herausragende Vertreter der Rassenhygiene, Medizin, Psychiatrie und der Rechtssprechung, die an der Planung und Durchführung der Euthanasie-Aktionen der NS-Zeit beteiligt waren, konnten untertauchen bzw. wurden nicht für ihre Taten zur Rechenschaft gezogen oder von der deutschen Nachkriegsjustiz mit größter Nachsicht und Milde behandelt (vgl. Tolmein 1993, 58ff; Trus 1995, 155ff). Die meisten von ihnen konnten nach dem Untergang des „Dritten Reiches" ihre Karrieren ungehindert fortsetzen; nicht wenige taten sich nach 1945 sogar als engagierte Bewahrer und Förderer derjenigen Menschen hervor, für deren Tötung sie sich nur kurz vorher als Euthanasieaktivisten vehement eingesetzt hatten, wie dies beispielweise der Fall *Villinger* eindrucksvoll belegt.

Der ehemaliger T4-Mitarbeiter Werner *Villinger* erhielt kurz nach dem Kriege (1946) einen Ruf als ordentlicher Professor für Psychiatrie an die Universität Marburg, der er später als Rektor vorstand, wurde Gründungsmitglied (!) der *Lebenshilfe e.V.*, war Vorstandsmitglied der „Zentrale für Volksgesundheitspflege" und des „Deutschen Vereins für öffentliche und private Fürsorge", der „Deutschen Vereinigung für Jugendgerichte und Jugendhilfe", Mitglied des Bundesgesundheitsrates und des Gesundheits- und Forschungsrates des Landes Hessen. Er war Träger des Bundesverdienstkreuzes und wurde im Nachkriegsdeutschland besonders seitens der Sonderpädagogik (in Ost und West) als „Führer der deutschen Jugendpsychiatrie" gefeiert (vgl. Schäfer 1991, 178ff). Ein anderes unrühmliches Beispiel ist der bereits weiter oben genannte Werner *Catel*. Er war ein Mitinitiator, Gutachter der Kinder-Euthanasie und Leiter der Leipziger Kinder(tötungs)klinik. *Catel* wurde in den 50er Jahren (1954-1960) an der Universität Kiel Ordinarius für Kinderheilkunde (!) (vgl. Klee 1988, 139ff). *Catel* propagierte auch noch nach 1945 in seinem Buch „Grenzsituationen des Lebens" die „begrenzte Euthanasie" bei denjenigen Kindern, die seiner Meinung nach über keinerlei Personalität verfügten. Ein anderer offensichtlicher Euthanasie-Aktivist, der Leiter der Tötungsanstalt Bernburg, Prof. Willi *Enke*, wurde 1950 auf Empfehlung von Prof. Dr. *Villinger* leitender Arzt des Diakoniezentrums Hephata in Treysa (vgl. Klee 1988, 177ff).

Kann es da noch verwundern, daß selbst der geistige Mentor des KZ-Arztes Josef *Mengele*, der Anthropologe Freiherr Otmar von *Verschuer*, einer der herausragendsten Rassenhygieniker des Dritten Reiches, nach dem Kriege seine Karriere ungehindert fortsetzen konnte (vgl. Jantzen 1982a, 128ff; Klee 1988, 139ff, 170ff; Rohrmann 1992, 141f; Weingart u.a. 1996, 572ff)?

Zwangssterilisation nach 1945

Mit dem Untergang der Nazi-Diktatur war in der Behandlung der bis dahin als lebensunwert klassifizierten Menschen die Chance des Neubeginns gegeben.

Das zur Zeit des Nationalsozialismus verabschiedete „*Gesetz zur Verhütung erbkranken Nachwuchses*" (GzVeN), die rechtliche Grundlage der „Unfruchtbarmachung minderwertigen Lebens" während der Zeit des Nationalsozialismus, blieb allerdings auch nach 1945 in Kraft. Es ist kaum zu glauben, daß dieses Gesetz, das aus Gründen von Entschädigungsforderungen bis in die Gegenwart nicht als nationalsozialistisches Unrecht anerkannt wird, offiziell erst 1973 mit dem 5. Strafänderungsgesetz völlig außer Kraft gesetzt wurde (vgl. Dörner 1989, 68; Trus 1995, 171ff). Dennoch wurde auf der Grundlage einer Zustimmung des Vormundes, Vormundschaftsgerichtes oder der behandelnden Ärzte aus „eugenischen Gründen" weiter sterilisiert (vgl. Friske 1995, 155). Das heißt konkret: bis zum Jahre 1992 wurden viele Mädchen und Frauen mit einer geistigen Behinderung ohne ihr Wissen, meist unter Vortäuschung einer scheinbar notwendigen (Blinddarm-) Opera-tion, gegen ihren Willen aus Gründen des Schutzes gegen die Empfängnis „abnormaler Individuen" zwangssterilisiert (vgl. Offenhausen 1981, 135; Friske 1995, 159ff).

Im Jahre 1972 wurde schließlich ein Gesetzentwurf vorgelegt, der vorsah, die Sterilisierung einwilligungsunfähiger Menschen zu verbieten und die Sterilisation behinderter Menschen vor dem 25. Lebensjahr generell zu untersagen. Dieser Entwurf stieß auf heftigste Kritik seitens verschiedener Träger der Behindertenhilfe wie dem Diakonischen Werk, der Caritas und der Lebenshilfe. Demgegenüber schlug der „wissenschaftliche Beirat der Lebenshilfe e.V." folgenden Gesetzestext vor:

„Die Sterilisation ist straffrei, wenn die Person, an der sie vorgenommen wird, in ihrer geistig-seelischen Anlage oder Entwicklung derart geschädigt ist, daß sie entweder geschäftsunfähig ist oder bei Verneinung der Geschäftsunfähigkeit den Aufgaben der Sorge für die Person des Kindes ohne erhebliche Gefährdung der leiblichen, geistigen oder seelischen Entwicklung des Kindes voraussichtlich nicht gewachsen ist."
(Stellungnahme des wissenschaftlichen Beirats der Lebenshilfe e.V. zu 5.StrRg 1972, zit. nach Friske 1995, 155)

Die „*Lebenshilfe e.V.*" drängte auf eine Regelung ohne Alterseinschränkung, „die auch die Sterilisation solcher Personen zuläßt, die wegen ihrer geistigen Kräfte nicht in der Lage sind, die erforderliche Einwilligung zu erklären" (ebnd.). Schließlich revidierte sie 1986 ihre Meinung hierzu und forderte jetzt, daß eine Sterilisation gegen den zum Ausdruck gebrachten Willen auch bei Menschen mit einer geistigen Behinderung strafbar sein müsse (vgl. ebnd.).

Seit dem 1.1.1992 ist in der Neufassung des „Betreuungsgesetzes" („Gesetz zur Reform des Rechtes der Vormundschaft und Pflege für Volljährige") eine gesetzliche Regelung verankert, nach der

- eine Zwangssterilisation, die Sterilisation Minderjähriger bzw. eine sog. vorsorgliche Sterilisation ausnahmslos verboten sind
- nur bei Personen, bei denen die Möglichkeit der Schwangerschaft besteht, sterilisiert werden darf
- die Sterilisationsmaßnahme befürwortet werden kann, wenn infolge einer Schwangerschaft eine Gefahr für das Leben oder schwerwiegende körperliche oder seelische Beeinträchtigungen der Schwangeren zu erwarten sind
- einwilligungsfähige Personen über 18 Jahren selbst über die Sterilisation entscheiden
- die Einwilligungsunfähigkeit im Rahmen eines ärztlichen Gutachtens zu begründen ist
- nur bei vorliegender dauerhafter Einwilligungsunfähigkeit andere Personen und Institutionen über eine mögliche Sterilisationsmaßnahme entscheiden
- vor der beabsichtigten Sterilisation die Genehmigung des Vormundschaftsgerichts einzuholen ist.

Mit der neuen gesetzlichen Regelung sind zwar einige juristische Kontrollmechanismen zum Schutze Betroffener installiert; aber ein echter Schutz vor einer Zwangssterilisation ist auch mit dem neuen Gesetz nicht gewährleistet. Beispielsweise stehen und fallen die beschützenden Regelungen mit der

Beurteilung der sog. „Einwilligungsfähigkeit" Betroffener, die bei einer allzu großzügigen Auslegung den im Gesetz vorgesehenen Schutz unterlaufen kann (vgl. Blume 1991, 67; Damrau/Zimmermann 1991, 143ff; Friske 1995, 158ff).

Zur Situation der Psychiatrie

Nach 1945 war man vorwiegend mit dem Wiederaufbau beschäftigt und versuchte, an die Zeit vor 1933 anzuknüpfen. Die Situation der psychiatrisierten behinderten Menschen blieb zunächst auch nach dem Kriege denkbar schlecht. Besonders die geistig behinderten Menschen gerieten immer mehr ins Abseits, da die Psychiatrie ihre vorrangige Aufgabe in der Behandlung und Heilung psychisch Kranker sah und weniger in der Betreuung sog. „Unheilbarer". Organisatorisch war man zunächst bestrebt, die gesamte katastrophale psychiatrische Versorgungslage der überlebenden psychisch kranken und behinderten Menschen zu bewältigen. Darüber hinaus war man im Rahmen der Entnazifizierungsmaßnahmen der Siegermächte bestrebt, nationalsozialistisch belastete Mitarbeiter und Mitarbeiterinnen aus den Institutionen zu entfernen, was sich allerdings aufgrund einer kontinuierlichen Aushöhlung der definierten politischen Belastungskriterien und einer allgemeinen Vertuschungsstrategie als sehr schwierig erwies. Auch hier blieb es nicht aus, daß in vielen Fällen die vormaligen Täter ohne Unterbrechung nach 1945 in Leitungsfunktionen bzw. als Pflegekräfte weiterbeschäftigt wurden (vgl. Kaminer 1996, 299ff; Clausen u.a. 1997, 38f).

Zur Situation der Hilfsschulpädagogik

Auch die Hilfsschulpädagogik der Nachkriegszeit setzte sich kaum mit ihrer Rolle während der Zeit des Nationalsozialismus auseinander. Während der ersten 25 Jahre nach Kriegsende erschien z.B. keine nennenswerte Publikation über die unrühmliche Phase des Hilfsschulwesens während der Zeit des Nationalsozialismus (vgl. Gamm 1983). In historischen Arbeiten zur Sonderpädagogik wurde bis zu Beginn der 70er Jahre eine Aufarbeitung dieser Phase tunlichst vermieden, was offensichtlich auch mit der individuellen Verstrickung einzelner Fachvertreter mit der nationalsozialistischen Ideologie zusammenhing. Belegbare Fakten zur Mitschuld wurden verdrängt, verharmlost und verfälscht, so daß verschiedentlich sogar die Aktionen der in der NSDAP organisierten Hilfsschullehrer im nachhinein zu Aktionen des Widerstandes umgedeutet wurden (vgl. Berner 1990, 198f).

Noch im Jahre 1955 wurde in der „Zeitschrift für Heilpädagogik" widerspruchslos folgendes Bild vom „Hilfsschulkind" gezeichnet:

> „Im Bilde des Hilfsschulkindes begegnen uns Züge, die in auffälliger Weise an den - schematisierten - Typus des Massenmenschen erinnern ...Hilfsschüler sind... keine 'Persönlichkeiten', weder im Sinne der harmonischen Einprägung der gesamtseelischen Eigenart, noch in der sittlichen Ausprägung des Charakters...Der Hilfsschüler ist in der Regel ...prädestiniert zum Massenmenschen unserer Tage. Seine geistige Entwicklung mündet in die anonyme Kollektivseele des beeinflußbaren, unselbständigen und hemmungslosen Gliedes der Masse. Seinem Denken fehlt die schöpferische Eigentätigkeit, es bleibt reproduktiv und allen suggestorischen Einflüssen willenlos preisgegeben."
> (zitiert aus „Gemeinsam leben" 4/1993, 191)

Im selben Jahrgang dieser Zeitschrift wurde weiter konstatiert, das „schwachsinnige Kind" sei „ein in seiner lebenswichtigen Fähigkeit vom menschlichen Arttypus abweichender Mensch" und es wäre niemals eine menschliche Kultur entstanden, „wenn der Mensch als Art so veranlagt wäre wie das Hilfsschulkind" (vgl. ebnd.). Es dominierte also auch nach 1945 in der Hilfsschulpädagogik weiterhin der kraepelinsche Schwachsinnsbegriff mit seinen diffamierenden Zuschreibungen. Dieses lange bewährte Paradigma nach *Kraepelin*, der dort zugrundegelegte Schwachsinnsbegriff, auf dessen Grundlage soziale Probleme erfolgreich biologisiert und Betroffene etikettiert, stigmatisiert, sterilisiert und getötet wurden, blieb besonders Dank des unermüdlichen Einsatzes von nationalsozialistisch belasteten Fachvertretern - dies gilt besonders für den bereits genannten Kinderpsychiater und T-4 Mitarbeiter *Villinger* - weiterhin der Theoriebildung der Hilfschulpädagogik der Nachkriegszeit z.B. als *„Unerziehbarkeitsdogma"* bis in die 60er Jahre hinein widerspruchslos erhalten (vgl. Rohrmann 1992, 142f; Trus 1995, 158f).

Auch das *„Reichsschulpflichtgesetz"* aus dem Jahre 1938, das bestimmte, daß „Kinder, die wegen geistiger Schwäche (...) dem allgemeinen Bildungsgang der Volksschule nicht oder nicht mit genügendem Erfolg zu folgen vermögen", an die Hilfsschule zu überweisen seien, behielt auch nach dem Kriege seine Rechtsgültigkeit. Auf der Grundlage dieses Gesetzes wehrte sich die offizielle Hilfschulpädagogik auch nach 1945 noch vehement gegen eine Beschulung sog. *„Nicht-Hilfsschulfähiger"*. Der §11 des Reichsschulpflichtgesetzes, der diese Klientel als nicht bildungsfähig ausdrücklich ausgrenzte, sollte nach Meinung des im Gründungsjahr der Bundesrepublik Deutschland neu gegründeten „Verbandes Deutscher Hilfsschulen" (VDH) auch im Nachkriegsdeutschland seine Gültigkeit behalten (vgl. Meyer 1983, 115).

Dies änderte sich erst, als 1958 von Eltern geistigbehinderter Kinder und von Fachleuten, zu denen u.a. auch *Villinger* zählte, der Verein *„Lebenshilfe für das geistig behinderte Kind"* gegründet wurde. Allerdings wurden noch bis zum Beginn der 70er Jahre in einigen Bundesländern körper- und geistigbehinderte Kinder als nicht schulpflichtig beurteilt (vgl. Möckel 1988, 239). Der Verein *„Lebenshilfe"*, der betroffene Familien entlasten wollte und sich als Sprachrohr für die Belange der Betroffenen verstand, initiierte die Gründung von Einrichtungen wie Sonderkindergärten, Tagesbildungsstätten und Beschützende Werkstätten. Die rechtlichen Grundlagen hierzu ergaben sich durch das Bundessozialhilfegesetz (BSHG) vom Jahre 1962, das „den Personen, deren geistigen Kräfte schwach entwickelt sind", erstmals Eingliederungshilfe einräumte (vgl. ebnd.).

Im Laufe der 60er Jahre wurden schließlich auf Initiative der *„Lebenshilfe"*, die seit ihrer Gründung insgesamt um eine verbesserte Betreuungssituation von geistig behinderten Menschen bemüht war, spezielle Klassen für die bislang „Nicht-Schulfähigen" an Sonderschulen eingerichtet. Bald darauf kam es auf der Grundlage geänderter Schulgesetze im Jahre 1961 zu ersten eigenständigen Sonderschulklassen für geistig behinderte Kinder und 1962 wurden schließlich erstmals eigenständige Schulen („Sonderschule für Geistigbehinderte") gegründet (vgl. ebnd.).

An den Universitäten und Pädagogischen Hochschulen bildeten sich zu Beginn der 60er Jahre eigenständige heil- und sonderpädagogische Fachdisziplinen mit behindertenspezifischen Schwerpunkten wie Geistigbehinderten-, Lernbehinderten-, Sprachbehinderten-, Verhaltensgestörtenpädagogik. Mit der voranschreitenden Theoriebildung im heilpädagogischen Feld und einer zunehmenden Orientierung an den Bedürfnissen behinderter Menschen kam es insgesamt zur Umorientierung auf dem Gebiet der Betreuung und Versorgung behinderter Menschen und damit gleichzeitig zur massiven Kritik am traditionellen psychiatrischen Modell und der daraus resultierenden Betreuungspraxis in psychiatrischen Anstalten.

Zur Situation der Hilfsschulpädagogik in Ostdeutschland (DDR)

Der Wiederaufbau des Hilfsschulwesen rangierte nach dem Kriege in der „Sowjetischen Besatzungszone" an untergeordneter Stelle. Es ging dort zunächst vorrangig darum, den Neubeginn der Regelschule in Angriff zu nehmen, was in vielen Fällen z.B. dazu führte, daß erhalten gebliebene ehemalige Hilfsschulgebäude nach 1945 lediglich zur Beschulung von Regelschülern bereitgestellt wurden. Dennoch nahmen die verbliebenen Hilfsschulen, so weit sie noch über Räumlichkeiten verfügten, mit den anderen Schulen im Oktober 1945 den Schulbetrieb wieder auf (vgl. Hoffmann 1986, 63ff). Die Hilfsschulpädagogik (Sonderpädagogik) der DDR, der später die sog. „Rehabilitationspädagogik" zur Seite gestellt wurde, war inhaltlich sehr stark von der „sowjetischen Defektologie" dominiert. Dem sowjetischen Vorbild und dem traditionellen Einteilungsschema nach *Kraepelin* folgend, wurde Hilfsschulbedürftigkeit terminologisch als „Schwachsinn" bzw. synonym als ein eng umrissenes, klinisch ableitbares Bild der „Oligophrenie" gefaßt, wobei zwischen *schulbildungsfähigem* und *schulbildungsunfähigem Schwachsinn* unterschieden wurde (vgl. Rohrmann 1992, 141ff; Hoffmann 1986, 110ff). Die Hilfsschulpädagogik der DDR war eine Verbindung der klassischen deutschen Hilfsschulpädagogik mit der sowjetischen Oligophrenenpädagogik (Hustig 1990, 25). Bezüglich einer Beschul- und Bildbarkeit der Hilfsschulklientel lehnte man sich auch im Nachkriegs-Ostdeutschland an das zur Zeit des Nationalsozialismus' erlassene *Reichsschulpflichtgesetz* an, nach dem sog. *bildungsunfähige* Kinder von der Schulpflicht zu befreien waren.

Mit dieser definitorischen Zuschreibung „schulbildungsunfähiger Schwachsinn" (Debilität) blieben in der bestehenden DDR bis zur politischen Wende im Jahre 1989 damit etikettierte Kinder von einer Beschulung ausgeschlossen, was *Rohrmann* später als die „Beharrlichkeit des Unerziehbarkeitsdogmas" in der DDR-Rehabilitationspädagogik bezeichnete (ebnd. 142). „Schulbildungsunfähige" im schulpflichtigen Alter wurden bestenfalls als „Schulbildungsunfähige, aber lebenspraktisch Förderungsfähige" (Imbezillität) in Tagesstätten oder Wochenheimen untergebracht und sog. „Förderungsunfähige" (Idiotie) unter oft katastrophalen Bedingungen in stationären psychiatrischen Einrichtungen asyliert. Die Tages- und Wochenstätten waren dem Gesundheitswesen, in der Regel dem zuständigen Kreisarzt unterstellt und somit primär medizinisch-psychiatrisch orientiert, was sich für Betroffene dahingehend auswirkte, daß für sie eine über bloße (oft unmenschliche) Verwahrung hinausgehende Betreuung und Förderung nicht vorgesehen war (vgl. Theunissen 1992; Klee 1993).

Soziale Ursachen blieben in der rehabilitationspädagogischen Diagnostik bis zuletzt ausgeblendet. Sozio-ökonomische Verursachungen von Lernbeeinträchtigungen oder Verhaltensbesonderheiten durfte es im sozialistischen Arbeiter- und Bauernstaat nicht geben. Im Sinne der überlieferten Schwachsinnstheorie kraepelinscher Prägung einer „sozialistischen Sonderpädagogik" blieben die Insuffizienzen so „geschädigter" Kinder endogen verursacht. Diese „Schädigungen" waren demnach biologisch begründbare und keinesfalls sozial verursachte Entwicklungsbeeinträchtigungen, wie dies inzwischen in der als „bürgerliche Heil- oder Sonderpädagogik" entlarvten sonderpädagogischen Theorie Westdeutschlands gesehen wurde (vgl. Baudisch 1989). Es wurde stets gefordert, bei der Diagnose von Schwachsinn lediglich endogene Ursachen der „Geschädigten" zu berücksichtigen. Die primären Ursachen des Leistungsversagens eines Schülers sollten durch biologische Entwicklungsbeeinträchtigungen begründet bleiben; mögliche soziale Verursachungsfaktoren blieben somit ein Problem der „kapitalistischen Gesellschaft". Auf diese Weise konnte man in der ehemaligen DDR auch nach Kriegsende an der bewährten Individualisierung und Biologisierung sozialer Probleme festhalten (vgl. Hustig 1990, 25; Rohrmann 1992, 142).

Für debile, schulbildungsfähige Schüler war im Sinne der sozialistischen Rehabilitationspädagogik ein auf klassische marxistische Lehren bezogenes Lernziel der ausreichenden Befähigung für lebenspraktische Erfordernisse im sozialistischen Staatsgefüge zu erreichen (vgl. Hustig 1990, 33). Programmatisch ging es darum, „die geschädigten Kinder und Jugendlichen im Sinne der kommunistischen Weltanschauung und Moral zu erziehen, sie umfassend auf die Anforderungen des Lebens und der Arbeit im Sozialismus vorzubereiten" (Baudisch 1989, 8). Im Gegensatz zur westdeutschen Praxis war allerdings in der damaligen DDR nach einer „Anordnung zur Sicherung des Rechts auf Arbeit für Rehabilitanten" eine umfassende, verfassungsrechtlich verankerte berufliche Förderung vorgesehen, die ihnen einen Arbeitsplatz mit allen in der DDR üblichen Rechten und ein existenzsicherndes Einkommen garantierte.

5.1 Die Anti-Psychiatrie-Bewegung

Sozialpsychiatrie

> „*Psychiatrie ist soziale Psychiatrie oder sie ist keine Psychiatrie*"
> (Dörner/Plog 1972, 8)

Seit Ende der 60er Jahre gerieten in Westdeutschland der traditionelle psychiatrische Denkansatz und die daraus resultierende Praxis hinsichtlich der Betreuung psychisch Kranker und behinderter Menschen besonders unter dem Einfluß der „anti-psychiatrischen Bewegung" zunehmend in die Kritik. Im Jahre 1970 fand in der Psychiatrischen Klinik der Universität Hamburg ein sozialpsychiatrischer Kongreß unter dem Leitthema „Rückkehr der psychisch Kranken in die Gesellschaft" statt, in dem die Positionen einer „*Sozialpsychiatrie*" gegenüber der traditionellen Psychiatrie formuliert wurden. Die Sozialpsychiatrie distanzierte sich dort von ihrem Selbstverständnis einer kritischen Psychiatrie her von der traditionellen Psychiatrie, die, wie damals konstatiert wurde, insgesamt den Bedürfnissen der psychisch Leidenden nicht gerecht würde. Sie richtete sich mit ihrer Kritik insbesondere gegen den dort vorherrschenden Krankheitsbegriff, den „therapeutischen Nihilismus" und setzte dem als „soziale Praxis und soziale Bewegung" eine Praxis der „Integration der psychisch Leidenden in ihre soziale Realität" entgegen (vgl. Dörner/Plog 1972, 7ff).

Bezüglich der psychiatrischen Verwahrung von psychisch Kranken und behinderten Menschen waren es im wesentlichen folgende Kritikpunkte, die angeführt wurden:

- ein medizinisch-biologistisches, nihilistisches Menschenbild von geistiger Behinderung seitens des traditionellen psychiatrischen Modells, mit dem von irreversiblen hirnorganischen Defekten ausgegangen und damit den Äußerungen betroffener Menschen keine kommunikative Bedeutung beigemessen würde;
- ein dort praktiziertes disziplinierendes Behandlungsprinzip, das durch sedierende Medikation und sonstige Zwangsmaßnahmen wie Isolierung, Fixierungen etc. lediglich auf Anpassung aus sei und die betroffenen Menschen auf Objekte der Verwahrung und Pflege reduziere, was sich für viele Betroffene pathologisierend auswirke und zu spezifischen Verhaltensbesonderheiten wie Stereotypien, Autoaggressionen, Tics etc. führe, die paradoxerweise psychiatrisch als Bestätigung einer vorliegenden Behinderung gedeutet würden;
- ein von der Außenwelt weitestgehend abgeschottetes, jenseits der Städte angesiedeltes Anstaltsmilieu mit großen, unpersönlich gestalteten Schlafsälen; einer zeit- und geschichtslosen Anstaltsatmosphäre im Sinne einer „totalen Institution", die von einer starren, autoritär geprägten Hierarchie, einer zentralen Versorgung, ritualisierten Tagesabläufen und an äußeren Ordnungs- und Sauberkeitskriterien orientierten Betreuungskonzeption gekennzeichnet sei; diese wirke sich im Sinne einer strukturellen Gewalt aus und trüge damit insgesamt zur weiteren psychischen Pathologisierung („Hospitalisierung") ihrer Klientel bei.

(vgl. Theunissen 1989, 107ff; 1996, 277)

Die Psychiatrie-Enquête

Die Kritik am „traditionellen psychiatrischen Modell" seit Ende der 60er Jahre führte insgesamt zu einem Paradigmawechsel innerhalb der Betreuung und Förderung von behinderten Menschen: einer Abwendung von der traditionellen psychiatrischen Versorgung behinderter Menschen und einer Hinwendung zum heil- bzw. behindertenpädagogischen Ansatz. Im Zentrum der Kritik stand, wie gezeigt wurde, das psychiatrische Menschenbild von geistig behinderten Menschen, die traditionell als bildungsunfähige, „hoffnungslose Pflegefälle" etikettiert und auf dem Hintergrund dieses Verständnisses unter menschenunwürdigen Lebensbedingungen lediglich verwahrt wurden (vgl. Theunissen 1989, 122; Dreher u.a. 1987, 19ff).

Es galt nun mit dieser Kritik am traditionellen psychiatrischen Modell, sich vom defektorientierten medizinischen Krankheitsverständnis von geistiger Behinderung, seiner klassischen terminologisch-psychiatrischen Dreiteilung in „Debilität - Imbezillität - Idiotie" zu distanzieren und demgegenüber ein Verständnis zu entwickeln, das betroffene Menschen als Persönlichkeit in ihrer Gesamtheit biologisch, psychologisch und gesellschaftlich wahrzunehmen und als Gesamtpersönlichkeit in ihrem So-Sein, mit ihren Möglichkeiten und Fähigkeiten zu erkennen und individuell zu fördern hatte.

Das Phänomen geistige Behinderung wurde aus dieser Perspektive vom jeweiligen Menschen mit seinen subjektiven Realitätsverarbeitungsmöglichkeiten her verstanden als:

- eine spezifisch andere individuelle Aneignungs- und Verarbeitungsform der Realität, die vielfach mit gesellschaftlich normierten Bedürfnissen und Verhaltenserwartungen kollidiert;
- eine daraus resultierende individuelle, je sinnvolle Verarbeitungs- und Mitteilungsform, mit der Betroffene sich artikulieren, die jedoch bei oberflächlich wertender Betrachtung als pathologischer Un-Sinn im Sinne von organisch bedingten Verhaltensstörungen erscheinen mögen (vgl. Dörner/Plog 1989, 70).

Am Ende dieser kritischen Auseindersetzung und als Konsequenz der Reformbemühungen stand ein Gutachten einer 1971 vom Bundesminister für Jugend, Familie und Gesundheit einberufenen Expertenkommission zur Erarbeitung eines Gutachtens zur Lage der Psychiatrie in der Bundesrepublik: die „Psychiatrie-Enquête" vom Jahre 1975, in der auf die katastrophale menschenunwürdige Betreuungssituation hingewiesen wurde und u.a. folgende Empfehlungen zur verbesserten Versorgung behinderter Menschen gegeben wurden:

- eine getrennte Versorgung von psychisch Kranken und erwachsenen geistig behinderten Menschen innerhalb des psychiatrischen Gesamtversorgungssystems;
- die Versorgung erwachsener Geistigbehinderter außerhalb psychiatrischer Behandlungszentren in selbständigen Einheiten auf der Ebene übergeordneter Versorgungsgebiete mit Siedlungscharakter mit gemeindenahen Versorgungsmöglichkeiten, wobei die Lebens- und Umweltbedingungen nach Möglichkeit denen der „Normalwelt" zu entsprechen haben;
- die Eingliederung der Geistigbehinderten im Bereich der vorschulischen, schulischen und beruflichen Ausbildung
(vgl. Psychiatrie-Enquête 1975; Theunissen 1989, 122ff).

Die „Anti-Psychiatrie"

Insgesamt war die Kritik am traditionellen psychiatrischen Ansatz und die darauf folgende paradigmatische Blickveränderung von mehreren kritischen Strömungen getragen, die das soziale Moment des Phänomens Behinderung (als psycho-soziale Kategorie) deutlich in den Mittelpunkt ihrer Analysen stellten und von dort aus Konzeptionen zur Überwindung der erkannten Probleme entwickelten.

Kritik an der Psychiatrie als „totale Institution" im Sinne *Goffmans* (Goffman 1973) kam bereits früher in den angelsächsischen Ländern auf, die sich wesentlich unter dem Terminus *„Anti-Psychiatrie"* oder, mit der italienischen Variante, *„demokratische Psychiatrie"* fassen läßt und die u.a. mit den Namen kritischer Psychiater wie Ronald D. *Laing* (1979), David *Cooper* (1971), Thomas S. *Szasz* (1976), Franco *Basaglia* (1973) und Giovanni *Jervis* (1978) verbunden war (vgl. Bopp 1982). Deren Kernthese war, daß der wichtigste Faktor, der einen Psychiatrie-Patienten präge, nicht seine Krankheit sei, sondern die abgeschlossene Welt der Institution Psychiatrie, der er hilflos ausgeliefert bliebe. Damit produziere die Psychiatrie als *„Institution der Gewalt"* durch die dort praktizierte totale Institutionalisierung seitens der Patienten gewissermaßen selbst ein „Anstaltssyndrom", das paradoxerweise einer endogen verursachten Krankheit (Schizophrenie, Psychose) zugeordnet würde.

Basaglia und seine Mitarbeiter verstanden psychische Probleme generell als Ausdruck und Folge allgemein gesellschaftlicher Widersprüche. Sie glaubten zudem, in der traditionellen Behandlung psychisch Kranker (Isolation, Abschiebung) ein Grundmuster der Gesellschaft zu erkennen, die sich tendenziell derjenigen zu entledigen suche, die sich dem Lebensstil der

Industriegesellschaft nicht anzupassen vermögen (vgl. Innerhofer/Klicpera 1986, 53f).

> „Es ist ein Lebensstil, in dem die Arbeit ausschließlich nach Leistungskriterien bewertet wird und das private Leben aus der Einzelinitiative heraus gestaltet werden muß; ein Lebensstil, in dem an die Stelle der Gemeinschaft, mit dem Grundprinzip der Solidarität und Freiheit, Arbeits- und Freizeitorganisation mit dem Grundprinzip der finanziell angemessenen Leistung und der individuellen Unabhängigkeit getreten ist."
> (Innerhofer/Klicpera 1986, 54)

Die „antiinstitutionelle", politisch geprägte demokratische Psychiatriebewegung Italiens war bemüht, der gesellschaftlichen Ursache des Leids entgegenzuwirken, und vom Anspruch geleitet, das menschliche Leid, das bis dahin in „totalen Institutionen" entsorgt wurde, der Gesellschaft zum Zwecke ihrer Humanisierung wieder zurückzugeben: „denn nicht nur wird dem Leidenden sein Leid erträglicher, wenn er sein Leben nicht als Gefährdung des Lebens der Gesunden bewertet sieht, sondern dem Gesunden eröffnet sich eine tiefere Dimension seines Lebens, wenn er Gesundheit und Krankheit, persönliche Autonomie und Angewiesenheit, Effizienz und Unvermögen, als zusammengehörige Seiten des einen Lebens begreifen lernt, und diesem Begreifen seiner selbst als Gesundem im Zusammenleben mit Kranken und Behinderten Ausdruck verleiht" (ebnd. 54).

Menschliches Leid wie Versehrtheit, Alter und Tod wurde somit als zum menschlichen Leben zugehörig begriffen, und es wurde umgekehrt erkannt, daß institutionell entsorgtes und aus dem Alltagsleben verbanntes Leid den Grundstein zur Inhumanität legen würde.

> „Indem Behinderte in die Gesellschaft wiedereingegliedert werden, wird der Gesellschaft das Leid wieder zurückgegeben, dessen sie sich entledigen wollte, indem sie es aussperrte. Im Umgang mit den Leidenden soll sie selber rücksichtsvoller und toleranter werden gegenüber der menschlichen Natur allgemein. Es bedeutet, der verhängnisvollen Gewohnheit, nach der Menschen benutzt und ins Abseits gebracht werden, wenn sie nicht mehr benutzt werden können, entgegenzuwirken."
> (ebnd. 54)

Eine so verstandene Integration sollte eine gegenseitige soziale Integration von „anderen" und „normalen" Menschen sein, um „der Gemeinschaft, deren Glieder Normale wie Behinderte sind, mehr Menschlichkeit ganz allgemein abzuverlangen" (ebnd.).

Die Schriften des Psychiaters *Basaglia* lösten eine rege Fachdiskussion im In- und Ausland aus und führten in Italien 1978 zu entsprechenden Gesetzesnovellen, die zur Auflösung der Großanstalten und zur Errichtung von Akutstationen (Servizio diagnosi e cura) an den Allgemeinkrankenhäusern führten. Die Reform sah die Errichtung gemeindepsychiatrischer Dienste vor, akzentuierte die Prävention vor der Behandlung und machte Zwangseinweisung praktisch unmöglich. Die Integration von psychisch Kranken und Behinderten in die Gesellschaft war das Hauptanliegen der damaligen „demokratischen Psychiatriebewegung".

5.2 Das „Normalisierungsprinzip" und seine Konsequenzen bezüglich der Betreuung behinderter Menschen

Auch in skandinavischen Ländern kam der Gedanke einer Integration von behinderten Menschen in die Gesellschaft relativ früh auf. Bereits in den 50er Jahren wurde in Dänemark von dem Juristen Niels Erik *Bank-Mikkelsen*, einem Sekretär im dänischen Sozialministerium, ein Fürsorgegesetz installiert, das der Integration behinderter Menschen in die Gesellschaft Vorschub leisten sollte. Ein dort zugrunde gelegter Gedanke einer sog. *„Normalisierung"* und die davon abgeleiteten Prinzipien gingen unter der Bezeichnung *„Normalisierungsprinzip"* in die dänische Reform der Behindertenhilfe ein und sind seither Grundorientierungen und Leitlinien für die Arbeit mit geistigbehinderten Menschen geworden. Vorrangiges Ziel war damals zunächst die Umorganisation der großen Behindertenanstalten, die bis dahin auch dort ihre Betreuungsarbeit lediglich auf Pflege, Versorgung und Bewahrung reduzierten.
Kritisiert wurde die in Großeinrichtungen praktizierte Versorgung wie:

- geschlechtergetrennte Unterbringung (im Sinne einer impliziten positiven eugenischen Maßnahme)
- anonyme Schlafsäle mit typischer Klinikatmosphäre
- reglementierte Zubettgehzeiten
- Unterbringungsräume ohne individuelle Gestaltungsmöglichkeiten
- eingeschränkte bzw. keinerlei Kontakte nach „draußen"
- reglementiertes, meist stupides Arbeits- bzw. Beschäftigungsangebot.

Bank-Mikkelsen, der in seinen Reformbemühungen grundsätzlich von der Gleichheit aller Menschen ausging, hatte das Ziel, geistig behinderten Menschen durch eine entsprechende Gesetzgebung Rechte und Lebensbedingungen zu sichern, wie sie jedem Bürger einer demokratischen Gesellschaft zustehen. Der Grundgedanke des Normalisierungsprinzips war, geistig behinderten Menschen ein Leben zu ermöglichen, das nach Möglichkeit dem der Normalwelt entspricht. Die Kriterien eines „normalen" Lebens, an dem sich die Lebenswelt der Behinderten orientieren sollte, charakterisierte *Bank-Mikkelsen* so:

- „Es ist normal, daß man an einem Ort wohnt und daß die übrigen Aktivitäten an einem anderen Ort ausgeführt werden (Zwei-Milieu-System).
- Es ist normal, daß Kinder zu Hause wohnen und daß man das Heim verläßt, wenn man erwachsen wird. Kann dies nicht erfüllt werden, muß man den Betroffenen Institutionen anbieten, in denen sie wohnen sollen, wie andere wohnen, d.h. in kleinen Einheiten mit eigenem Zimmer etc.
- Es ist normal, daß Kinder zur Schule gehen - dazu gehört auch die Vorschule, die aber in Dänemark noch nicht völlig durchgesetzt wurde.
- Es ist normal, daß Erwachsene eine Arbeit haben. Diejenigen, die keine Arbeit bekommen können oder nicht arbeiten können, empfangen kompensierende Unterstützung oder Pension.
- Es ist normal, daß man Freizeit und Ferien hat.
- Es ist normal, daß man in einem zweigeschlechtlichen Milieu wohnt und daß man heiratet, wenn man Lust und den Drang verspürt."
  (Bank-Mikkelsen; zit. nach Thimm u.a. 1985, 6).

Diese geforderte Normalisierung der Lebenszusammenhänge behinderter Menschen ist seither das Ziel des Normalisierungsprinzips. Auf dem Weg zu diesem Ziel sollte behinderten Menschen eine „normale" Lebensführung gewährleistet werden, ohne sie, wie dies vorher geschah, an eine vorab definierte Normalität zu konditionieren. Dabei kam es *Bank-Mikkelsen* besonders darauf an zu verdeutlichen, daß geistige Behinderung eine natürliche Variante des Menschlichen darstellt. An die Nichtbehinderten richtete er deshalb den Appell:

> „Behandelt diese Menschen so, wie ihr selbst behandelt werden wollt und gebt ihnen die Lebensbedingungen, die auch sonst herrschen."
> (Bank-Mikkelsen 1979; zit. n. Thimm u.a. 1985, 7)

Das Normalisierungsprinzip in Schweden

In Schweden wurde der Normalisierungsgedanke von Bengt *Nirje* und Karl *Grunewald* aufgegriffen. Sie setzten dort das Normalisierungsprinzip zur Reform der Behindertenfürsorge durch (vgl. Thimm u.a. 1985, 7).

Nirje, Psychologe und Direktor des schwedischen Reichsverbandes für entwicklungsgehemmte Kinder, veröffentlichte 1969 den Aufsatz „Das Normalisierungsprinzip und seine Auswirkungen in der fürsorgerischen Betreuung" und formulierte dort seine Vorstellungen von Normalisierung vor dem Hintergrund seiner Beobachtungen über die inhumanen Unterbringungspraktiken geistig Behinderter in amerikanischen Anstalten:

> "Während der letzten zwei Jahre habe ich eine Anzahl von staatlichen Anstalten in verschiedenen Gegenden Amerikas besichtigt. Was ich dort sah, hat mich stets aufs Neue deprimiert. Ich konnte nicht verstehen, wieso ein Land, das nach ausgezeichneten Grundsätzen geleitet wird und das über genügend Hilfsmittel verfügt, großzügig neue Planungen durchzuführen, die menschliche Herabwürdigung, die De-Humanisierungen einer großen Zahl seiner Bürger in einem Ausmaß duldet, das einen an die Konzentrationslager der Nazis denken läßt."
> (Nirje 1969; zit nach Kugel/Wolfensberger 1974, 23)

In seinen acht Elementen der Normalisierung orientierte sich *Nirje* explizit am Normalisierungsprinzip nach *Bank-Nikkelsen*.

1. „A normal rhythm of the day"
   Normaler Tagesrhythmus
   „Schlafen, Aufstehen, Anziehen, Mahlzeiten, Wechsel von Arbeit und Freizeit - der gesamte Tagesrhythmus ist dem altersgleicher Nichtbehinderten anzupassen."
2. „A normal rhythm of the week"
   Trennung von Arbeit - Freizeit - Wohnen
   „Klare Trennung dieser Bereiche, wie das bei den meisten Menschen der Fall ist. Das bedeutet auch: Ortswechsel und Wechsel der Kontaktpersonen. Es bedeutet ferner, täglich Phasen von Arbeit zu haben und nicht nur einmal wöchentlich eine Stunde Beschäftigungstherapie. Bei Heimaufenthalt: Verlagerung von Aktivitäten nach draußen."
3. „A normal rhythm of the year"
   Normaler Jahresrhythmus
   „Ferien, Verreisen, Besuche, Familienfeiern; auch bei Behinderten haben solche im Jahresverlauf wiederkehrenden Ereignisse stattzufinden."
4. „Normal experiences of the life circle"
   Normaler Lebenslauf
   „Angebote und Behandlung sollten klar auf das jeweilige Lebensalter bezogen sein (auch der geistig Behinderte ist Kind, Jugendlicher, junger Erwachsener usw.)"
5. "Normal respect"
   Respektierung von Bedürfnissen
   „Behinderte sollten so weit wie möglich in die Bedürfnisermittlung einbezogen werden. Wünsche, Entscheidungen und Willensäußerungen Behinderter sind nicht nur zur Kenntnis zu nehmen, sondern auch zu berücksichtigen."
6. „Normal life in a heterosexual world"
   Angemessene Kontakte zwischen den Geschlechtern
   „Geistig Behinderte sind Jungen und Mädchen, Männer und Frauen mit Bedürfnissen nach (anders)geschlechtlichen Kontakten. Diese sind ihnen zu ermöglichen."

7. „Normal economic standards"
   Normaler wirtschaftlicher Standard
   „Dieser ist im Rahmen der sozialen Gesetzgebung sicherzustellen."
8. „Normal environmental standards"
   Standards von Einrichtungen
   „Im Hinblick auf Größe, Lage, Ausstattung usw. sind in Einrichtungen für geistig Behinderte solche Maßstäbe anzuwenden, wie man sie für uns 'Normale' für angemessen hält."
   (Nirje 1977; zit. nach Thimm 1984, 22f)

Die Umsetzung des Normalisierungsprinzips erforderte einen Abbau der Großeinrichtungen zugunsten kleinerer halbstationärer Einrichtungen und eine offene Sozialhilfe mit einer ortsnahen Betreuung von behinderten Menschen. Mit dem Normalisierungsgedanken war der Anspruch einer anderen Behindertenarbeit intendiert, die von nun an nicht mehr nur von bloßer Pflege und Verwahrung geleitet sein sollte, sondern sich weitaus stärker als kooperativ begleitend-beratende Maßnahme zu verstehen hatte. Es mußten folglich Strukturen geschaffen werden, die Wahlmöglichkeiten und Alternativen zuließen, um ein möglichst „selbstbestimmtes Leben" zu gewährleisten, wie es z.B. eine in den 60er Jahren in den USA entstandene Bewegung „*Interdepent-Living*" für körperbehinderte und sinnesgeschädigte Menschen einforderte.

5.3 Emanzipatorische Alternativen zur traditionellen Behindertenarbeit

Die „Interdependent Living-Bewegung" und die „Krüppel"-Gruppen

Ende der 60er Jahre entstanden aus der allgemeinen Unzufriedenheit über die Organisationsstrukturen und die Arbeit der Behindertenverbände, die vor allem von betroffenen kritisch-engagierten Behinderten geäußert wurden, erstmals selbst organisierte Initiativen, wie die „*Clubs Behinderter und ihrer Freunde*" (CBF), die für die Verbesserung der Situation behinderter Menschen eintraten. Zu Beginn der 80er Jahre trat die Behinderten- bzw. *Krüppelbewegung* mit dem *UNO-Jahr der Behinderten*, dessen offizielle Eröffnungsveranstaltung durch das „Aktionsbündnis gegen das UNO-Jahr" unter dem Motto „Keine Reden - keine Aussonderung - keine Menschenrechtsverletzungen" massiv gestört wurde, in eine neue Phase. Es kam zur Gründung regionaler „*Krüppelgruppen*" und schließlich zum Zusammenschluß von insgesamt 15 Gruppen in der gesamten Bundesrepublik, die mit der Durchführung eines *Krüppeltribunals* am Ende des UNO-Jahres die Kritik an der damaligen Ausgrenzungspolitik von Behinderten unterstrich. Den *Krüppelgruppen* ging es u.a. darum, ohne „die Normalität repräsentierenden" nichtbehinderten Menschen zu einem eigenen emanzipatorischen Selbstverständnis zu finden (vgl. Miles-Paul 1992, 116ff).

Auf diese Weise kam im Jahre 1982 die bundesdeutsche Behinderten- bzw. *Krüppel-Bewegung* auf einem von der *Vereinigung Integrationsförderung e.V.* organisierten internationalen Kongreß in München erstmals mit den Ideen der US-amerikanischen *Interdepent-Living-Bewegung* (ILP) in Berührung. Gleichzeitig gab es erste Kontakte zwischen *Peer Support-Gruppen* - einer US-amerikanische Beratungsinitiative von Behinderten für Behinderte - und der deutschen Behindertenarbeit (vgl. ebnd. 20f). Es wurde daraufhin, nach ersten Versuchen von ähnlichen Beratungsangeboten durch aktive (meist Körper- und Sinnes-)Behinderte, im Jahr 1986 nach dem amerikanischen Vorbild das erste *„Zentrum für selbstbestimmtes Leben"* (ZsL) von Behinderten für Behinderte in Bremen gegründet, dem in den nächsten Jahren in anderen Städten im Sinne der Bewegung *„Selbstbestimmt Leben"* weitere Gründungen folgten, die von Behinderten geleitet wurden. Ziel war es, und ist es dort nach wie vor, Beratung für stark pflegeabhängige Menschen anzubieten, um ihnen ein Leben außerhalb von Heimen zu ermöglichen (vgl. ebnd.). Die deutsche Variante des Selbstbestimmt-Lebens-Konzepts unterscheidet sich dabei gegenüber dem amerikanischen Vorbild dadurch, daß dort stärker der existentiell-soziale Aspekt des Behinderten-Seins ins Blickfeld geriet, wohingegen die amerikanische *Interdepent Living-Bewegung*, wie Kritiker anführen, ihr Augenmerk zu sehr auf äußere, die Lebensumwelt beeinträchtigende Faktoren, wie zu hohe Bordsteinkanten etc., beschränkt (vgl. Theunissen/Plaute 1995, 16).

Für die Belange geistig behinderter Erwachsener, die bis dahin kaum von der emanzipatorischen, vor allem von Menschen mit Körperbehinderungen oder Sinnesschädigungen initiierten *Krüppel*-Bewegung berührt wurden, entstanden erst relativ spät entsprechende Initiativen. In den USA und Kanada entstand in den 70er Jahren, später in Australien, Großbritannien und den Niederlanden eine an der „Selbstbestimmt-Leben-Initiative" orientierte soziale Bewegung für die Belange von Menschen, die als geistig behindert gelten: die *„Self-Advocacy-Bewegung"* bzw. *„People-First-Gruppen"*. Ausgangspunkt war dort ein Zusammenschluß von betroffenen Menschen in selbstorganisierten Gruppen, in denen diese die Realisierung ihrer eigenen Bedürfnisse und Interessen auf den verschiedenen Ebenen selbst in die Hand nehmen sollten. Die lebenslange Sicherheit und die damit verbundene Verwahrung in besonders beschützenden Institutionen sollte zugunsten einer vollen Teilhabe am gesellschaftlichen Leben überwunden werden. Im

Unterschied zur *Interdepent Living-* und *Selbstbestimmt Leben-Bewegung,* die Nicht-Behinderte ausdrücklich ausschlossen, waren dort auch nichtbehinderte Mitarbeiter als sog. „Advisors" in die Arbeit integriert (vgl. Rock 1997, 354ff).

In Deutschland wurde Mitte der 80er Jahre in Marburg ein Verein zur *„Förderung der Integration Behinderter"* (fib e.V.) gegründet, der von ähnlichen Prämissen innerhalb der Arbeit mit geistig behinderten Menschen geleitet war. Der Verein verstand sich primär als Alternative zu den unzureichenden Lebensbedingungen von geistig behinderten Erwachsenen in Heimen und die hierarchisch geprägte Organisationsstruktur etablierter Behindertenverbände. Konzeptionell verlagerte sich die Zielrichtung des *fib-Wohnprojektes* von einer anfänglich vierstufigen Wohngruppenbetreuung (WG; ambulant betreute WG; selbständige WG; Beratungsstelle als Bindeglied) hin zur rein ambulanten Betreuung geistig behinderter Menschen in ihren Wohnungen im „normalen" Wohngebiet. Hierbei betont der *fib e.V.* nach wie vor ausdrücklich den Dienstleistungscharakter seiner Arbeit für seine *„Kunden",* die zunehmend befähigt werden sollen, die für sie wichtigen Dinge in ihren Lebensbereichen selbst zu regeln (vgl. fib e.V. 1995, 66ff).

Der *fib e.V.* veranstaltete 1990 in Marburg unter der Mitarbeit des Paritätischen Wohlfahrtsverbandes Hessen und dem Institut für Heil- und Sonderpädagogik der Philipps-Universität Marburg einen Kongreß mit dem Titel „Ende der Verwahrung", auf dem Ideen zur Verwirklichung des Rechts geistigbehinderter Menschen auf Selbstbestimmung in allen Lebensbereichen formuliert und folgende Thesen angeführt wurden:

„1. These
Geistig behinderte Menschen sind bis jetzt die Planungsmasse von Verwaltung, Politik und Wohlfahrt geblieben.
2. These
Es bedarf einer eindeutigen Regelung der Rechte geistig behinderter Menschen.
3. These
Kein Mensch darf - nur deshalb, weil er behindert ist - aus dem Umfeld abgeschoben werden, in dem er lebt oder leben will - individuelle Lebensbereiche sind abzusichern, anstatt sie von außen mit fertigen (Lebens-)-Konzepten und Strukturen zu besetzen.
4. These
Wir brauchen eine Heimverhinderungs- und eine Heimauflösungsverordnung.
5. These
Das Prinzip der Absicherung individueller Lebensbereiche ist angesichts der herrschenden Diskriminierung geistig behinderter Menschen unverzichtbar.
6. These
Der 'Vorrang ambulanter Hilfen' oder besser offener Hilfen muß auch für geistig behinderte Menschen durchgesetzt werden.

7. These

Es bedarf einer (gesetzlichen) Verpflichtung zur individuellen Hilfe für geistig behinderte Menschen vor Ort.

8. These

Die Zuständigkeit für die Finanzierung ambulanter und stationärer Hilfen gehören sofort in eine Hand.

9. These

Art und Ausmaß von Behinderung dürfen kein Grund sein, den Lebensweg der Betroffenen vorzubestimmen.

10. These

Es gibt keine bessere Integration als die Dinge des alltäglichen Lebens mit denjenigen, die sie nicht alleine bewältigen, gemeinsam zu organisieren.

(fib e.V.1990, 334ff)

Ergänzend zu den emanzipatorischen Forderungen wurden anthropologische Grundprämissen menschlicher Wohnbedürfnisse formuliert und, daran orientiert, eine Vielfalt von alternativen Wohnformen im Sinne des „Selbstbestimmt Leben-Konzeptes" für geistig behinderte Menschen praktiziert (vgl. Bundesvereinigung Lebenshilfe 1987; Thesing 1993).

Diese auf Selbstbestimmung abzielenden Betreuungsalternativen wurden sehr stark vom „*Empowerment*-Konzept" beeinflußt, das sich in den 70er Jahren aus den Bürgerrechts- und Emanzipationsbewegungen und der Praxis der Selbsthilfe-Initiativgruppen in den USA entwickelte und dort im Bereich der sozialen Arbeit insgesamt zu einer Neuorientierung führte. *Empowerment* im Sinne einer *Selbst-Bemächtigung* bzw. *Selbst-Befähigung* von Randgruppen wird seither als ein Prozeß verstanden, „in dem Menschen in Situationen des Mangels, der Benachteiligung, Diskriminierung oder gesellschaftlicher Ausgrenzung ihre Angelegenheiten selbst in die Hand nehmen, sich dabei ihrer Fähigkeiten bewußt werden, eigene Kräfte entwickeln und Ressourcen nutzen" (Theunissen 1997, 375). Demnach hat dieses Konzept die Überwindung von sozialer Ungerechtigkeit, die Verfügung über die Lebensumstände Betroffener zum vorrangigen Ziel und betrachtet die zu betreuende Klientel als kompetente Experten in eigener Sache.

Seit Mitte der 80er Jahre etablierte sich dieser Empowerment-Gedanke zunehmend auch in der sozialen Arbeit in Deutschland (vgl. Herriger 1991), was innerhalb der Arbeit mit behinderten Menschen zu völlig anderen Betreuungsintentionen und zu einem neuen Rollenverständnis der Betreuungstätigkeit führte. Die professionelle soziale Arbeit versteht sich dort primär als „ressourcenorientierte Assistenz". Das heißt, die vorrangige Betreuungsaufgabe konzentriert sich auf das Initiieren von Prozessen, die es Betroffenen ermöglichen soll, mehr Kontroll-, Entscheidungs- und Wahlmöglichkeiten über ihre Lebenswelt zu erlangen. Nicht „Für-Sorge", die

Vermittlungsfunktion von Eigeninteresse und Umweltgegebenheiten, sondern die Förderung von Selbstorganisation und Eigeninitiative, die Betroffene allmählich zu Experten in eigener Sache werden lassen soll, ist primäres Förderziel (vgl. Theunissen/Plaute 1995, 11ff, 22ff).

Auch für die Betroffenen selbst, deren Körper und Selbstidentität bis dahin in „totalen Institutionen" professionellen Helfern übereignet wurden (vgl. Klee 1987a) und für die es unter diesen Umständen unnötig und im Sinne der „erlernten Hilflosigkeit" (Seligman 1979) unmöglich war, für sich Verantwortung zu tragen, hatte dies weitreichende Konsequenzen hinsichtlich einer bis dahin unbekannten Verantwortlichkeit der eigenen Lebensgestaltung gegenüber (vgl. Niehoff 1994).

Einstellungen der „Normalwelt" gegenüber behinderten Menschen

Die genannten Konzeptionen der Betreuungsarbeit bezogen ihre Stärke aus der Kritik an bestehenden Ungerechtigkeiten gegenüber Behinderten und dem emanzipatorischen Bedürfnis nach Selbstbemächtigung eigener Problembereiche. Die behinderten Menschen kamen über diesen emanzipatorischen Prozeß der „Selbstbemächtigung" in die Lage, für sich selbst einzutreten und ihre eigenen Interessen zu artikulieren. Hierzu war und ist ein Großteil von geistig behinderten Menschen aus unterschiedlichen Gründen ohne die Hilfe Außenstehender nicht in der Lage. Der Zeit seines Lebens hospitalisierte und institutionalisierte geistig behinderte Mensch benötigt hierzu u.a. die selbstverständlich gelebte Akzeptanz der Mitwelt als Basis des Verständnisses seiner „anderen" Bedürfnisartikulation und seinen in Relation zum Normalitätsstandard eingeschränkten individuellen Entfaltungsmöglichkeiten. Hier muß die Erwartungshaltung einer Welt der „Normalen" konzeptionell mitberücksichtigt werden, da ansonsten jegliches Emanzipations- bzw. Normalisierungsbestreben von Menschen, die nicht ohne Hilfe für ihre Interessen eintreten können, an die Mauern der „Normalität" stößt bzw. von der mitleidig-caritativen Umarmung erdrückt wird.

Anfang der 70er Jahre führte Helmut *von Bracken* eine viel beachtete Untersuchung durch, die auf drastische Art und Weise die Vorurteile gegenüber behinderten Menschen und ihrem Umfeld belegte und damit bereits schon damals eine einseitige, lediglich auf betroffene Menschen bezogene Normalisierung in Frage stellen mußte (vgl. von Bracken 1976, 42). Die Resultate der Befragung könnte man fast als ein spätes, generationsübergreifendes Nachwirken nazistischer rassenhygienischer Ideologien interpretieren. Sie ergab u.a., daß ein Großteil der Befragten, dem überwiegend ein geistig behindertes Kind nicht bekannt war, Trunksucht, Inzucht, falsche Erziehung für die Ursache einer geistigen Behinderung hielt und zudem der Ansicht war, geistig behinderte Kinder könnten nicht Recht von Unrecht unterscheiden, seien leichter zum Schlechten zu beeinflussen und seien im Vergleich zu anderen Kindern gehemmt, unsicher, stumpfsinnig, wild, jähzornig, bösartig, gefährlich, häßlich und schmutzig (vgl. ebnd. 59ff). Auch später durchgeführte wissenschaftliche Untersuchungen zur sozialen Bewertung der Andersartigkeit behinderter Menschen bestätigten im wesentlichen weiterhin wirksame stereotype Vorstellungen und negative Einstellungen gegenüber diesen Menschen (vgl. Tröster 1990; Cloerkes 1997).

Die sozialpolitischen Dimensionen des Normalisierungsgedankens

Nirje beabsichtigte mit der Realisierung seines Normalisierungsprinzips insbesondere diesen negativen sozialen Reaktionen auf behinderte Menschen entgegenzuwirken. Er verband mit dem *Normalisierungsgedanken* in erster Linie sozial- und gesellschaftspolitische Absichten. Mit der Einführung des Normalisierungsprinzips sollte über die normalisierten Lebensumstände Betroffener und das daraus resultierende Zusammenleben mit Nichtbehinderten auch deren Einstellung gegenüber behinderten Menschen beeinflußt werden:

> "Wenn die Unterbringungsmöglichkeiten für geistig behinderte Kinder als Heime für Kinder entworfen, in die richtige Umgebung gebaut, als Kinderheime geführt und anerkannt werden, wenn Sonderschulen für geistig behinderte Kinder in Normalschulen integriert und nichts anderes als Schulen für Kinder und Heranwachsende sein wollen und wenn Gruppenheime und größere Einrichtungen für erwachsene Behinderte in erster Linie als Wohnstätten für Erwachsene angesehen werden, dann wird sich daraus auch eine Normalisierung des Verhaltens der Gesellschaft gegenüber dem Behinderten ergeben."
> (Nirje 1969, zit. nach Kugel/Wolfensberger 1974, 39)

Mit dem *Normalisierungsgedanken* und der Idee einer *Integrativen Pädagogik* war also auch eine Veränderung gesellschaftlicher Normen intendiert, um auf diesem Wege einzelnen Individuen und sozialen Gruppen ein bis dahin verweigertes „Recht auf Verschiedenheit" zu sichern (vgl. Furrer 1994, 67ff). Das Normalisierungsprinzip ist den demokratischen Werten der Gleichheit und der Menschenwürde verpflichtet. Es sollte dort um die Normalisierung des Bedürfnisses der Kontrolle über die relevanten Lebensbedingungen und nicht um die Normalisierung bzw. Anpassung der Behinderten selbst gehen (vgl. Gaedt 1981; 1995; Beck/Düe/Wieland 1996). Im umgekehrten Falle bleibt sie lediglich eindimensional und läßt die Wirkmechanismen einer sog. „Normalität", die für die Ausgrenzung und Diskriminierung behinderter Menschen mit verantwortlich sind, unberücksichtigt.

Ein Beispiel mag den mißverstandenen Normalisierungsgedanken verdeutlichen: Im Namen der Normalisierung wird u.a. auch empfohlen, äussere stigmatisierende Merkmale behinderter Menschen an „normale" Äußerlichkeiten so anzupassen, daß Betroffene müheloser von ihren Mitmenschen angenommen werden könnten. Dies mag dann sinnvoll sein, wenn in Pflegeheimen untergebrachte Menschen anstelle der früher typischen, stigmatisierenden Anstaltskleidung mit „normal-üblicher" Kleidung nach eigenen Wünschen ausgestattet werden, wie dies jeder Nichtbehinderter für sich beansprucht. Es ist allerdings mehr als problematisch, wenn eine scheinbare normalisierende Anpassungsstrategie auf eine gesichtschirurgische „Beseitigung eines optisch sichtbaren Stigmas" abzielt, der es der Umwelt z.B. erleichtern soll, einen „mongoloiden" Menschen mit typischer Physiognomie zu akzeptieren (vgl. Adam 1977, 77; Seebaum 1979). Dieser „Normalisierungsstandpunkt" ist nicht zuletzt deshalb so problematisch, weil er die (ästhetische) Erwartungsnorm der „Normalwelt" völlig unwidersprochen zum Anpassungsmaßstab für behinderte Menschen nimmt.

Dieses Problem eines unreflektierten Normbegriffs macht Walter *Thimm* insgesamt in der Normalisierungsdebatte aus:

> „Unbefriedigend ist (...) die in der internationalen Diskussion bislang nicht ausreichend geklärte Struktur des Normenbegriffs in allen Normalisierungsbestrebungen. (...) So ergeben sich z.B. prinzipielle Fragen nach der 'Normalität' bestimmter Wohnbedingungen oder bestimmter Arbeitsbedingungen (...): Ist hier der statistische Normalfall (...) auch das 'Wünschenswerte', gemessen an bestimmten Vorstellungen vom Menschlichen überhaupt?"
> (Thimm 1985a, 44f)

5.4 Exkurs: „Normalität"

Prinzipielle Fragen nach der „Normalität" ergeben sich immer im Rahmen der Arbeit mit Menschen, die aus den unterschiedlichsten Gründen nicht den Ansprüchen der Normalwelt und ihrem Normalitätsmaßstab zu entsprechen vermögen. Eine Pädagogik, die das „Andere der Normalität" zum „Gegenstand" hat, ist immer auch eine *normative Pädagogik* und als solche verknüpft mit Normen und teleologischen Frage- bzw. Problemstellungen nach dem Sinn und Zweck bzw. der Zielsetzung von (heil-)pädagogischen Interventionen (vgl. Mattner/Gerspach 1997, 33ff).

> „Mit der teleologischen (grch. tele, svw.'fern, weit') Fragestellung befassen wir uns mit Ziel-‚Wert- und Normvorstellungen, welche sowohl für das Erkennen und die Definition des behinderten Menschen, wie auch für den Umgang mit ihm und die gemeinsame Daseinsgestaltung richtungsweisend sind."
> (Kobi 1983, 243)

Soll die Betreuungsarbeit mit beeinträchtigten Menschen keinem unreflektierten Normbegriff aufsitzen, so muß mit der Zielsetzung der Arbeit (Teleologie) immer auch die eigene und die von außen gegebene Erwartungsnorm problematisiert werden. Pädagogisches Denken und Handeln ist im besonderen Maße verbunden mit einer Vorstellung, einer Zielsetzung, die dem pädagogischen Handeln zugrundeliegt, die oft präreflexiv, alltagstheoretisch verankert und gleichzeitig mit einer Vorstellung von Mensch-Sein, einem „impliziten Menschenbild" verknüpft ist (vgl. Mattner/Gerspach 1997, 28ff). Die Alltagsnormalität, die sich meist unreflektiert in der lapidar hingeworfenen Formulierung „das ist doch (ab)normal" niederschlägt, ist nicht nur als Anpassungsziel für viele behinderte Menschen äußerst problematisch, sondern meist auch deshalb völlig untauglich, da z.B. viele Betroffene das in den Medien vermittelte „normale" Menschenbild einer Leistungsgesellschaft, versehen mit den Attributen „jung, schön, dynamisch, erfolgreich", aus den unterschiedlichsten Gründen niemals erfüllen können. Dieses Menschenbild ist auch u.a. dafür verantwortlich, daß „normale" Mitbürger Behinderte als Ballastexistenzen empfinden, von denen sie besonders im Urlaub nicht gestört werden möchten, wie dies in jüngerer Zeit einschlägige Prozesse eindrucksvoll dokumentieren. Vielleicht sind auch viele von der intuitiven Alltagsnormalität geleiteten Menschen der Meinung, dieses behinderte Leben sei eigentlich kein menschliches Leben („dann schon besser tot"). Möglicherweise würden sie auch deshalb mit einer praktizierten Euthanasie sympathisieren.

Nun, was ist *Normalität*?

Normen können statistischer, idealer oder funktionaler Art sein:

- die *statistische Norm (Durchschnittsnorm)*
  bezeichnet die statistisch ermittelte, in großer Zahl vorkommende Durchschnittsnorm. Abnorm bedeutet in diesem Sinne eine Abweichung vom regelhaft Durchschnittlichen;
- die *Norm als das Übliche (Brauch)*
  unterliegt dem gesellschaftlichen und geschichtlichem Wandel;

- die *ideale (sittliche) Norm*

  definiert als Idealnorm einen wünschenswerten, als ideal definierten Zustand;

- die *funktionale Norm*

  definiert im Sinne einer Individualnorm als „normal", was einem Einzelmenschen hinsichtlich seiner Zielsetzungen und Leistungen als erstrebenswert gilt.

Der Normalitätsbegriff des „Üblichen" (vgl. Lindmeier 1993, 156), die umgangssprachlich am häufigsten intuitiv im Sinne des „Normal-Seins" verwendete Bedeutung des Normbegriffs, unterliegt dem gesellschaftlich-historischen Wandel, wie z.B. *Kobi* dies am Beispiel des Sexualverhaltens verdeutlicht:

> „Dieselbe Handlungsweise ist von der Jugendsünde und Selbstbefleckung zur harmlosen Ersatzbefriedigung geworden und stellt nach Meinung gewisser Sexualpsychologen sogar eine erwünschte Stimulation des Geschlechtsapparates dar. - Wer im 18./19. Jahrhundert onanierte, dem wurde Gehirnerweichung und Rückenmarksschwindsucht in Aussicht gestellt. Wer heute *nicht* onaniert, der kann es erleben, als verklemmter Sexualneurotiker abgestempelt zu werden."
> (Kobi 1983, 261)

Normalität bzw. Abnormität bezüglich menschlichen Verhaltens bezeichnen also keine objektiven Eigenschaften, sondern Perspektiven, mit denen jedes Merkmal über die von außen herangetragene Definition zum Beleg von Normalität und Abnormalität werden kann.

Das heißt: „Normalität/Abnormität existiert nicht per se, sondern wird per definitionem hergestellt" (Kobi 1983, 251).

Normalität als Anpassungsleistung

Normalität bedeutet also zunächst die Abwesenheit von Abnormität und umgekehrt. Unter dieser Perspektive bedeutet Normalität das uneingeschränkte Funktionieren im jeweiligen Sozial- bzw. Gesellschaftssystem. Eine solche Normalität, verstanden als unreflektierter gesellschaftlicher Konformismus, geht von der Prämisse aus, daß Menschen, die sich im gesellschaftlichen Rahmen mehr oder weniger ähnlich verhalten, normal bzw. gesund sind. Mit diesem Normalitätsbegriff ist eine Normalitäts-Anspruchshaltung verknüpft, mit der „normal" genannt wird, was die Bedeutung von „wünschenswert" und die Forderung nach Normerfüllung beinhaltet. Dieses Wünschenswerte kann allerdings im Sinne einer rigiden

Anpassungsleistung gegen die eigene innere Bedürfnislage gerichtet sein und sich negativ auf die Befindlichkeit des Normerfüllers auswirken. Derjenige, der sich zwanghaft den sozialen Normen zum Nachteil seiner eigenen Bedürfnisse unterwirft, entspricht damit den sozialen Erwartungen zum möglichen Preis einer sog. „Anpassungs-Krankheit".

Dies meint wohl auch *Jervis*, wenn er sagt:

> „Hiernach ist also der normal, der sich mit seiner täglichen Leidensdosis abfindet und nicht meint, spezifisch psychische Schwierigkeiten behinderten ihn in seinen Plänen, und - noch einfacher - der von seiner Umwelt als ein Individuum akzeptiert wird, das nicht der Behandlung bedarf. (...) Normal ist, wer sich den herrschenden Normen anpaßt, keine großen Probleme hat und für die anderen keine großen Probleme schafft."
> (Jervis 1978, 216f)

Ähnliches finden wir bei *Laing*:

> „Die 'normal' entfremdete Person hält man für gesund, weil sie mehr oder weniger wie jedermann handelt. Formen der Entfremdung außerhalb der geltenden Entfremdungsnorm werden von der 'normalen' Mehrheit mit dem Etikett 'wider-' oder wahnsinnig versehen."
> (Laing 1979, 22)

Damit wäre die pathologische Ausformung unreflektierter Anpassung angesprochen und ein damit verbundener möglicher pathologischer Aspekt sog. Normalität, der dem reinen statistischen Verständnis von Normalität unzugänglich bleibt.

Normalitätsparadoxien

In *Watzlawicks* Buch „Die erfundene Wirklichkeit" berichtet *Rosenhan* („Gesund in kranker Umgebung") von einem Experiment, das der Frage nach Entscheidungskriterien von Normal-Sein und Irre-Sein auf den Grund gehen wollte. Zu diesem Zweck verschafften sich acht „gesunde" Scheinpatienten Zugang zu zwölf verschiedenen psychiatrischen Kliniken. Beim Aufnahmegespräch berichteten sie über diffuses Stimmenhören; ansonsten verhielten sich die Personen normal. Das heißt, nach der Aufnahme in die psychiatrische Station hörten die Scheinpatienten auf, irgendwelche Symptome der Abnormität zu simulieren. Bei allen Scheinpatienten wurde die Diagnose: Schizophrenie gestellt. Die Aufgabe der Scheinpatienten bestand nun darin, durch die eigene Überzeugungskraft, die Entlassung zu erreichen, was sich als äußerst schwierig gestaltete, da die demonstrierte geistige Gesundheit („Normalität") nicht erkannt bzw. nicht akzeptiert wurde. Der Scheinpatient hatte keine Chance, seine „Normalität" unter Beweis zu stellen, da jede Verhaltensäußerung entlang des zugewiesenen Etiketts Schizophrenie interpretiert wurde. Dies veranlaßte *Rosenhan* zu konstatieren: „Normale sind nicht erkennbar gesund." (Rosenhan 1991, 116; vgl. 11ff).

5.5 Die „Kritische Behindertenpädagogik"

Zur Kritik des medizinischen Paradigmas

Die pädagogische Wissenschaft zum Anderen der Normalität - die Heil- und Sonderpädagogik - geriet Ende der 60er Jahre auch in die antipsychiatrisch-gesellschaftskritischen Turbulenzen, in deren Gefolge u.a. die traditionelle Orientierung am *„medizinisch-naturwissenschaftlichen Paradigma"* hinterfragt wurde. Die Pädagogik mit beeinträchtigten Menschen, die z.B. für *Stutte* noch bis Ende der 60er Jahre nichts anderes als „angewandte Kinderpsychiatrie" war (Stutte 1968, 495), stand in Deutschland von jeher - besonders nach 1945 - unter dem Einfluß des medizinisch-naturwissenschaftlichen *Paradigmas*, mit dem das Anders-Sein des Menschen primär als medizinisch-psychiatrischer Sachverhalt gefaßt wurde.

Mitverantwortlich für die allgemeine Krise der Human- und Sozialwissenschaften waren zu jener Zeit in hohem Maße die wissenschaftstheoretischen Analysen *Kuhns*, der mit seinem *Paradigma*-Begriff auf die impliziten „Mythen" und „Glaubenselemente" des herkömmlichen Idealbildes von Wissenschaft hingewiesen hatte (vgl. Kuhn 1976, 17). Unter einem Paradigma faßte *Kuhn* innerhalb einer scientific community alle als forschungsrelevant erkannte Faktoren, mit denen man sich in einer Wissenschaft auf ganz bestimmte Grundannahmen über die Wirklichkeit und den Wissenschaftsgegenstand einigte. Damit mußten allerdings, wie *Kuhn* erkannte, andere Fragen zum Gegenstand ausgeblendet bleiben, weil man sich innerhalb der Forschergemeinschaft z.B. auf ein ganz bestimmtes methodisches Vorgehen geeinigt hatte, oder man erklärte bestimmte (z.B. ethisch-moralische) Fragen zum Gegenstand für wissenschaftlich irrelevant, da diese mit den favorisierten „wissenschaftlichen" Methoden nicht zu erfassen waren (vgl. Mattner/ Gerspach 1997, 28ff).

Auf der Grundlage eines medizinischen Paradigmas ging eine daran orientierte medizinisch-psychiatrische Wissenschaft oder Heil- und Sonderpädagogik bei bestimmten, zunächst „unverstandenen" („normwidrigen") menschlichen Verhaltens- oder Wesensbesonderheiten vorab von einer orga-

100

nischen Verursachung aus, die sie nosologisch zuordnete und medizinisch-therapeutisch in Richtung „gesunder" bzw. „erwünschter Verhaltenszustand" behandelte. Dies traf auch für die sog. „geistige Behinderung" zu, der man dem psychiatrischen Krankheitsverständnis entsprechend ein medizinisches Begriffssystem mit einer zugehörigen Charaktereologie zuordnete und damit meist pauschal eine erbliche Genese unterstellte (vgl Bradl 1987a, 13ff). Besonders deutlich wird dieser defektorientierte Zuschreibungsmechanismus bei der sog. „Oligophrenie" bzw. dem „Schwachsinn", wenn dort nach wie vor, z.B. in einem psychiatrischen Lehrtext für Studierende und Ärzte im Rahmen einer spezifischen Charaktereologie des Schwachsinns, folgende, als pathologisch ausgemachte Charakterzüge aufgezählt werden: „indolente Passive, faule Genießer, sture Eigensinnige, kopflos Widerstrebende, aggressive Losschimpfer, ständig Erstaunte, verstockte Duckmäuser, heimtückisch Schlaue, treuherzig Aufdringliche, selbstsichere Besserwisser, prahlerische Großsprecher, chronisch Beleidigte" (Huber 1981, 360).

Ähnlich verhält es sich immer noch mit medizinischen Konzeptionen zu Verhaltensauffälligkeiten bzw. Lernbeeinträchtigungen von Kindern, deren „Krankheit" man besonders in jüngerer Zeit mit „Teilleistungsschwäche" „frühkindliches psychoorganisches Syndrom (POS)", „Aufmerksamkeitsdefizitsyndrom (ADS)", „Hyperaktivität" oder „Minimale cerebrale Dysfunktion (MCD)" bezeichnet und von der Annahme einer unspezifischen, bisher kaum belegbaren cerebralen Verursachung ausgeht. Mittels einer sog. „Summationsdiagnose" wird dort hypothetisch eine cerebralen Verursachung angenommen, wenn sich einem vorab definierten Abweichungskatalog (Syndrom) bestimmte Verhaltensbesonderheiten eines Kindes zuordnen lassen. *Bauer* zählt in einer umfangreichen MCD-Dokumentation folgenden sekundären Symptomkomplex (sekundäre Neurotisierung) im „affektiv-emotionalen Bereich" auf:

> „Albernheit, Clownerie, Überschwenglichkeit, Triebhaftigkeit und eine gewisse Hemmungs- oder Grenzenlosigkeit bzw. Euphorie, andererseits Gehemmtheit, Gefühlsarmut, Entmutigung, Schuldgefühle, vermindertes Selbstwertgefühl, Regression, depressive Verstimmung bzw. Dysphorie." (Bauer 1986, 66)

Diese Kinder, die ihre Emotionen nicht beherrschen und den jeweiligen situativen und personellen Bedingungen nicht anpassen könnten, seien, wie weiter aufgezählt wird, „leicht aufgebracht, ungeduldig, launisch, eigensinnig oder herausfordernd (...), häufig verärgert oder zornig (...), mitunter aber auch überempfindlich, kritikanfällig oder leicht beleidigt, (bekämen; der Verf.) schnell Gewissensbisse, wenn sie etwas falsch gemacht oder Mißfallen erregt haben" (ebd., 66 f). Es zeigten sich darüber hinaus Störungen im Sozialverhalten wie:

„Zurückgezogenheit, Unselbständigkeit, Rückzugs-, Ausweichs- und Iso-lationstendenzen, Einzelgängertum, Anklammerungstendenz, Verschlos-senheit, mangelndes Durchsetzungsvermögen, Kontaktangst usw. auf der einen Seite und Nachaußengerichtetheit, Überheblichkeit, Dominanz-streben, Negativismus, Aggressivität, starke Ichbezogenheit, Oppositions-verhalten usw. auf der anderen Seite." (ebd., 70)

Mitte der 70er Jahre wuchs die Kritik an diesen monokausalen Zugängen zum „Anderen der Normalität" auch deshalb, weil deutlich wurde, daß mit diesen Konzeptionen alle möglichen unerwünschten Wesensbesonder-heiten als pathologischer „Un-Sinn" abgetan werden können. Die möglichen Ursachen von wie auch immer gearteten Wesensbesonderheiten wurden als pathologische Auffälligkeiten oder Behinderung lediglich in der betroffenen Person selbst gesucht, und andere mögliche Verursachungen blieben damit vorab paradigmatisch ausgeblendet. Es wird mit diesem defektorientierten Blick zudem ignoriert, daß ein wie auch immer geäußertes Verhalten eines Menschen auch als funktionales, situationsbezogenes und damit adäquates „Signalverhalten" auf eine möglicherweise inadäquate Lebenssituation ver-standen werden sollte, bevor ein anderer Nachweis erbracht werden kann (vgl. Wolff 1978).

Es wurde erkannt, daß in der Logik des medizinischen Paradigmas eine Abweichung vom erwarteten „adäquaten" Verhalten tendenziell als ein Resultat somatischer Insuffizienz (Behinderung) begriffen wird, und eine Abweichung vom „Regelfall", vom „Normalen" durch diesen Zuschrei-bungsmechanismus zur organischen *Behinderung* wird. Es offenbarte sich damit ein medizinisch inspirierter Normalitätsbegriff, mit dem davon ausge-gangen wird, Menschen mit einer „gesunden" cerebralen Ausstattung paßten sich „adäquat" an die Gegebenheiten (Stimuli) der Realität an, verhielten sich also mehr oder weniger ähnlich (eben „normal"). Im Umkehrschluß kann dann scheinbar schlüssig vermutet werden, Verhaltensabweichungen von dieser Norm (das Andere der „Normalität") seien auf pathologische Veränderungen im menschlichen Gehirn zurückzuführen.

Das sonderpädagogische Handlungsfeld bleibt auf der Grundlage die-ses paradigmatischen Verständnisses lediglich auf das „biologische Poten-tial" der Adressaten und somit auf die Therapie psychophysischer Funk-tionen reduziert (vgl. Wöhler 1980, 806).

Jantzen bezeichnete dieses Reduzieren auf biologische Faktoren und den damit verbundenen Erklärungsmechanismus menschlicher Konstitutions-prozesse („biologistische Entwicklungstheorien") mit dem Terminus „*Biolo-gismus*" (vgl. Jantzen 1974, 10ff). Die monokausale Suche nach objektiven Merkmalskriterien des Anderen der Normalität führt nach ihm zwangsläufig zur defektorientierten Sichtweise, womit sich nach *Kobi* die Gefahr verbindet, „dass die Krankheit, die Behinderung als solche mehr interessiert als das Individuum" (Kobi 1983, 29). Eine mit dieser biomedizinischen Orientierung verbundene „*defektologischen Fixierung*" führte schließlich zur Suche nach immer effektiveren Diagnose-Instrumentarien, zu einer Aufblähung des diagnostischen Inventars und damit zu immer exakteren Definitionen und schärferen Abgrenzungen einzelner Behinderungsarten und schließlich zur Enstehung dafür prädestinierter Spezialberufe, die schon allein aus Eigeninteresse am diagnostizierten Krankheitsbild festhalten müssen (vgl. Mattner 1993).

Ontologisierung

Bei den betroffenen Menschen, die auf ihre diagnostizierten Unzulänglichkeiten reduziert wurden, steht mehr der Defekt und die therapeutischen Interventionen in Richtung „Normalität" als das jeweilige Individuum in seiner individuellen Eigenart und seinen Fähigkeiten im Vordergrund. Mit diesen medizinisch-ätiologischen Bemühungen ist die Tendenz der Verdinglichung bzw. *Ontologisierung* von wie auch immer gearteten Wesensbesonderheiten gegeben. Der zunächst unbegreifliche Peter wird durch diesen Zuschreibungsmechanismus zum „Autisten", Karin zur „Mongoloiden" („Mongo") und Klaus zum „MCD-ler" („Minimal"), und die „besonderen" Äußerungen und individuellen Entfaltungsmöglichkeiten der Betroffenen werden entlang der etikettierten Krankheitszuschreibung zum „un-sinnigen" Verhalten bzw. zum Symptom einer Krankheit oder Behinderung.

Mit *Ontologisierung* wurde demnach eine unangemessene und kurzschlüssige Formulierung von nicht mehr hinterfragbaren Seinsaussagen bezüglich des Anderen der Normalität kritisiert, mit denen das Andere unter der Herausnahme aus dem gesellschaftlichen Kontext lediglich als *individuell-pathologisches Problem* interpretiert wird (vgl. Jantzen 1982, 189).

> „Ontologisierungen sind also Seinsaussagen über Behinderung und Behinderte, die durch apriorische, empirisch und theoretisch nicht auflösbare Setzung von Annahmen über das Wissen von Behinderung eine umfassende Synthese aller die Behinderung betreffenden Wissenschaftstheorien verhindern."
> (Jantzen 1982, 189)

Das medizinische Paradigma, das, wie gezeigt wurde, als leitendes Paradigma der Behindertenforschung von schicksalhafter Bedeutung für die Sonder- und Heilpädagogik war, ist aus den genannten Gründen als sog. „biologistische Sonder- bzw. Heilpädagogik" (Wöhler 1980, 808) in die Kritik geraten.

Kritik an der traditionellen Behindertenpädagogik

Mit der Kritik am medizinischen Paradigma trat immer stärker der psychosoziale Aspekt behinderten Seins in den Vordergrund, und damit ein Verständnis von Behinderung, das Behinderung über die konkrete Schädigung hinaus wesentlich als soziale Kategorie bestimmte. Hier tat sich im besonderen die *„Kritische Behindertenpädagogik"* hervor. Sie kritisierte an der traditionellen Pädagogik für Behinderte im wesentlichen folgendes:

> "Der Behindertenpädagogik in der BRD ist das Denken und Forschen in gesellschaftsbezogenen Dimensionen größtenteils fremd geblieben; sie hat sich wissenschaftstheoretisch, inhaltlich, institutionell selbst der bürgerlichen Soziologie der Behinderten und der Behinderung bisher wenig/kaum geöffnet; sie hält größtenteils fest an pädagogisch-immanenten, psychologischen und medizinischen Aussagesystemen. Die bisherigen Problemstellungen waren ausgerichtet auf organische Schäden, 'anormale' Erlebnisreaktionen, milieureaktive Verhaltensstörungen; deren Abhängigkeit in Ursache und Wirkung von der sozialstrukturellen Situation blieb und bleibt zumeist ausgespart. Ideologisch gesehen ist das zurückzuführen u.a. auf die starke Orientierung am geisteswissenschaftlichen Idealismus, an der Lebens- und Wertphilosophie, an medizinisch orientierten Denkweisen. Behinderung wird noch allzuoft als Resultat einer physischen und/oder psychischen Schädigung, eine zufällig oder durch konstitutionelle Besonderheiten hervorgerufene Störung des Organismus, Behinderung als gestörtes Leben von sozial isolierten, funktionsbeeinträchtigten Personen definiert."
> (Reichmann 1984, 112)

Eine generelle Erfassung des Phänomens Behinderung erschien aus der Perspektive der *„Kritischen Behindertenpädagogik"* nur unter Berücksichtigung des „Dialektischen Materialismus'" und der „kulturhistorischen Schule der sowjetischen Psychologie und der Kritischen Psychologie" möglich (vgl. Reichmann 1984, 102). Wenn auch eine Revision bzw. neue Beurteilung dieser letztgenannten ideologischen Begründungen - besonders nach dem Zusammenbruch des „real existierenden Sozialismus" und des dortigen Umgangs mit dem „Anderen der Normalität" - noch ansteht, bleibt jedoch der „Kritischen Behindertenpädagogik" der Verdienst, auf die „Soziale Kategorie", auf das gesellschaftliche Produkt im Zusammenhang mit dem Phänomen Behinderung hingewiesen und die traditionelle Behindertenpädagik damit in ihrem Selbstverständnis enorm erschüttert zu haben (vgl. Gerspach 1981, 13f).

5.6 Behinderung aus der Perspektive des Symbolischen Interaktionismus'

Mit der „Kritischen Behindertenpädagogik" kam ein wesentlicher Aspekt des Phänomens Behinderung ins Blickfeld: Behinderung als Resultat eines sozialen Zuschreibungsprozesses bzw. Behinderung als eine Seinsweise, die durch eine von den üblichen Erwartungen abweichende Lebensform geprägt ist, wobei die soziale Umwelt dies Andere der Normalität mit dem Etikett „Behinderung" versieht.

Mit dieser Erkenntnis wurden Untersuchungen der soziologischen bzw. sozialpsychologischen Handlungstheorie des *„symbolischen Interaktionismus"* interessant, mit dem ein spezifischer Handlungs- und Identitätsbegriff entwickelt wurde, der im deutlichem Gegensatz zu einem behavioristischen Handlungsverständnis steht. Menschliches Handeln wird dort auf der Grundlage von in Interaktionen entstandenen Bedeutungen gedacht: als ein Prozeß wechselseitiger Abstimmung von Interpretationen und Handlungs- bzw. Bedeutungserwartungen des sozialen Gegenübers. *Identität* bedeutet aus dieser Perspektive, daß der Mensch im sozialen Miteinander allmählich die Fähigkeit entwickelt, sich gemäß den sozialen Erwartungen bzw. der sozial erwünschten Rolle zu verhalten.

Damit geht der „Symbolische Interaktionismus" von der Prämisse aus, daß sich menschliches Verhalten nicht nach dem Reiz-Reaktions-Schema der Verhaltenswissenschaften erklären läßt, da der Mensch in einer „symbolischen Welt" lebt, in der „alle Gegenstände, Strukturen, Personen und Verhaltensweisen ihre Bedeutung durch soziale Beziehungen erhalten" (Brumlik 1973, 120). Da die Gesellschaft dem Individuum „symbolisch" vorausliegt, ist auch die Behinderung wesentlich ein in sozialer Interaktion entstandener Zuschreibungsprozeß.

„labeling approach"

Interessant für die Heilpädagogik wurde schließlich ein in der Kriminalsoziologie entwickelter Erklärungsansatz für deviantes Verhalten: der *„labeling approach"* bzw. *„Etikettierungs-"* oder *„Definitionsansatz"*, der seine Wurzeln innerhalb der soziologischen Handlungstheorie des Symbolischen Interaktionismus' hat. Diese Theorie über den Zusammenhang von sozialer

Abweichung (Devianz) und sozialer Kontrolle gewann zu Beginn der 70er Jahre im sozialen Kontext wissenschaftlicher Diskussionen zunehmend an Bedeutung.

Für die Heilpädagogik wurde sie als *„Interaktionstheoretisches Paradigma"* rezipiert (vgl. Bleidick 1977). Mit diesem Paradigma wurden Abweichungen von der Norm ins Medium sozialer Interaktion verlegt. Es wurde erkannt, daß Devianz zunächst keine Persönlichkeitseigenschaft oder Merkmal eines Individuums ist, sondern ein in der sozialen Interaktion durch qualitative Zuschreibungen entstandenes Phänomen. Aus dieser Perspektive ist abweichendes Verhalten zunächst nichts anderes als ein Verhalten, das von anderen als abweichend etikettiert wurde. Für die als abweichend etikettierte Person sei zu erwarten, so wurde weiter gesagt, daß die Generalisierung des diskreditierenden Urteils ('des labels') Konsequenzen für die zwischen Selbst- und Fremddefinition eingezwängte Identität Betroffener hat, für die es zunehmend verunmöglicht würde, „normale" bzw. sozial erwünschte Verhaltensweisen zu produzieren (vgl. Keckeisen 1974, 28ff).

Es wurde also mit dieser Theorie erkannt, daß die mit der Ontologisierung verbundenen Etikettierungen des „Anderen der Normalität" erhebliche Auswirkungen auf identitätsbildende Prozesse betroffener Menschen haben können. Versehen mit pathologisierenden Etikettierungen der genannten Art wird ein betroffenes Kind das ihm angetragene Identitätsmuster (*„label"*) und die damit verknüpften Erwartungshaltungen bestätigen. Die Folgen für die stigmatisierte Persönlichkeit zeigen sich auf der sozialen Ebene durch eine Wahrnehmungsveränderung ihres sozialen Umfeldes bzw. der für sie zuständigen Spezialisten, die deren Verhalten tendenziell auf das *Etikett* beziehen, die Biographie Betroffener daran anpassen und damit die jeweilige Verhaltensstruktur im Sinne dieses *Etiketts* interpretieren. Der so etikettierte Mensch befindet sich in dem Dilemma, alle seine Verhaltensweisen als Bestätigung des zugeschriebenen Syndroms interpretiert zu sehen.

Dieser Mechanismus wurde besonders am Problem sog. Lernbehinderung deutlich. Es wurde offenkundig, daß ein mit dem *label* „Lern-Behinderung" etikettiertes Kind tendenziell die mit dem Etikett von außen herangetragene Erwartungshaltung im Sinne einer *„self-fulfilling-prophecy"* erfüllt und somit sukzessive die Identität eines *Lernbehinderten* entwickelt. Über den Prozess der *„selbsterfüllenden Prophezeiung"* übernimmt das etikettierte Kind die ihm übertragene Rolle und wird somit zum dummen Hilfsschüler, von dem man keine herausragenden Leistungen mehr erwartet (vgl. Bleidick 1977, 212).

„Die im Falle des lernbehinderten Schülers für den Lehrer nicht erfüllten Erwartungen, weil der Schüler in unerwünschter Weise anders ist, führen

zu Typisierungen, die durch die soziale Herkunft ausgelöst und in Richtung leistungsschwach und verhaltensauffällig verlaufen können. Die darauffolgenden Sanktionen der Schule auf abweichendes Verhalten: schlechte Noten, Sitzenbleiben, Aussondern zwingen den Schüler, das Etikett 'mangelhafte Leistungsfähigkeit' anzunehmen und seine Identität entsprechend neu aufzubauen."
(Jokisch 1987, 194)

Mit dieser Erkenntnis geriet besonders die Lernbehindertenschule als verursachende Etikettierungsinstitution neben den anderen aussondernden „Sonder"- Schulen zu Beginn der 70er Jahre sehr stark in die Kritik. Der insgesamt fragwürdig gewordenen Terminus Lern-„Behinderung" konnte so auf die Formel reduziert werden: ein Kind ist lernbehindert, wenn es eine Lernbehindertenschule besucht.

Pygmalioneffekt

In eine ähnliche Richtung wie die selbsterfüllende Prophezeiung (self-fulfilling-prophecy) wirkt der Mechanismus des *Pygmalioneffekts* bzw. *Erwartungseffekts*, der aus der Perspektive der beurteilenden Person untersucht wurde. Die Folgen des Erwartungseffekts wurden eingehend von *Rosenthal* und *Jacobson* im Kontext schulischer Lernsituationen analysiert. In einer Versuchsreihe wählte ein Schulpsychologe willkürlich aus einer Klassenliste einige Schülernamen aus und berichtete dem Lehrer, diese Kinder hätten sich in einer Testreihe als besonders intelligent erwiesen. Am Ende des Schuljahres waren diese Schüler im Urteil des Lehrers (Benotung) als die Klassenbesten hervorgegangen (vgl. Rosenthal/Jacobson 1971; Hensle 1988, 211ff). Dies zeigt, daß Schüler, von denen im Sinne des unbewußten Erwartungsvorurteils vom Lehrer gute Leistungen erwartet werden, offenbar mehr Aufmerksamkeit, mehr freundlich-motivierende Zuwendung erhalten als Schüler, von denen keine bzw. schlechte Schulleistungen erwartet werden.

Dies zeigte deutlich, daß bei vorliegenden Verhaltensauffälligkeiten und schwachen Schulleistungen immer zuerst zu untersuchen ist, ob ungünstige Erwartungshaltungen zu diesen Verhaltensbesonderheiten führten bzw. diese verfestigten.

Ein weiterer wichtiger Aspekt des interaktionstheoretischen Paradigmas ist der *Stigma-Ansatz* von *Goffman* zur Theorie menschlicher Kommunikation bei beschädigter Identität (vgl. Goffman 1988).

Ausgangspunkt dieses Stigma-Ansatzes ist auch dort die in den 50er Jahren entwickelte Devianzforschung, wobei *Devianz* als Ergebnis einer Karriere verstanden wird, in deren Verlauf durch Typisierungen und Erwartungen der Umwelt dem Individuum ein minderwertiger Status zugeschrieben wird (vgl. Neubert u.a. 1991, 674). Ein Stigma bezeichnete ursprünglich ein im oder am Körper unlöschbar verankertes Zeichen, ein Mal, mit dem im Altertum bestimmte Gruppierungen von Menschen äußerlich sichtbar gekennzeichnet wurden.

Goffman unterscheidet in seiner Theorie zunächst drei Identitäten beim Menschen: die persönliche Identität, die Ich-Identität und die soziale Identi-tät.

1. die persönliche Identität
als die „Einzigartigkeit" eines jeden Menschen, die auf den jeweiligen einzigartigen Lebensdaten und den äußerlichen Merkmalen gründet;

2. die Ich-Identität
meint den Innenaspekt von Identität; das subjektive Empfinden von Kontinuität und Eigenart, das ein Individuum allmählich als ein Resultat seiner verschiedenen sozialen Erfahrungen erwirbt;

3. die soziale Identität (sozialer Status)
als die routinemäßige Einordung der Menschen untereinander in soziale Kategorien. Goffman unterscheidet dabei noch die *virtuale soziale Identität* als eine (spontane) „Charakterisierung im Affekt" von der *aktualen sozialen Identität*, die sich auf belegbare Attribute gründet (vgl. Goffman 1988, 9ff, 67ff).

Mit *Stigmatisierungsprozeß* ist nun ein Interaktionsprozeß gemeint, mit dem sich Menschen im sozialen Miteinander über äußere Merkmale, auffällige Eigenschaften über zunächst unbekannte Personen ein Bild machen und aufgrund dessen eine soziale Einordnung vornehmen, d.h. eine *virtuale soziale Identität* schaffen. Auf diese Weise werden unerwünschte äußere Merkmale, Attribute u. U. zum *Stigma*.

> „Es kann vorkommen, daß man an einer Person eine Eigenschaft bzw. ein Merkmal entdeckt, das sie von anderen Menschen derselben Personenkategorie unterscheidet. Ist diese Eigenschaft bzw. das Merkmal unerwünscht, so wird die Person herabgemindert. Ein Attribut dieser Art bezeichnet *Goffman* als Stigma, den Vorgang selbst als Stigmatisierung."
> (Neubert u.a. 1991, 674).

Stigmatisierungsprozesse knüpfen also bei Merkmalen oder Verhaltensbesonderheiten an, die außerhalb des Normbereichs liegen und die von der Norm als negativ und diskreditierend definiert werden. Der Stigmatisierte ist demnach der in unerwarteter Weise Andere, und der „Normale" derjenige, der gegenüber den Erwartungen nicht negativ abweicht. *Goffman* unterscheidet dabei drei Stigma-Typen:

1. *physische Deformation*
2. *individuelle Charakterbesonderheiten*
3. *phylogenetische Stigmata* (Rasse, Nation, Religionszugehörigkeit)

Die Personen, die von einem Stigma betroffen sind, unterteilt Goffman in die Gruppe der:

- *Diskreditierten*, deren Stigma äußerlich sichtbar ist
  (Hautfarbe, Lähmung, Amputationen etc.);
- *Diskreditierbaren*, deren Stigma nicht unmittelbar wahrnehmbar ist
  (psychische Besonderheiten, Sprachfehler etc.).

Die Stigmatisierung verändert nach *Goffman* das Verhältnis der Umwelt zum Stigmatisierten und führt zu Beeinträchtigungen der Identität betroffener Personen. Das heißt: die Folgen zeigen sich für den Stigmatisierten im sozialen Bereich auf der Ebene der Interaktion mit Nicht-Stigmatisierten und schließlich auf der Ebene der Veränderung der Person selbst. *Hohmeier* beschreibt diesen Stigmatisierungsprozeß so:

> „Die Definition einer Person als in irgendeinem Sinne deviant löst bei ihren Kontaktpersonen zweierlei Prozesse aus. Einmal wird ihr gesamtes Verhalten tendenziell auf das Stigma bezogen und von diesem her interpretiert. Wurde ein Verhalten bislang z.B. als 'forsch' angesehen, so wird es jetzt als 'aggressiv' aufgefaßt. (...) Zum anderen wird das bisherige Leben der Person daraufhin betrachtet, welche Ereignisse mit der gegenwärtigen Devianz übereinstimmen; es findet eine 'Rekonstruktion der Biographie' statt (...), in der diese an das Stigma angepaßt wird. (....) In entwickelten Gesellschaften sind an diesen Rekonstruktionen sehr häufig professionelle 'Spezialisten', wie Polizisten, Sozialarbeiter oder Psychiater, beteiligt, die - mit staatlicher Legitimation und organisatorischem Apparat ausgestattet - die Anpassung der Biographie an das gegenwärtige Stigma mit besonderem Nachdruck zu leisten vermögen. Ist eine Person in diesem Sinne undefiniert, so orientieren sich alle Interaktionen mit ihr mehr oder weniger weitgehend an dem Stigma. Für den Stigmatisierten ist es außerordentlich schwierig, das einmal festgelegte Stigma aufzulösen, weil alle seine Reaktionen - wie Ärger, Angst, Aufregung, Aggression oder Resignation - als eine Bestätigung der zugeschriebenen Eigenschaften aufgefaßt werden. Wie er sich auch verhält, jede Reaktion kann im Sinne des Stigmas interpretiert werden".
> (Hohmeier 1975, 13f).

Von besonderem Interesse ist für Goffman das sog. *„Stigma-Management"* als Reaktion der Stigmatisierten auf ihren Makel. Demnach praktiziert der mit einem nicht unmittelbar ersichtlichem Stigma (der Diskreditierbare) ein „Management nicht offenbarter diskreditierender Informationen über sich selbst" (Goffman 1988, 57), wie z.B. durch Situationsvermeidung bzw. durch Täuschung, um sein Stigma zu verbergen. So wird möglicherweise ein Mensch mit Sprechproblemen im sozialen Kontext möglichst lange Situationen meiden, die seinen Makel offenbaren könnten.

In der Weiterentwicklung des Stigma-Ansatzes standen nicht mehr nur das diskreditierende Attribut des jeweiligen Stigmas und das individuelle Stigma-Management im Vordergrund, „sondern die gesellschaftlichen Kontrollinstanzen, die die unerwünschten Abweichungen ausfindig machen, definieren, identifizieren, mit einem Etikett versehen ('labeling'), das Stigma somit erst erschaffen" (Hensle 1988, 209). Gemeint sind Institutionen der Psychiatrie, Sonderpädagogik, Strafjustiz etc., die zur Etikettierung der diagnostizierten Abweichungen legitimiert sind.

5.7 Behinderung als soziale Kategorie

Die traditionelle Sichtweise von Behinderung ging also lediglich von einem kausal interpretierbaren Zustand aus und versuchte dabei, den Zustand der Andersartigkeit aus dem So-Sein des Individuums zu begreifen. Kritiker sahen darin eine Tendenz zur Verdinglichung („Ontologisierung"), die den Betroffenen eine prinzipielle Andersartigkeit unterstellt und dabei unberücksichtigt läßt, daß diese behinderungsbedingte Andersartigkeit, wie u.a. die Untersuchungen des Symbolischen Interaktionismus' zeigten, aus gegenseitigen Erwartungshaltungen im Interaktionsprozeß resultiert.

Die sich Anfang der 70er Jahre konstituierende *"Kritische Behindertenpädagogik"* begriff hingegen Behinderung im wesentlichen als „gesellschaftliche Kategorie" (Jantzen 1974a, 3). Es wurde damit die Isolation von gesellschaftlicher Wirklichkeit als wesentliche Kategorie des Phänomens Behinderung gefaßt, die *Jantzen* programmatisch so formulierte:

> „Behinderung kann nicht als natürwüchsig entstandenes Phänomen betrachtet werden. Sie wird sichtbar und damit als Behinderung erst existent, wenn Merkmale und Merkmalskomplexe eines Individuums aufgrund sozialer Interaktion und Kommunikation in Bezug gesetzt werden zu jeweiligen gesellschaftlichen Minimalvorstellungen über individuelle und soziale Fähigkeiten. Indem festgestellt wird, daß ein Individuum aufgrund seiner Merkmalsausprägung diesen Vorstellungen nicht entspricht,

wird Behinderung offensichtlich, sie existiert als sozialer Gegenstand erst von diesem Augenblick an."
(Jantzen 1973, 156)

Behinderung im Sinne „*gesellschaftlicher Verkrüppelung*", so wurde konstatiert, konstituiere sich folglich durch „*Verhinderung* von Sozialisation und Individuation im Rahmen der gesamtgesellschaftlich gegebenen Möglichkeiten" (Jantzen 1976, 430, 434). *Jantzen* konstatierte damit einen „*Doppelcharakter von Behinderung*":

> „Zum einen bezieht sich 'Behinderung' auf Ausprägungsgrade von Schädigung in der Sozialisation konkreter Individuen, zum anderen ergibt sie sich aus gesellschaftlichen Konventionen, wann und ob überhaupt ein als Störung sichtbar gewordener Schädigungsprozeß mit der Feststellung von 'Behinderung' und den damit verbundenen positiven (bzw. negativen) sozialen Sanktionen abgeschlossen werden soll." (ebd., 433)

Mit der „*Kritischen Behindertenpädagogik*" wurde die gesellschafts-kritische Analyse zur Erfassung des Phänomens Behinderung eingeklagt, ohne die ein Verständnis von Behinderung und eine damit verknüpfte Pädagogik zum, wie *Jantzen* konstatiert, „Sammelbecken emotional angereicherter Mitleidsbekundungen" verkomme (Jantzen 1974, 1).

> „Das behinderte Kind, das in seinen gesellschaftlichen Verhältnissen nicht gesehen wird, bleibt andersartig, besonders, von anderer menschlichen Qualität. Man wendet sich ihm aus Humanität, Nächstenliebe, angewandtem Christentum zu." (ebd.)

Die behinderte Person wird damit, wie auch *Kobi* betont, zum „Vehikel eines Opferkultes" bzw. zum Objekt des Mitleids (vgl. Kobi 1980, 66 f).

Fazit:
Die soziologische Bestimmung des Phänomens Behinderung als gesellschaftlich erzeugtes Merkmalskriterium trug zur partiellen Überwindung des medizinischen Paradigmas in der Heilpädagogik bei, da aus dieser Perspektive deutlich wurde, daß sich neben objektiv feststellbaren Schädigungen besonders diskriminierende soziale Strukturen negativ auf Identitätsbildungsprozesse behinderter Menschen auswirken können. Die in der Heilpädagogik üblichen behindertenspezifischen Einteilungen und etikettierenden „Sonderpädagogiken" wie Lernbehindertenpädagogik, Pädagogik der Geistigbehinderten, Körperbehinderten etc. und die damit verbundenen globalen Ontologisierungen wie Lern-, Sprach-, Seh-, Verhaltensbehinderung, Autismus, MCD etc. gerieten damit zunehmend in die Kritik. Es wurde offenkundig, daß die nach Behinderungsarten selektierenden (be-

sondernden) „Sonder-" Schulen wesentlich zur Stigmatisierung ihrer Klientel beitragen.

Hinsichtlich heilpädagogischer Theoriebildung wurde Behinderung seither nicht länger nur als Defektmerkmal eines Menschen, sondern als soziale Kategorie, d.h. als Merkmal eines Bezuges zwischen Individuum und seiner Alltagswirklichkeit begriffen. Damit wurde der Heilpädagogik als Wissenschaft aber auch der vertraute und sichere Boden entzogen: sie befindet sich seither, wie einige Vertreter des Faches beklagen, in der Krise (vgl. Speck 1991; Begemann 1992; Jantzen 1995).

5.8 Die Integrative Pädagogik

Dieses veränderte Verständnis von Behinderung im Sinne einer sozialen Kategorie erforderte ein Umdenken innerhalb einer traditionell selektierenden heil- und sonderpädagogischer Theoriebildung und Praxis, um den erkannten sozialen Ausgrenzungsmechanismen von „besonderen" Menschen entgegenwirken zu können. Es mußte zukünftig darum gehen, die im Normalitätsverständnis verankerten Einstellungen und Vorurteile gegenüber behinderten Menschen zu verändern. Hierzu wirkten sich die Erfahrungen der italienischen Psychiatriereform beispielgebend aus. Auch die Konzeptionen des skandinavischen „Normalisierungsprinzips", dem es primär um die internen Reformen der Behindertenpolitik ging, waren Auslöser für ein Umdenken für eine Pädagogik mit behinderten Menschen (vgl. Schildmann 1997).

Die von *Basaglia* initiierte Psychiatriereform, daran sei erinnert, beabsichtigte, das Leid aus dem Ghetto zu befreien und an die soziale Gruppe zurückzugeben, mit der Absicht, „der Gemeinschaft, deren Glieder Normale wie Behinderte sind, mehr Menschlichkeit ganz allgemein abzuverlangen" (Innerhofer/Klipcera 1986, 54). Mit der Psychiatriereform, die zur Auflösung der traditionelllen psychiatrischen Versorgung führte, wurden auch Veränderungen im Schulbereich vorgenommen. Die nach Schädigungsarten eingeteilten Sonderklassen (Klassen für Schwerstbehinderten, Blinde und Gehörlose) wurden aufgelöst und die behinderten Kinder den Regelschulen zur Integration in ihre Klassen übergeben. Zu diesem Zweck wurden kleinere Klassen eingerichtet und entsprechend ausgestattet. Es wurden Stützlehrer eingestellt, die in Klassen mit Behinderten zusammen mit dem Lehrer den Unterricht gestalten sollten (vgl. ebnd., 50ff).

Auch in Deutschland blieben die integrativen Bemühungen der italienischen Psychiatriereform gerade für das heil- und sonderpädagogische Denken nicht ohne Konsequenzen. Besonders Kritiker am bis dahin bestehenden Sonderschulwesen sahen hier eine gelungene Alternative zur Selektionsfunktion einer nach Behinderungsarten aussondernden „Sonder"-Schule (Sonderschule für Lernbehinderte, Sonderschule für Geistigbehinderte etc.), die erst kurz vorher aus Gründen möglicher Stigmatisierung ihrer Klientel („Hilfsklässler, Hilfsschüler") die Bezeichnung „Hilfsschule" abgelegt hatte. Zudem stellte sich mit der Entstehung von Gesamtschulen am Beginn der 70er Jahre und den damit verbundenen kritischen gesellschaftspolitischen Auseinandersetzungen auch die Frage nach einer möglichen Integration von Sonderschulen in die Einrichtungen der Gesamtschulen.

Die zweite Phase der Integrationsdiskussion wurde schließlich durch die Empfehlungen des „Deutschen Bildungsrates" von 1973 eingeläutet, in denen von einer Verlagerung einer möglichen Integrationspraxis an Grundschulen ausgegangen wurde (vgl. Eberwein 1988, 50f).

Definition: Integrative Pädagogik

Was war und ist mit einer „Integrativen Pädagogik" im wesentlichen intendiert? Die „Integrative Pädagogik" beruhte auf der „Grundidee vom Erhalt beziehungsweise der Wiederherstellung gemeinsamer Lebens- und Lernumfelder behinderter und nichtbehinderter Kinder" (Gerspach 1988, 35). Nicht mehr Auslese (Selektion), das Sortieren nach Leistungskriterien, Behinderungsarten und die Einweisung in Sondereinrichtungen mit den damit verbundenen Nachteilen der Stigmatisierung, sondern der gemeinsame Erziehungprozeß von behinderten und nichtbehinderten Kindern sollte von nun an im Vordergrund stehen.

Die Integration behinderter Kinder bezeichnet demnach eine gemeinsame institutionelle Unterbringung und pädagogische Versorgung behinderter und nichtbehinderter Kinder in einer gemeinsamen Lern- und Erfahrungsgruppe in folgenden Lern- und Lebensbereichen:
- Vorschulbereich
- schulischer Bereich
- Freizeitbereich.

Erste Ansätze im Vorschulbereich

Erste Ansätze der integrativen Pädagogik wurden im Vorschulbereich praktiziert, da dort gegenüber schulischen Einrichtungen eine relative Offenheit der pädagogischen und organisatorischen Strukturen möglich schien (vgl. Hössl/Lipski 1988, 15). Damit wollte man einem Anspruch gerecht werden, der im Grundsatzbeschluß der Jugendminister und Jugendsenatoren der Länder vom 18.9. 1985 so formuliert wurde:

> „Das Entstehen unterschiedlicher Formen der gemeinsamen Förderung behinderter und nichtbehinderter Kinder in Kindertagesstätten ist eine der interessantesten Entwicklungen der letzten Jahre im Elementarbereich des Erziehungs- und Bildungswesens. Das Besondere an dieser Entwicklung besteht darin, daß hier der Kindergarten als Elementarbereich des allgemeinen Erziehungs- und Bildungswesens zum Ort der gesellschaftlichen Eingliederung Behinderter wird. Strukturell gesehen handelt es sich darum, Leistungen der Eingliederungshilfe für Behinderte nicht mehr nur und ausschließlich in Sondereinrichtungen für Behinderte zu gewähren, sondern auch in Einrichtungen, in denen Behinderte und Nichtbehinderte gemeinsam erzogen und gefördert werden."
> (zit. nach Ziller 1988, 31)

Richtlinien des Hessischen Sozialministeriums von 1991

Am 7. Februar 1991 erließ das Hessische Sozialministerium Richtlinien, die zu einer möglichst weitgehenden gemeinsamen Förderung im Kindergartenalter führen sollten. Es wurde dort folgendes festgehalten:
Integrative Kindertagesstätten sind Einrichtungen im Sinne des Kinder- und Jugendhilfegesetzes und nehmen im Hinblick auf behinderte Kinder Aufgaben der Eingliederungshilfe im Sinne der §§ 39 ff. des BSHG wahr. Bei Vorliegen bestimmter fachlicher sowie rechtlicher Voraussetzungen sind integrative Kindertagesstätten Einrichtungen zur teilstationären Betreuung im Sinne von § 100 Abs. 1 Nr. 1 BSHG. Auch Krippen und Horte sollen im Wege der Einzelintegration behinderte Kinder in Regelgruppen aufnehmen. Die Kosten der Förderung der behinderten Kinder sind durch die zuständigen Sozialhilfeträger zu übernehmen.
Es wurde zudem gefordert:

- die Zusammenarbeit mit einschlägigen Beratungsdiensten und Frühförderstellen zu gewährleisten
- eine heterogene Zusammensetztung (nach Alter und Art bzw. Schweregrad der Behinderung) der Integrativen Kindergartengruppen
- eine Betreuung, die in der Regel als Ganztagsbetreuung erfolgen sollte
- die individuelle Betreuungszeit sollte sich unter Einbeziehung der Wünsche der Eltern nach den jeweiligen sonderpädagogischen Erfordernissen und den Anforderungen an eine wirksame Eingliederungshilfe richten
- geeignete Fachkräfte für die personelle Besetzung und Leitung als Grundvoraussetzung

- eine räumliche Gestaltung und Ausstattung, die sowohl die angestrebte Förderung der behinderten wie auch der nichtbehinderten Kinder ermöglicht
- eine intensive Elternarbeit
- eine Durchführung der Maßnahmen im Sinne einer Einzel- oder Gruppenintegration
- eine Gruppenstärke von maximal 15 Kindern, bei einem Anteil von 4-5 behinderten Kindern; bei einer Einzelintegrationsmaßnahme eine Gruppenstärke von maximal 20 Kindern und bei 2 behinderten Kindern maximal 18 Kinder
- für mindestens 15 Wochenstunden eine 2. Kraft vorzusehen
  (zit. nach Fachdienst der Lebenshilfe; Nr. 1-2/1991, 12).

Mit der Durchführung des Integrationsgedankens im Vorschulbereich versprach man sich folgende Vorteile:
Eine größere Akzeptanz gegenüber dem Anders-Sein bei Kleinkindern, da sie die Normen der Erwachsenenwelt noch nicht verinnerlicht haben und von daher möglicherweise mit behinderten Kindern unbefangener als Erwachsene umgehen würden. Eine spezifisch spielerisch herstellbare nonverbale Interaktionsstruktur von behinderten und nichtbehinderten Kindern, die Erwachsenen u.a. durch die Dominanz des Sprachlichen schon zum Teil verstellt ist. Und als übergeordnetes Ziel wurden positive Auswirkungen für den gesamtgesellschaftlichen Zusammenhang im Sinne einer größeren Akzeptanz von behinderten Menschen erwartet.
    Damit sollte der Kindergarten als Elementarbereich des allgemeinen Erziehungs- und Bildungswesens zum Ort der gesellschaftlichen Eingliederung Behinderter werden, und Eingliederungshilfen sollten nicht nur wie bisher ausschließlich in Sondereinrichtungen wie den Sonderkindergärten geleistet werden (vgl. Ziller 1988, 29ff).
    Wie sieht die konkrete Umsetzung dieses Anspruches seither aus?

Formen integrativer Erziehung im Elementarbereich

Im Elementarbereich werden seither nach diesen Empfehlungen zwei unterschiedliche Ansätze praktiziert:
1. die integrative Gruppe
2. die Einzelintegration.
    Die *integrative Gruppe* ist meist altersgemischt. Häufig haben sich die integrativen Gruppen in Sonderkindergärten herausgebildet (vgl. Hössl/ Lipski 1988, 16). In diese Sonderkindergärten werden meist nichtbehinderte

Kinder aus dem näheren Wohnbereich aufgenommen und zusammen mit den behinderten Kindern betreut. Die Gruppengröße beträgt in der Regel 12-15 Kinder, wovon 3-5 Kinder behindert sind. Dem Anspruch nach sollte die Gruppe von mindestens zwei Bezugspersonen betreut werden.

Bei der sog. *Einzelintegration* werden einzelne behinderte Kinder aus dem Einzugsgebiet eines Regelkindergartens betreut. Meist wird dieses Angebot von Familien mit leichter behinderten Kindern genutzt. Die heilpädagogisch-therapeutische Versorgung der Regeleinrichtungen erfolgt meist durch stundenweise Abordnung von Betreuungspersonen aus den Sonderkindergärten. Dies geschieht im Sinne der ambulanten Frühförderung als dezentrale Versorgung (vgl. ebnd.). Regeleinrichtungen und Sonderkindergärten rücken damit von bisher getrennten Zuständigkeiten ab, indem Regeleinrichtungen behinderte und Sondereinrichtungen nichtbehinderte Kinder aufnehmen und zudem ihr Fachpersonal den Regeleinrichtungen zur Verfügung stellen.

Therapieverständnis

Mit der Einführung einer integrativen Pädagogik im Vorschulbereich wurde ein bis dahin praktiziertes Therapieverständnis in Frage gestellt und konzeptionell modifiziert. Es wurde erkannt, daß eine Pädagogik, die keinen Unterschied zwischen behinderten und nichtbehinderten Kindern macht, auch ein anderes Verständnis von Therapie benötigt. Therapie ist dort „keine isolierte, ausschließlich am Defekt orientierte Therapie, sondern eine Therapie, die (...) in das pädagogische Alltagsgeschehen eingebunden ist" (Hössl/Lipski 1988, 18).

> „Wenn die Zugehörigkeit eines behinderten Kindes zur Selbstverständlichkeit oder ein Stück Normalität in der Gruppe werden soll, ist es konsequent, den Abbau von Sondermaßnahmen zu fordern, wie etwa die regelmäßige Herausnahme des Kindes aus der Gruppe zu Therapiezwecken. Vielmehr ist anzustreben, daß Elemente der Regelpädagogik und der Sonderpädagogik bzw. der Therapie zu curricularen Konzepten von neuer Qualität zusammengefügt werden, die allen Kindern zugute kommt."
> (Hössl/Lipski 1988, 18)

Dies erfordert auch ein anderes Verständnis von Diagnostik als dies in einer wesentlich defektorientierten Sonderpädagogik bislang der Fall war. In diesem Zusammenhang ist der italienische Kinderarzt Adriano *Milani Comparetti* zu erwähnen, dessen medizinische Diagnostik sich nicht im Aufspüren von Defekten erschöpft, sondern wesentlich von vorhandenen Fähigkeiten und Kompetenzen eines betroffenen Kindes ausgeht. Auch Therapie ist nach ihm kein rein funktionales Üben von vorab definierten Fertigkeiten. Das therapeutische Angebot sollte nach *Milani Comparetti* vielmehr in einen Dialog eingebettet sein, mit dem in Form eines Interaktionsangebotes auf ein Kind eingegangen wird (vgl. Milani Comparetti 1986).

Integrative Gruppenprozesse

Im gemeinsamen Integrativen Gruppenprozeß von behinderten und nichtbehinderten Menschen soll die Möglichkeit geschaffen werden, den jeweiligen anderen in seinem So-Sein zu entdecken: „Statt 'das andere' zu diskriminiren, kann entdeckt werden, was bei allen Unterschieden gemeinsam möglich ist." Dies ist die Bedingung dafür, „die Wirklichkeit meines Interaktionspartners aus seiner Position zu erfassen" (Klein u.a. 1988, 3).

> „Für die Interaktion in den Kindergruppen ergibt sich von daher die Zielvorstellung, einen wechselseitigen Lernvorgang zu initiieren, 'durch den übersteigerte Selbstwertgefühle ebenso korrigiert werden können wie Unwertgefühle - zugunsten einer vorurteilsfreien und angstfreien Kommunikation. Der Abbau von Überlegenheits- bzw. Unterlegenheitsgefühlen (...) ist demnach das Hauptziel',".
> (Klein u.a. 1988, 31f)

„Einigungen" im Gruppenprozeß

Von den Autoren *Klein u.a.* werden Interaktionsprozesse in der Gruppe von behinderten und nichtbehinderten Kindern als integrative Prozesse charakterisiert, wenn im gemeinsamen Gruppenprozeß *„Einigungen"* zustande kommen:

> „Als integrativ im allgemeinsten Sinn bezeichnen wir diejenigen Prozesse, bei denen 'Einigungen' zwischen widersprüchlichen innerpsychischen Anteilen, gegensätzlichen Sichtweisen, interagierenden Personen und Personengruppen zustande kommen. Einigungen erfordern nicht einheitliche Interpretationen, Ziele und Vorgehensweisen, sondern vielmehr die Bereitschaft, Positionen der jeweils anderen gelten zu lassen, ohne diese oder die eigene Position als Abweichung zu verstehen. Einigung bedeutet den Verzicht auf die Verfolgung des Andersartigen und stattdessen die Entdeckung des gemeinsam Möglichen bei Akzeptanz des Unterschiedlichen."   (Klein u.a. 1987, 37f)

Integrationsprozesse wären demnach als „dialogische Struktur der Beziehungen" gekennzeichnet, in denen sich sowohl der behinderte als auch der nichtbehinderte Mensch auf einen gemeinsamen Lernprozeß einlassen, der ihren Lebenshorizont hinsichtlich des Zusammenlebens mit unterschiedlichen menschlichen Seinsentwürfen erweitert und verändert. Dies ist mehr als Assimilation, mit der sich der beeinträchtigte Mensch an gesellschaftliche Gegebenheiten anzupassen hat. Hier ist die behinderte Persönlichkeit mehr als der Bedürftige, der passiv Nehmende, der lediglich der fürsorgerischen Hilfe bedarf.

Schulische Integration

Der im Jahre 1960 von den Kultusministern der Länder beschlossene verstärkte Ausbau von Sonderschulen ließ die Zahl von Sonderschülern sprunghaft in die Höhe gehen. Sie erreichte Mitte der 70er Jahre das Dreifache der Hilfsschüler von 1960. Dieser Umstand wurde nicht nur positiv gesehen, da man mit der Überweisung von lernbeeinträchtigten Schülern und Schülerinnen zunehmend die stigmatisierenden Momente einer selektierenden sonderpädagogischen Maßnahme einer Sonderschulüberweisung erkennen mußte. Gleichzeitig wurde am normativen Bedingungsgefüge des Bildungswesens mit den dort verankerten uniformen curricularen Vorgaben, Lehrzielen und Lernmethoden gerüttelt, nach denen eine heterogene Lerngruppe zur gleichen Zeit ein allseits verpflichtendes Lernziel zu erreichen hatte. Hinzu kam die bildungspolitische Forderung nach sozialer Chancengleichheit, die zur Einführung von integrierten Gesamtschulen führte, und mit der Anfang der 70er Jahre die Einbeziehung behinderter Kinder in das Regelschulwesen gefordert wurde (vgl. Heimlich 1998, 253).

Die bildungspolitischen Reformforderungen führten schließlich 1973 zu den *Empfehlungen des Deutschen Bildungsrates* „Zur pädagogischen Förderung behinderter und von Behinderung bedrohter Kinder und Jugendlicher", die von der Frühförderung über die schulische bis hin zur Freizeitförderung reichen sollte und die als eine der wichtigsten Aufgabe des demokratischen Staates wie folgt begründet wurden:

> „Diese Aufgabe, die sich für Behinderte und Nichtbehinderte in gleicher Weise stellt, kann nach der Auffassung der Bildungskommission einer Lösung besonders dann nahegebracht werden, wenn die Selektions- und Isolationstendenz im Schulwesen überwunden und die Gemeinsamkeit im Lehren und Lernen für Behinderte und Nichtbehinderte in den Vordergrund gebracht werden; denn eine schulische Aussonderung der Behinderten bringt die Gefahr ihrer Desintegration im Erwachsenenleben mit sich." (ebnd. 16)

Die wichtigsten Forderungen waren die Einführung von Förderstunden und Förderkursen an der Regelschule, Flexibilität in der Integration eines behinderten Kindes durch die Möglichkeit kooperativer Schulzentren, Individualisierung durch Differenzierung im Unterricht, Schaffung von sozialen Situationen zur außerschulischen Interaktion zwischen behinderten und nichtbehinderten Kindern und die Einbeziehung der sonderpädagogischen Inhalte in die Ausbildung sämtlicher Lehramtsstudiengänge. Leider folgte die Kultusministerkonferenz nicht diesen Empfehlungen. Die Kultusminister der Länder beschlossen auf der Kultusministerkonferenz von 1972 hingegen, an der seit 1960 praktizierten Sonderbeschulungspolitik weiter festzuhalten. Unterstützt wurden lediglich vereinzelte Modellversuche, in denen die integrativen Maßnahmen einer wissenschaftlichen Untersuchung unterzogen wurden. In einigen Bundesländern wie Hessen und Berlin wurde die integrative Pädagogik zu Beginn der 90er Jahre schließlich gesetzlich verankert.

Gesetz zur sonderpädagogischen Förderung in Hessen

In Hessen trat am 13. Juni 1991 mit der Koalition von GRÜNEN und SPD nach einer vor der Wahl getroffenen Koalitionsvereinbarung ein *"Gesetz zur vorläufigen Regelung der sonderpädagogischen Förderung in der Schule"* in Kraft. Das Gesetz sah folgende Neuregelungen vor:

1. Priorität hat ein präventives Arbeiten in der Grundschule, um Überweisungen in die Sonderschulen zunehmend überflüssig zu machen und erkannte Lernbehinderungen und Defizite in der Grundschule rechtzeitig zu beheben
2. Die Sonderschulüberprüfungen werden in der (bisherigen) Form abgeschafft und zukünftig der individuelle Förderbedarf festgestellt
3. Ein „Wahlrecht der Eltern bei der Beschulung ihrer sonderpädagogischer Förderung bedürftigen Kinder zwischen Regelschule und Sonderschule"
4. Zuweisung zusätzlicher Lehrer für die Integrationsmaßnahmen
5. Verbesserung der Lehrerversorgung an den Sonderschulen
6. Verstärkung der Lehrerfortbildung zur integrativen Arbeit
7. Förderung der integrativen Pädagogik durch Förderung entsprechender Schulversuche
(vgl. Zeitschrift für Heilpädagogik, 42. Jg., 1991, 11, 795-801).

Nach den Empfehlungen sollte die Klassenstärke der Integrationsklassen maximal 20 Schüler betragen und bei drei behinderten Kindern wurde eine doppelte Lehrerbesetzung vorgesehen.

Abschaffung der „Sonder"- Pädagogik?

Im Zuge des „integrativen Paradigmas" und einer damit verbundenen „Pädagogik der Vielfalt" (Prengel 1995) wurde die *Sonder*pädagogik als Spezialwissenschaft und Praxis für Behinderte insgesamt fragwürdig. Die Forderung nach einer Erweiterung der Allgemeinpädagogik, deren Ziel eine *Schule ohne Aussonderung* sein sollte, bekam seitens einiger Fachvertreter gegenüber einer Weiterentwicklung einer davon abgespalteten Sonderschulpädagogik, deren Institutionen inzwischen allenthalben zur Vermeidung von Stigmatisierungen ihrer Klientel von „Sonderschule" in „Förderschule" (wieder einmal) umbenannt wurden, oberste Priorität. Auch wurde in diesem Zusammenhang ein „sonderpädagogischer" Behinderungsbegriff in Frage gestellt, der lediglich auf „Normabweichungen, auf negative Verhaltensmerkmale, auf Besonderheiten im Individuum" beruht (Eberwein 1995, 470). Besonders *Eberwein* richtet sich nach wie vor gegen eine Sonderpädagogik, die sich lediglich als „Sonder*schul*pädagogik" begreift. Er fordert vehement, daß die Sonderpädagogik als „*Integrationspädagogik*" den Anspruch auf Eigenständigkeit aufzugeben und sich für die Reintegration in die Allgemeine Erziehungswissenschaft zu öffnen habe (vgl. Eberwein 1995, 472f).

Grundprämissen und anthropologische Aspekte einer Integrativen Pädagogik

Die schulische Integrative Pädagogik war und ist vom Anspruch einer universellen Bildung für *alle* Menschen getragen. Mit der Integrativen Pädagogik ist damit nicht mehr Auslese, das Sortieren nach Leistungskriterien, Behinderungsarten und die Einweisung in Sondereinrichtungen von Interesse, sondern das Allgemeine der Grundlage menschlichen Lebens, die gemeinsame Förderung, das Zusammen-Sein von behinderten und nicht behinderten Kindern. Sie fordert eine die Selektionspraxis überwindende Pädagogik, die sich an der individuellen Entwicklung jedes einzelnen Kindes zu orientieren hat und die solche Formen des Lernens entwickeln muß, die es Kindern mit unterschiedlichen Lernvoraussetzungen auf unterschiedlichen Entwicklungsniveaus ermöglicht, am gleichen Gegenstand lernen zu können. Damit richtet sie sich gegen eine auf „Instruktionstechnologie reduzierte Pädagogik" und fordert demgegenüber eine anthropologische, subjektorientierte, gesellschaftstheoretisch geprägte Bildungstheorie. Sie begreift sich damit, wie besonders *Weiser/Wilms* betonen, als „Gegenkraft zur vorherrschenden partikularistischen Didaktik, die die Parzellierung der Erkenntnis betreibt und die Ganzheitlichkeit der Persönlichkeit mißachtet" (Weiser/Wilms 1990, 280; 283).

Eine solchermaßen an der humanistischen Pädagogik orientierten Pädagogik „kritisiert ein Leistungsprinzip, das die Kinder vereinseitigt, zu Konkurrenten im Kampf um gute Noten werden läßt und gesellschaftliche Anforderungen unhinterfragt über den offiziellen wie heimlichen Lehrplan vermittelt. Dieser Leistungsbegriff steht in der Tradition eines Bewertungsprinzips menschlicher Leistungsfähigkeit, das diese auf Produktions- und Militärtauglichkeit einschränkt. Das Merkmal 'Brauchbarkeit' für und Funktionalität im System wird zum zentralen Regulativ dieser im Grunde antipädagogisch orientierten Konzeption" (ebnd., 284).

Im Zuge der „Integrativen Pädagogik" bedurfte es mit der Revision einer Pädagogik für *alle* Kinder und Jugendliche ohne selektive Mechanismen und stigmatisierende Zuschreibungen auch eines Menschenbildes, das alle möglichen menschlichen Seinsentwürfe integriert, das *Feuser* in seinen Gründzügen so charakterisierte:

„1.   Der Mensch ist in allen seinen Lebensäußerungen nur als Ganzheit zu begreifen. Biologische, organische und psychische Funktionen sind nicht voneinander trennbar oder voneinander unabhängig existierende Schichten des Seins.
2.   Der Mensch ist grundsätzlich Individuum und als solches aktiv handelndes Subjekt. Durch die tätige Auseinandersetzung mit der Umwelt, in welcher Form und in welchen Graden diese auch immer individuell erfolgt, vermag er die objektive Realität zu erkennen und zu erleben und sie sich in der ihm möglichen Form anzueignen.
3.   Der Mensch ist grundsätzlich ein soziales Wesen. Er ist seiner gattungsspezifischen Natur nach in seiner gesamten Ontogenese und bis in die biologischen Wurzeln seiner Existenz hinein auf Sozialität hin angelegt und nur von ihr her in seinen Lebensäußerungen verstehbar, wie diese ein kompliziert entfaltetes Produkt seiner Existenz sind.
4. Beeinträchtigungen des Menschen auf biologischer, organischer oder psychischer Grundlage sind nicht sein Wesen, noch definieren sie den Prozeß seiner Entwicklung. Sie sind Bedingungen seiner Existenz und damit seiner Lebens-, Lern- und Entwicklungsprozesse. Behinderung entsteht erst, wenn das Vorliegen dieser Bedingungen mit sozialem Ausschluß und Besonderung des betreffenden Menschen beantwortet werden. Behinderung ist letztlich Ausdruck unserer Art des Umgangs mit Menschen, die wir als behindert deklarieren."
(Feuser 1986, 127)

Damit müßte deutlich geworden sein, daß die Integrationsbemühung einer integrativen Pädagogik immer schon mehr war als ein rein formaler, organisatorischer Akt bzw. als die bloße Assimilation an Bestehendes.

Integrative Pädagogik als gesellschaftspolitische Kategorie

"Der Behinderte braucht die Gesellschaft,
und die Gesellschaft braucht den Behinderten"
(Schuchardt 1987, 17)

Die Integration behinderter Menschen darf also nicht als eine bloße Assimilation an Bestehendes, als eine „Normalisierung" der Ausgesonderten verstanden werden. Wahre Integration ist nur durch eine Veränderung der Lebensformen der „Normalen" bzw. einer *„Einigung"* unterschiedlichster Lebenswelten zu erreichen. Übertragen wir den vorher beschriebenen Gruppenprozeß der *Einigung* auf den gesamtgesellschaftlichen Zusammenhang, so kommen wir zur eigentlichen soziologisch-gesellschaftspolitischen Dimension der integrativen Pädagogik. Diese muß einen gesellschaftlich getragenen Normalitätsbegriff und ein dort enthaltenes Menschenbild zum Ziel haben, mit dem allen möglichen menschlichen Seinsentwürfen ganz selbstverständlich genügend Platz zur Selbstentfaltung eingeräumt wird, wie er bis dahin lediglich für sog. „Normale" reserviert war. Die gemeinsame Daseinsgestaltung von „Normalität" und „Anders-Sein" sollte bezüglich einer bisher selbstverständlich gelebten „Normalität" zu einer Nachdenklichkeit und Werterelativierung („Recht auf Verschiedenheit") führen, die den Horizont für das Gemeinsame öffnen hilft und dem Anderen, dem bisher ausgegrenzten Fremden der „Normalität" (wie Versehrtheit, Alter, Krankheit, psychische Wesensbesonderheit etc.), seinen zum menschlichen Leben zugehörigen Platz einräumt. Dies war, daran sei erinnert, eine der Hauptforderung einer „demokratischen Psychiatrie" *Basaglias*.

Integration ist somit etwas völlig anderes als bloße Assimilation an Bestehendes. Assimilation ist wesenhaft durch eine „monologische Struktur" der Beziehungen gekennzeichnet. Aus dieser Sicht hat sich das „Andere der Normalität" lediglich an das sanktionierte „Normale" anzugleichen. Integration im Sinne des *Einigungsprozesses* bedeutet ein Offen-Sein für das jeweilige Andere und damit ein dialogisches Aufeinander-Zugehen, in dem das Andere gewissermaßen Korrektivfunktionen für die Normen und Werte der „Normal"-Welt hat. Dies meint *Schuchardt*, wenn sie sagt:

„Die Gesellschaft braucht den Behinderten. Der auf Leistung, Standard, Fortschritt programmierte Nichtbehinderte, der sich selbst in blindem

Fortschrittsglauben der gesellschaftlichen wie weltgesellschaftlichen Aufgabe der Umstrukturierung entzieht - sich also gleicherweise desintegriert - braucht die Herausforderung des Behinderten, der demonstriert, was es heißt, ganz aus sich zu leben, der die Maßstäbe inhumaner Lebensstandards auf Lebensqualität befragt."
(Schuchardt 1987, 17)

Und sie fährt fort:

„Wenn so die Gesellschaft den Behinderten als Korrektiv braucht, wird Integration als Interaktion zwischen Behinderten und Nichtbehinderten und als ein demokratisierendes Interdependenzverhältnis deutlich, aus dem heraus Normen und Werte sich erneuern und 'Produktive' und 'Nichtproduktive' gleichberechtigt ihren sozialen Platz in der Gesellschaft einnehmen. Darin werden Prozeß und Grad der Infragestellung und Neudefinition der Gesellschaft zu konstitutiven Elementen für Leben anstelle von Überleben. Behindertsein oder Nichtbehindertsein wird dann nicht mehr als 'minderer' oder 'höherer' Wert eingeordnet, sondern im Sinne 'individueller Eigenart' wird auch Behindertsein als Eigenwert neu entdeckt." (ebnd., 18)

Damit wäre bis dahin ein nach den Erfahrungen des Nationalsozialismus entstandenes Bemühen um Gleichberechtigung und Chancengleichheit aller Menschen nachgezeichnet. Es zeigte sich jedoch sehr bald, daß neben diesen emanzipatorischen, gesellschaftskritischen Bestrebungen zur Erschaffung einer „Gesellschaft der Vielfalt" relativ ungebrochen eugenische Ideologien im Verborgenen überlebt hatten und zunehmend darauf drängten, im neuen Gewande in Erscheinung zu treten.

6 Die Träume der Neo-Eugenik: die Erschaffung des perfekten Menschen

Im Jahre 1981 erhielt der Volkswirtschaftler Hans Heinrich v. *Stackelberg* den Gesundheitsökonomiepreis des Bundesministeriums für Arbeit und Sozialordnung für seine umfassende Studie zu Kosteneinsparungen im Behindertenbereich. Er listete dort die Kosten von medizinischen Aufwendungen, Rehabilitationsmaßnahmen, schulischen Sondereinrichtungen, Sozialhilfe und familiengebundenes Kapital bei 43 sog. genetisch bedingten Krankheitsbildern auf und verwies auf Alternativen zur Minderung des volkwirtschaftlichen Schadens bei Familien mit einer erblichen „Belastung". Als Alternative empfahl er flächendeckende Maßnahmen der genetische Beratung und eine damit verbundene pränatale Selektion, die im Sinne einer „Investition in produktives Humanvermögen" zu erheblichen Kosteneinsparungen beitragen könnten. Diese neo-eugenische „Kosten-Nutzen-Debatte" war nicht neu. Die Humangenetiker Hugo W. *Rüdiger* und Eberhard *Passarge* errechneten bereits im Jahre 1979 jährliche Einsparungen in Höhe von 48 Millionen DM, wenn alle Embryonen mit Down-Syndrom („Mongolismus") abgetrieben würden (vgl. Weß 1991, 80f).

Die Juristen Günter *Hirsch*, Ministerialrat im Bayrischen Ministerium der Justiz, und Wolfram *Eberbach*, Regierungsdirektor im Bundesministerium der Justiz, konstatierten später, der Staat könne an jedem nicht geborenen Behinderten 7,3 Millionen DM einsparen, was bei circa 100 000 genetisch Geschädigten die Summe von 730 Milliarden DM (!) ergäbe. Ein unter dem Diktat der Kostendämpfungspflicht ächzender Gesundheitsminister könne sich wohl kaum diesen Verlockungen verschließen, wurde angemerkt. Die Autoren schlugen vor, eine Pflichtuntersuchung für Schwangere einzuführen. Die Solidargemeinschaft aller Versicherten habe sich dann bei entsprechender Diagnose zu überlegen, ob sie bei „eigenem Verschulden" weiterhin bereit sei, den „vermeidbaren Luxus" eines erbkranken Kindes zu finanzieren (vgl. Hirsch/Eberbach 1987, 345f; Klee 1990, 49ff).

Am 23.4.1998 ging eine Meldung mit dem Titel „*Blutproben Behinderter zur Forschung mißbraucht*" durch die Presse, aus der hervorging, daß das Humangenetische Institut der Universität Würzburg jahrelang Blutproben behinderter Heimbewohner ohne deren Einverständnis und Wissen für „Forschungszwecke" genutzt hatte. Seit 1980, so wurde recherchiert, gingen etwa 160 Blutproben ohne Wissen der Betroffenen und ihrer Betreuer an das Forschungsinstitut. Im besagten Artikel wurde von einer „unseli-

124

gen Renaissance" einer überwunden geglaubten Tradition gesprochen, mit der an einwilligungsunfähigen Opfern Menschenversuche durchgeführt würden. Nach 1945 breche ein Tabu auf, das sich u.a. im Rahmen der geplanten europaweiten Bioethik-Konvention abzeichne, durch die eine fremdnützige Forschung an behinderten Menschen, Koma- oder Schlaganfallpatienten, Schwangeren, Neugeboreren oder Föten ermöglicht werden solle (vgl. Frankfurter Rundschau, Jg.54, Nr. 94/17).

Was war mit der „unseligen Renaissance" gemeint? War damit etwa die Wiedergeburt einer, als überwunden geglaubten, eugenisch-rassenhygienischen Traditionslinie mit all ihren eliminatorischen Konsequenzen angesprochen?

6.1 Von der Rassenhygiene zur Humangenetik

Nach Kriegsende wurden viele NS-Täter seitens der bundesdeutschen Justiz, die zum großen Teil selbst in die Verbrechen des Nationalsozialismus verstrickt war, sehr nachsichtig behandelt, was u.a. die Prozesse gegen die an der „T4-Aktion" beteiligten Ärzte bzw. die langwierigen Kämpfe der Opfer eugenischer Zwangsmaßnahmen um Entschädigung und Anerkennung eindrucksvoll belegen (vgl. Trus 1995, 155ff). Viele herausragende Fachvertreter der medizinisch-psychiatrischen Wissenschaften und der Eugenik bzw. Rassenhygiene, die als ideologische Vorbereiter der Euthanasiemaßnahmen mitverantwortlich waren, konnten, wie das Beispiel *Verschuer* zeigt, ihre Karriere nach dem Kriege ohne nennenswerte Unterbrechung fortsetzen. Für *Verschuer* hatten die Vorwürfe einer indirekten Verantwortung für die Auschwitz-Morde seines ehemaligen Assistenten (KZ-Arzt *Mengele*) und seinem Lieferanten von Präparaten ermordeter KZ-Opfer keine nennenswerten Konsequenzen (vgl. Weingart u.a. 1996, 572ff). Der im Entnazifizierungsverfahren als *Mitläufer* eingestufte Wissenschafter kam zu hohen Ehren und wurde 1951 sogar Direktor am „Institut für Humangenetik" (!) in Münster. Auch nach dem Kriege konnte sich *Verschuer* mit einem größeren Mitarbeiterstab ungestört daran machen, ein vom Gesundheitsministerium gefördertes umfassendes Register über Erbkrankheiten im Raum Münster zu erstellen (vgl. Weß 1991, 73ff).

Nach 1945 hatte sich der noch unbelastete und international gebräuchliche Terminus „*Humangenetik*" anstelle der früheren Bezeichnung „*Erbforschung*" zur Bezeichnung für die menschliche Erblehre etabliert. Inhaltlich orientierte sich diese Humangenetik stärker an Fortschritten der Genetik, z.B. der Analyse genetisch bedingter Krankheiten (Erbpathologie). Sie beteiligte sich nicht mehr an den früheren politisch belastenden 'großen' rassenhygienisch-eugenischen Utopien. Diese Humangenetik blieb lange ohne eigene institutionelle Identität. Sie kam zunächst bei der Anthropologie und der medizinisch orientierten Konstitutionsforschung unter. Erst im Jahre 1965 wurde eine „Gesellschaft für Anthropologie und Humangenetik" gegründet, die aus der 1948 von einem der führenden Rassekundler der NS-Zeit, *von Eickstedt*, gegründeten „Deutschen Gesellschaft für Anthropologie" und der „Gesellschaft für Konstitutionsforschung" hervorging (vgl. Stein 1989, 28; Weingart u.a. 1992, 623ff). Damit war der Anschluß an internationale Entwicklungen vollzogen. Auch auf internationaler Ebene hatte die Humangenetik mittlerweile ihr Interesse von einer staatlich sanktionierten eugenischen Sozialtechnologie hin zur genetischen Beschaffenheit von Individuen verschoben. Damit war der Blick nicht länger auf die Erforschung „normaler menschlicher Merkmale" gerichtet, die, wie die Geschichte zeigte, zu ideologisch aufgeladenen Rasseprioritäten mit all ihren Folgen führen konnten, sondern man konzentrierte sich stärker auf die unter dem medizinischen Krankheitsbegriff subsumierbaren genetischen Defekte. Mit dem Begriff „genetic engineering" war auch die Wende im eugenischen Denken als Übergang von der selektionistischen Sozialtechnologie zum molekularbiologischen Forschungsinteresse signalisiert.

Mit der Integration in die Medizin schien sich ein Sieg der Genetik über die Eugenik abzuzeichnen. Hinzu kamen revolutionäre molekularbiologische Forschungsresultate der Gen-Forschung, die z.B. im Jahre 1953 zur Entdeckung und Aufklärung der physikalisch-chemischen Struktur der DNS („Molekül des Lebens") führten und bislang offene Fragen nach der Beschaffenheit der Gene beantworteten und Wirkungsweisen von genetischen Informationen vorstellbar machten (vgl. Weß 1989, 51f; Brenner 1990, 17f). Damit neigte sich auch zu Beginn der 60er Jahre die Epoche der klassischen Genetik, die mit Kreuzungsexperimenten des Augustinerpaters *Mendel* (1822-1884) an Erbsen und seinen Erkenntnissen über die Gesetz-mäßigkeit der Vererbung („Mendelsche Regeln") ihren Anfang nahm, endgültig ihrem Ende zu.

Dennoch bestimmte „die Sorge um die Qualität des Genpools" weiterhin das humangenetische Interesse; mit dem Unterschied allerdings, daß die Verbesserung des menschlichen Erbgutes zukünftig auf der Basis der freiwilligen Kooperation und Akzeptanz der Bevölkerung einer demokratischen Gesellschaft beruhen sollte. Die mittlerweile praktizierte künstliche Befruchtung, die technische Möglichkeit, (sozial) „wertvolle" männliche Spermien auf schier unbegrenzte Zeit einzufrieren, war zu einem eugenisch interessanten Instrument geworden, der Unvollkommenheit des Menschen durch den „hervorragenden Wert des Spenders" genetisch entgegenzuwirken (vgl. Weingart u.a. 1996, 585ff). Beklagte man doch weiterhin die voranschreitende genetische Degeneration („biologische Entartung") der Menschheit im Gefolge der stetig steigenden „genetischen Bürde".

Der Mensch schien noch aus einer anderen Perspektive unvollkommen zu sein. Einerseits waren da seine enormen technologischen Fähigkeiten in einer hochtechnisierten Welt, andererseits blieb er an seinen archaischen Gefühlen und Instinkten verhaftet, die seinen Fähigkeiten vielfach im Wege zu stehen schienen. Seitens der Genetik wurde deshalb die Forderung laut, den Menschen für die Anforderungen der Industriegesellschaft biologisch reifer zu machen: intelligenter, kooperativer, weniger aggressiv, langlebiger etc. Zur Beseitigung dieser menschlichen Unzulänglichkeiten schlug man Manipulationen der embryonalen Hirnentwicklung bzw. eine spezifische Züchtung von menschlichen Wesen für bestimmte technische Anforderungen vor: wie die Züchtung von Wesen mit Greifschwänzen und Stummelbeinen für Aufgaben der Raumfahrt, was durch die Erfolge der Molekularbiologie von nun an ohne weiteres möglich schien. Die Molekularbiologie sollte die Weitergabe und Umsetzung der genetischen Information kontrollieren und damit die Eugenik („Euphänik") insgesamt revolutionieren.

Die Einflußnahme auf menschliches Leben nach eugenischen Gesichtspunkten, die alten eugenischen Utopien konnten fortan auf dieser Ebene realisiert werden. In Zusammenarbeit mit der medizinischen Forschung wurde die Entdeckung und Förderung „wertvoller" bzw. die Eliminierung „schädlicher" Keime möglich. Damit war mit der Möglichkeit einer vorverlagerten „genetischen Prävention" die Eugenik zu neuem Ansehen gekommen (vgl. Weß 1989, 52f; Weingart 1996, 631ff). Hier hat sie sich durch die Anwendung genetischer Methoden zur Erforschung von psychiatrischen Krankheiten inzwischen auch als „Psychiatrische Genetik" etabliert (vgl. Propping 1989).

Mit Hilfe der *Genomanalyse* („Erbinformationsdiagnostik") würde es zukünftig möglich sein, so die Zukunftsvision, menschliche defekte Gene frühzeitig als potentielle Krankheitsträger ausfindig machen zu können. Ein zukünftiger Arbeitgeber hätte somit die Möglichkeit, von einer Einstellung eines potentiell kranken Menschen abzusehen. Diese Vision ist längst von der Realität eingeholt. Verfahren im Bereich der Arbeitnehmerauswahl durch entsprechende Einstellungsuntersuchungen zur genetischen Eignung zukünftiger Mitarbeiter werden in den USA schon seit längerer Zeit durchgeführt (vgl. Brenner 1990, 25).

Der humangenetische „Mythos der Normalität"

Mittlerweile mehren sich die kritischen Einwände gegen die eugenischen Zielsetzungen und *präventiven* Praktiken, die keine Heilung im medizinisch-kurativen Sinne sind, sondern in der Tendenz bloße Selektion von auserwähltem, als qualitativ wertvoll erachtetem genetischem Menschenmaterial darstellen. Das immer häufiger als eugenische Zielsetzung vorgebrachte Argument der *Vermeidung von Leid* und die in diesem Zusammenhang angeführten altbekannten Kosten-Nutzen-Analysen als Beleg von sozialen Folgekosten und deren Vermeidung durch präventive Maßnahmen erinnern auf fatale Weise an altbekannte Argumentationsmuster der Rassenhygiene.

Darüber hinaus wird durch die in Aussicht gestellte behindertenfreie Welt und eine totale Prophylaxe von Krankheit und Leid ein humangenetisch konstituierter Mythos der Normalität geschaffen, mit dem aus dieser Perspektive Behinderung per se zum vermeidbaren, nicht lebenswerten Leidenszustand wird. Die Nicht-Existenz, der Tod scheint aus der genetischen Normalitäts- bzw. der dort verankerten ökonomischen Bewertungsperspektive die einzig vorstellbare Erlösungs-Alternative. Bewertungsmaßstäbe sind dort keinesfalls subjektive Sinndimensionen von wie auch immer gearteten Menschen. Es spielt bei diesen Überlegungen keine Rolle, daß z.B. Menschen mit Down-Syndrom, die auch unter dieses Lebensunwert-Kriterium fallen, sehr wohl ein für sich sinnvolles und erfülltes Leben führen können.

Das humangenetische Ziel ist die Erschaffung qualitativ hochwertiger, leidensfreier, im sozialen Reproduktionsprozeß verwertbarer Menschen. Das übergeordnete Ziel ist eine humangenetisch konstituierte „Normalität", der das Andere dieser Normalität (das genetisch Minderwertige) zum vermeidbaren Risiko wird. Das den erwünschten Gütekriterien nicht entsprechende „Un-Normale" kann nun, ganz im Gegensatz zu den Euthanasie-Exzessen früherer Zeiten, völlig unspektakulär und klinisch sauber mittels molekularbiologischer Selektion oder pränataler Eingriffe entsorgt bzw. durch die bereits praktizierten „neuen Reproduktionstechnologien" vermieden werden. Das Gemeinsame ist die qualitative Bewertung von menschlichem Leben und die Vision der Züchtung des idealen Menschen.

Mit den *„neuen Reproduktionstechnologien"* findet bereits schon heute nach Kriterien der Warenproduktion, in der Qualitätskontrolle und Qualitätsoptimierung vorrangige Faktoren im Produktionsprozeß sind, eine bisher ungekannte Menschenproduktion statt, die mittels folgender medizinisch-technischer Eingriffsmöglichkeiten ermöglicht wurde:

- Verfahren zur Herstellung einer Schwangerschaft inner- und außerhalb des weiblichen Körpers wie künstliche Befruchtung; In-Vitro-Fertilisation

(IVF) durch Züchtung von Embryonen und Befruchtung außerhalb des weiblichen Körpers (erstes Retortenbaby, *Louise Brown*, im Jahre 1978), wobei die Embryonen vor dem Transfer in die Gebärmutter auf genetische bzw. chromosomale Defekte untersucht werden können

- Qualitative Bewertung von Embryonen/Föten mittels pränataler Diagnostik
- Neuere Langzeitverhütungsmittel und Anti-Schwangerschafts-Impfungen, die z.B. ohne das Wissen der Frauen angewandt werden können
- Gentechnologisch bereits machbare Klonierung von Menschen, die bisher noch an ethisch-moralische Grenzen stößt.

(vgl. Winkler 1992, 163f; Brenner 1990, 72ff)

6.2 Die humangenetisch verkleidete „neue" Biologisierung der sozialen Frage

Mit dem „neuen" humangenetischen Paradigma zeichnete sich eine erneute „Biologisierung" der sozialen Frage ab, mit der (wieder einmal) soziale Ungleichheit, Krankheitsdispositionen, die soziale Stellung im Sozialgefüge, Belastbarkeit und Sozialverhalten als überwiegend genetisch bedingt interpretiert werden. Theorien über Erblichkeit von Kriminalität, abweichendem Verhalten und „Schwachsinn" erfuhren auf diesem Hintergrund eine ungeahnte Renaissance.

Im Jahre 1969 wurde während eines Kongresses „*Genetik und Gesellschaft*" in Marburg die besondere Relevanz der Humangenetik für die Behandlung sozialer Fragen im Sinne einer „*Sozialgenetik*" proklamiert. Der Einfluß von gesellschaftlichen Strukturen auf genetische Faktoren wie umgekehrt sei ebenso zu untersuchen, wurde gefordert, wie die Fruchtbarkeit, das Heiratsverhalten und die Intelligenzverteilung in den verschiedenen Sozialschichten und Nationalitäten. Neben einer biologischen Förderung einer bundesrepublikanischen Elite sah man eine weitere wichtige bevölkerungspolitische Hauptforderung in der Eindämmung der Fortpflanzung der „Erbkranken" und „Asozialen" zur Erhaltung von „Erbgesundheit und Leistungsfähigkeit zukünftiger Generationen". Die Abtreibung sollte zukünftig vor allem aus „eugenischer Indikation" ermöglicht werden und nach Möglichkeit mit einer gleichzeitig durchgeführten Sterilisation verbunden sein (vgl. Weß 1991, 76ff). Zur Gewährleistung dieser Forderungen sollte die flächendeckende Einrichtung von humangenetischen Beratungsstellen dienen, was schließlich unter der Leitung von Gerhard G. *Wendt*, einem Mann mit einem relativ ungebrochenen eugenischen Weltbild, im Jahre 1972 als Modellprojekt erstmals in Marburg realisiert wurde (vgl. Waldschmidt 1992, 121f).

Wendt, der 1959 Professor und später Direktor am Institut für Humangenetik der Universität Marburg wurde, von 1974-75 Vorsitzender der „Stiftung für das behinderte Kind" war und schließlich 1976 in den Wissenschaftlichen Beirat der Bundesärztekammer berufen wurde, veröffentlichte 1978 einen prämierten Aufsatz mit dem Titel *„Die Zahl der Behinderten nimmt zu. Analyse der Situation und Darstellung der notwendigen Konsequenzen".* Er beklagte dort ein „Dilemma der Behindertenhilfe", das wesentlich darin bestünde, daß sich durch eine bessere Betreuung die Lebenserwartung dieser Menschen erhöhe und damit zwangsläufig die Zahl der Behinderten ansteige. Diesem Mechanismus, so *Wendt*, könne man durch eine kostengünstigere humangenetische Beratungstätigkeit zur Verhinderung von genetischen Defekten entgegentreten. In einem 1976 erschienenen Artikel „Genetische Beratungsstellen können Leid verhindern" stellte *Wendt* die Rechnung auf, daß jährlichen Kosten in der Höhe von 610 000 DM für die humangenetische Beratung etwa 20 Milliarden DM Ausgaben für zum Teil lebenslange Pflege Behinderter gegenüberstehen (vgl. Klee 1990, 45ff; Rost 1990, 59).

Mit diesen fast identischen Argumentationsmustern der Rassenhygiene der 20er Jahre sollte etwas deutlicher geworden sein, weshalb mit einer weiteren Ausbreitung eugenisch-humangenetischer Ideologien eine „unselige Renaissance" mit all ihren altbekannten Konsequenzen für Betroffene wohl mit Recht befürchtet werden darf. Sie sind bereits relativ unspektakulär im Sinne einer „pränatalen Vernichtung unwerten Lebens" wirksam, die, als „Leidverhütung" propagiert, aus Gründen der Kostenersparnis allenthalben in der genannten Art und Weise („eugenische Indikation") durchgeführt wird.

Humangenetische Beratung

In Westdeutschland setzte die humangenetische Beratungsarbeit nach ersten vom Bundesgesundheitsministerium und der Privatwirtschaft geförderten Modellprojekten Anfang der 70er Jahre ein und wurde dann, seit ab 1974 die Beratungskosten von den Krankenkassen übernommen wurden, bis 1977 flächendeckend eingerichtet. Meist sind diese Institutionen Universitätskliniken oder Gesundheitsbehörden angegliedert, bzw. wird die Beratungsfunktion von niedergelassenen Ärzten selbst übernommen (vgl. Waldschmidt 1992, 119).

Mit der humangenetischen Beratung wurde, wie bereits erwähnt, ein Paradigmawechsel von der historisch belasteten Eugenik bzw. Rassenhygiene zur neuen Humangenetik vollzogen, mit dem nicht mehr die Bevölkerung als Ganzes, sondern zukünftig der Einzelne und seine Familie im Mittelpunkt des Interesses stand, denen individuelle beraterische und diagnostische Angebote auf dem Wege zur Entscheidungsfindung für oder gegen die Annahme eines möglicherweise genetisch geschädigten Kindes unterbreitet werden sollten (vgl. Wolff 1993, 50f). Hierzu führt *Wendt* folgendes an:

> „Genetische Diagnostik und Beratung sind ärztliche Tätigkeiten im Interesse der Gesundheit der heute geborenen Kinder. Sie sind Eckpfeiler der Vorsorgemedizin. Ihr Ziel muß es sein, allen Familien alle derzeitig möglichen Hilfen zur Vermeidung der Geburt eines aus genetischen Gründen kranken Kindes anzubieten und damit zugleich die oft verständlichen, aber unbegründeten Sorgen um die Gesundheit gewünschter Kinder zu zerstreuen."
> (Wendt 1979; zit. nach Waldschmidt 1992, 121)

Die genetische Prävention besteht damit zunächst in der Erfassung von gesunden Genträgern, deren Nachkommen ein relativ hohes Erkrankungsrisiko in sich tragen, dann in der eigentlichen genetischen Beratung von „Risikoträgern" über Erbrisiko, Krankheitsprognose und der Möglichkeit einer pränatalen Diagnostik, um dem betroffenen „Risikoehepaar" die Geburt eines erbgeschädigten Kindes „zu ersparen" (vgl. Mürner 1991, 104f).

In der Praxis bedeutet dies: Ratsuchende kommen meist auf ärztliche Empfehlung zur Beratungsstelle, um das Angebot der pränatalen Diagnostik zur Verhinderung der Geburt eines behinderten Kindes zu nutzen.

Folgende Indikationen führen üblicherweise zur genetischen Beratung:

- Verdacht auf Chromosomenanomalie bei erhöhtem Alter (ab 35 Jahren) der Mutter
- Familienanamnese bei vorliegenden Fehlbildungen, Behinderungen und genetischer Erkrankungen in der Familie und bei Verwandten
- Eigenanamnese bei bereits erfolgten Fehlgeburten unbekannter Ursache bzw. bei Fehlbildungen und Behinderungen bereits geborener Kinder
- Verwandtenehe
- Verdacht auf eine Schädigung des Embryos durch äußere schädliche Einflüsse vor oder während der Schwangerschaft (Virusinfektion, Drogen, physikalische Schädigungen etc.).

Wie einschlägige Untersuchungen belegen, erscheint es allerdings zweifelhaft, ob die betroffenen Eltern durch die subtil-normative Tendenz der Beratung bzw. durch das gesellschaftlich herangetragene mehrheitliche Meinungsbild, das durch die Normalität des „Üblichen" geprägt ist, überhaupt in die Lage versetzt werden, eine unabhängige und freie Meinung zur Entscheidungsfindung bilden zu können (vgl. Beck-Gernsheim 1991, 120f). Das Entscheidungsdilemma, in dem Betroffene sich befinden, bringt *Rohr* wie folgt auf den Punkt:

> „Du sollst in Freiheit selber entscheiden, ob Du nach erfolgter genetischer Beratung und vorgeburtlicher Diagnostik die Gesellschaft mit einem heute vermeidbaren defekten Kind belasten und Dir selber und dem Kinde Leid und Schmerzen zumuten willst."
> (Rohr 1992, 180)

Erschwerend hinzu kommt eine wachsende Abhängigkeit der potentiellen Eltern vom „Expertenurteil", das die Annahme des ungeborenen Kindes erst nach Mitteilung des negativen Befundes zu erlauben scheint.

Pränatale Diagnostik

Die Indikationen zur humangenetischen Beratung sind neben den pathologischen Befunden während der Schwangerschaft auch Indikationen zur pränatalen Diagnostik. Methoden der Diagnostik sind „nicht-invasive" Methoden, die ohne körperlichen Eingriff auskommen (z.B. Sonographie) und „invasive" Methoden, deren Untersuchungen mittels Eingriff in den Körper der Schwangeren durchgeführt werden. Zu den invasiven Methoden zählen beispielsweise die Nabelschnurpunktion, die Fruchtwasseruntersuchung („Amiozentese"), die zwischen der 16. und 18. Schwangerschaftswoche zur Ermittlung möglicher Fehlverteilungen von Chromosomen durchgeführt wird, oder die „Fetoskopie", die eine optische Diagnose bzw. die Entnahme von fetalem Gewebe erlaubt.

Durch die pränatale Diagnostik wird jedoch lediglich eine scheinbare Sicherheit erzielt, da nur ein geringer Teil (1,5 %) von Schädigungen genetisch bedingt ist und der weitaus höhere Anteil perinatal bzw. postnatal durch Sauerstoffmangel bzw. durch Krankheiten verursacht ist (vgl. Theunissen 1990, 36f). Durch die Methoden der pränatalen Diagnostik lassen sich zwar genetische Abweichungen feststellen, jedoch nicht deren individueller Schweregrad. Zudem ist zu bedenken, daß besonders die invasiven Diagnosen vielfältige Risiken für die schwangere Frau und das noch ungeborene Kind in sich bergen (vgl. Schindele 1990, 75ff).

Dennoch scheint die pränatale Diagnostik allgemeines Standardprogramm bei Schwangerschaftsuntersuchungen zu werden. Ein wesentlicher Grund dafür ist die humangenetische Informationspolitik selbst, mit der die Angst vor einem behinderten Kind genährt wird. Zudem fühlen sich betroffene Frauen durch die zunehmende Inanspruchnahme der zur Norm gewordenen Vorsorgeuntersuchung immer mehr geradezu verpflichtet, ein „perfektes Kind" zu gebären. Bereits Ende der 80er Jahre wurden jährlich mit steigender Tendenz mehr als 32.000 Pränataldiagnosen und über 35.000 genetische Beratungen durchgeführt (vgl. Waldschmitt 1992, 120). Aus diesen Gründen hat sich die Bedeutung der pränatalen Diagnostik dahingehend geändert, daß sie nicht mehr nur bei Betroffenen mit einem erhöhten Risiko zur Anwendung kommt, sondern immer häufiger als Screening-Verfahren. Damit wird, entgegen ursprünglicher Absichten, die pränatale Diagnostik zunehmend zum Untersuchungsinstrumentarium auf Bevölkerungsebene (vgl. Wolff 1993, 50), womit gleichzeitig über die wachsende „Wunschkindmentalität" dem Trend zur Schaffung einer „leidensfreien Gesellschaft" Vorschub geleistet wird (vgl. Thimm/Dürkop/Ruf 1990, 363). So wurde beispielsweise schon in der Presse unter der Schlagzeile „Baby-Geschlecht frei wählbar" darüber berichtet, daß ein Wissenschaftler eines Instituts für Genetik in den USA mit Hilfe künstlicher Befruchtung und Spermientrennung schon mehrfach das von Eltern gewünschte Geschlecht produzieren konnte (vgl. Frankfurter Rundschau 1998, Nr. 211). In asiatischen Staaten wie Süd-Korea und China („Einkindpolitik") wird schon seit längerem mittels Ultraschalldiagnose, Amniozentese und Gewebeentnahme das unerwünschte Geschlecht ermittelt und abgetrieben, was, wie jüngst in diversen Presseorganen nachzulesen war, zur besorgniserregenden „tödlichen Fixierung" auf den Sohn und einer damit verbundenen Überproduktion von männlichen Nachkommen führte (vgl. Die Zeit 1998, Nr.51). Die Wunschkindproduktion und die unspektakuläre genetische Entsorgung potentieller „Ballast-Existenzen" scheint nicht mehr aufzuhalten zu sein.

Vor diesem Hintergrund ist es nicht mehr ausgeschlossen, daß in Zukunft der Staat und die Krankenkassen die Kosten für ein behindertes Kind bei nicht erfolgter Pränataldiagnose nicht mehr übernehmen werden. Behinderung würde so zum selbstverschuldeten, „vermeidbaren Risiko". Es könnte sich schließlich die Vision des Präsidenten der *Amerikanischen Gesellschaft für Fortschritt* bewahrheiten, der 1971 prophezeite, daß in Zukunft kein Elternpaar mehr das Recht haben werde, die Gesellschaft mit einem mißgebildeten oder geistig unzulänglichen Kind zu belasten (vgl. Bilsin/Hug 1991, 145). Bei solchen Gedanken ist es absehbar, daß die Diskriminierung behinderter Menschen und ihrer Angehöriger zunehmen wird.

Allerdings sind auf diesem visionären Wege der endgültigen Entsorgung von „Ballast-Existenzen" zur Erschaffung einer „leidensfreien Gesellschaft" mit „perfekten Menschen" noch einige bestehende moralisch-ethische Bedenken auszuräumen, wie sie sich u.a. aus Artikel 1 des Grundgesetzes ableiten lassen, wonach „die Würde des Menschen" als unantastbar gilt. Der „neue eugenische Zeitgeist" gibt allerdings wenig Anlaß zu ungetrübtem Optimismus. So schrieb die Zeitschrift *Sozialmagazin* in ihrer Einleitung zum Themenheft mit dem Titel „Die Guten ins Töpfchen, die Schlechten ins Kröpfchen" zum neuen Zeitgeist der „feinen Auslese" folgendes:

> „Man wird gerade in der Bundesrepublik davon ausgehen können, daß die Tatsache nationalsozialistischer 'Erbhygiene' auch unter steigendem Kostendruck eine neue Selektion in lebenswert und lebensunwert tabuisiert; dieser 'Schutz der Vergangenheit' wird aber möglicherweise nicht haltmachen vor weicheren Formen - einem nahegelegten und einfachen Schwangerschaftsabbruch etwa. Die Konsequenz der Pränatalen Diagnostik könnte dann die endgültige Stigmatisierung behinderten Lebens bedeuten, und die Eltern behinderter Kinder wären 'selbst die Dummen'."
> (Sozialmagazin 1989, Heft 11, 10)

7 Die bio-ethische Begründung einer leidensfreien Gesellschaft

Am 5. Juni 1989 kam es in Marburg zu Protestkundgebungen von Behinderteninitiativen anläßlich eines von der „Lebenshilfe" Marburg organisierten Internationalen Symposiums zum Thema „Biotechnik, Ethik, Geistige Behinderung". Im Rahmen des Symposiums sollten die Folgen der Gentechnik für geistig behinderte Menschen thematisiert werden. Einen Tag später wiederholten sich die Proteste an der Universität Dortmund. Die Proteste richteten sich in erster Linie gegen die beabsichtigten Vorträge des Bioethikers Peter *Singer*, der in Marburg und auf Einladung des Professors für Geistigbehindertenpädagogik, Christoph *Anstötz*, am Fachbereich Sondererziehung und Rehabilitation der Universität Dortmund die Thesen seiner bioethisch begründeten „Relativierung" des Lebensrechts behinderter Menschen entfalten wollte. Aufgrund der massiven Proteste wurde sowohl das Symposium in Marburg als auch der geplante Vortrag an der Universität Dortmund mit dem Titel „*Haben schwerstbehinderte neugeborene Kinder ein Recht auf Leben*" abgesagt.

Auch die bisher letzte Einladung *Singers* durch das „Heidelberger Institut für systemische Forschung" und der „Internationalen Gesellschaft für systemische Therapie" zur Teilnahme am Kongreß „Science/Fiction: Fundamentalismus und Beliebigkeit in Wissenschaft und Therapie" im Mai 1996 mußte erneut durch den Widerstand eines Bündnisses von Behindertengruppen, feministischen und christlichen Gruppen und der anhaltenden öffentlichen Kritik zurückgenommen werden (vgl. Jonas 1990, 35ff; Klee 1990, 65; Kuhse/Singer 1993, 9ff; Anstötz u.a. 1995; Singer 1994, 425ff).

Die deutsche Wochenzeitschrift *Die Zeit* machte die singerschen Thesen einer breiteren Öffentlichkeit bekannt und initiierte eine vom Juni 1989 bis Mai 1990 andauernde, heftig geführte kontroverse Diskussion über das Thema Euthanasie, an der neben dem Moralphilosphen Hans *Jonas* („Mitleid allein begründet keine Ethik") u.a. Befürworter wie der Journalist Reinhard *Merkel* („Der Streit um Leben und Tod") und einer der heftigsten Kritiker *Singers* Thesen, Ernst *Klee* („Schöner Tod statt eines schrecklichen Lebens?"), zu Wort kamen (vgl. Die Zeit 1989, Nr. 26, Nr. 35; 1990, Nr. 20).

Auch von Seiten der Fachverbände für Behinderte und Vertretern aus Wissenschaft und Praxis entlud sich ein Sturm der Entrüstung, der sich in den entsprechenden Publikationsorganen und den einschlägigen Fachzeitschriften im Grundtenor einer „neuen (alten) Behindertenfeindlichkeit" bzw. einer „Tötungsethik" niederschlug (Theunissen 1989a, 673; Niehoff 1990; Anstötz 1991). Die Zeitschrift *Geistige Behinderung* veröffentlichte 1990 in ihrer vierten Ausgabe ein Schwerpunktheft zu bioethischen Fragen, und die Zeitschrift *Behindertenpädagogik* widmete im gleichen Jahr ihre erste Ausgabe dem Thema *Euthanasie* und *Eugenik*. Obschon im Editorial der *Behindertenpädagogik* die Thesen Singers zunächst als nicht diskutierbar erklärt wurden, weil dies, wie dort gesagt wurde, einer partiellen Anerkennung gleichkäme, wurden die Thesen dann doch unter verschiedener Perspektive („Bildungsbegriff", „Humangenetik" „Ethik" etc.) problematisiert und kritisiert. Die kritischen Ausführungen richteten sich dezidiert gegen einen Fachvertreter aus den eigenen Reihen. Man erinnerte sich in diesem Zusammenhang daran, daß schon vor dem Auftreten der Person *Singers* und der dadurch ausgelösten Singer-Affäre ein Professor für Geistigbehindertenpädagogik, Christoph *Anstötz*, in diversen Fachzeitschriften ohne größeren Widerspruch als Protagonist der singerschen Thesen („humane, lebensbejahende Ethik") aufgetreten war (vgl. Anstötz 1988, 1989, 1991; Buchkremer 1989; Vogt 1989; Feuser 1989). Im Jahre 1990 - die Debatte um *Singer* schlug die höchsten Wellen - legte *Anstötz* schließlich seine Grundlegung einer „*Ethik der Sonderpädagogik*" mit dem Untertitel „*Ein Beitrag zur Ethik der Sonderpädagogik aus empirisch-rationaler Perspektive*" einer breiteren Fachöffentlichkeit vor, dem dann weitere, äußerst scharf, zum Teil sehr polemisch geführte Auseinandersetzungen und Stellungnahmen zur Thematik folgten (vgl. u.a. Anstötz 1990; 1991; 1992; 1993; Bleidick 1990; Mürner/Sierck 1990; Theunissen 1990a; Jantzen 1991, 1991a; Vernoij 1993; Walburg 1993).

7.1 Die präferenz-utilitaristische Position Singers

> „Der Kern der Sache ist freilich klar: die Tötung eines behinderten Säuglings ist nicht moralisch gleichbedeutend mit der Tötung einer Person. Sehr oft ist sie überhaupt kein Unrecht."
>
> (Singer 1984, 188)

Im folgenden werden nun die philosophischen Positionen und zentralen Thesen *Singers* und seine darauf gründenden theoretischen und praktischen Schlußfolgerungen hinsichtlich des Lebensrechts behinderter Menschen dargestellt. Um dem oft gemachten Vorwurf einer zu oberflächlichen Rezeption der singerschen Thesen zu entgehen und die „Verlockungen" der „empirisch-rationalen" singerschen Logik präziser nachvollziehen zu können,

136

scheint es notwendig, die Ausführungen *Singers* etwas detaillierter darzustellen und nach bestimmten übergeordneten Kriterien zu systematisieren.

Singers *„Praktische Ethik"* gründet auf Positionen des *Klassischen Utilitarismus*, der im Sinne ihrer Begründer *Bentham* und *Hill* davon ausgeht, daß diese Ethik

- der „Vernunft" eine wichtige Rolle in moralischen Entscheidungen zugesteht
- vom „Prinzip der Unparteilichkeit" geleitet ist, d.h. einen universalen Standpunkt des „unparteiischen Beobachters" einzunehmen hat
- als Ethik ohne Metaphysik vom „universalisierbaren Urteil", vom „Allgemeingültigkeitsanspruch" auszugehen hat und
- Handlungen danach zu beurteilen hat, in welchem Maße sie Ziele fördern (z.B. Ziel der „Glücksmaximierung")
  (vgl. Singer 1984, 11ff; Birnbacher 1991, 25ff).

Der klassische Utilitarismus steht für Vermehrung von Lust und Verringerung von Unlust und ist somit von der Maxime geleitet: „Tu, was Glück vermehrt und Leiden vermindert." (Singer 1984,13)

> „Der klassische Utilitarismus betrachtet eine Handlung als richtig, wenn sie ebensoviel oder mehr Zuwachs an Glück für alle Betroffenen produziert, als irgendeine alternative Handlung, und als schlecht, wenn sie das nicht tut."
> (ebnd. 11)

Aus dem Universalitätsanspruch leitet Singer folgendes ab:

> „Der universale Aspekt der Ethik, so behaupte ich, versieht uns mit einem überzeugendem, wiewohl nicht endgültigen Grund dafür, eine utilitaristische Position im weitesten Sinne einzunehmen. (...)
> Anstelle meiner eigenen Interessen habe ich nun die Interessen aller zu berücksichtigen, die von meiner Entscheidung betroffen sind. Dies erfordert von mir, daß ich alle diese Interessen abwäge und jenen Handlungsverlauf wähle, von dem es am wahrscheinlichsten ist, daß er die Interessen der Betroffenen maximiert. Also muß ich den Handlungsverlauf wählen, der per saldo für alle Betroffenen die besten Konsequenzen hat. Dies ist eine Form von Utilitarismus." (ebnd. 23f)

Im Gegensatz zum klassischen Utilitarismus, der primär für Vermehrung von Lust und Verringerung von Unlust steht, liegt bei *Singer* die Betonung auf „beste Konsequenzen" für Betroffene, d.h. derjenigen Konsequenzen, die die Interessen aller Betroffenen am meisten fördern (ebnd. 24).

Hier deutete sich schon seine modifizierte Form des Utilitarismus an: der sog. *"Präferenz-Utilitarimus"*.

Das Prinzip der gleichen Erwägung von Interessen

Singer hebt zunächst den gesellschaftspolitisch-moralischen Anspruch der Gleichheit als, wie er sagt, „Bestandteil der herrschenden politischen und moralischen Orthodoxie" (ebnd. 26f) in diesem Jahrhundert hervor und modifiziert dieses Gleichheitsprinzip in Richtung eines *„Prinzips der gleichen Erwägung von Interessen"*, d.h. er setzt dieses Prinzip anstelle der Gleichbehandlung bzw. der Ansicht, alle Menschen seien gleich:

> „Das Wesentliche am Prinzip der gleichen Erwägung von Interessen besteht darin, daß wir unseren moralischen Überlegungen gleiches Gewicht geben hinsichtlich der ähnlichen Interessen all derer, die von unseren betroffen sind." (ebnd. 32)

Die Interessenerwägung beträfe demnach Interessen „wie dem Interesse an der Vermeidung von Schmerz, an der Entfaltung von Fähigkeiten, an der Befriedigung elementarer Bedürfnisse wie Nahrung und Behausung, am Genuß von Freundschaft und Liebe in der Beziehung mit anderen und an der Freiheit, eigene Pläne zu verfolgen, ohne daß man von anderen gestört wird" (ebnd. 35).

Damit setzt sich nach *Singer* das Prinzip der gleichen Erwägung von Interessen zwangsläufig über rassistische, sexistische Tendenzen hinweg („Interesse ist Interesse, wessen Interesse es auch sein mag") und unterscheidet sich insofern vom Gleichheitsprinzip, „daß es nicht Gleichbehandlung diktiert" (ebnd. 32f, 35).

Nun wirft Singer die Frage auf, ob das „Prinzip der gleichen Interessenerwägung" nicht auch auf nicht-menschliche Wesen („Gleichheit für Tiere") zutreffen müßte, denn:

> „Die Tatsache, daß bestimmte Wesen nicht zu unserer Gattung gehören, berechtigt uns nicht, sie auszubeuten, und ebenso bedeutet die Tatsache, daß andere Lebewesen weniger intelligent sind als wir, nicht, daß ihre Interessen mißachtet werden dürfen."
> (ebend. 71)

Zur näheren Problematisierung dieser für die Stringenz seiner logisch-rationalen Argumentationslinie wichtigen Frage entwickelt Singer im Rückgriff auf *Bentham* folgende Kategorien:

1. Kategorie: *Leidensfähigkeit*

Die Kategorie Leidensfähigkeit ist für Singer die Grundvoraussetzung von Interesse:

> „Die Fähigkeit zu leiden und sich zu freuen ist vielmehr eine Grundvoraussetzung dafür, überhaupt Interesse haben zu können, eine Bedingung, die erfüllt sein muß, bevor wir überhaupt sinnvoll von Interessen sprechen können." (ebnd. 72f)

Wesen oder Gegenstände (z.B. ein „Stein") ohne Leidensfähigkeit haben demnach kein Interesse, woraus für *Singer* folgt:

> „Ist ein Wesen nicht leidensfähig oder nicht fähig, Freude oder Glück zu erfahren, dann gibt es nichts zu berücksichtigen. Deshalb ist die Grenze der Empfindungsfähigkeit (wir verwenden diesen Terminus als bequeme, wenngleich nicht genaue Abkürzung für die Fähigkeit, Leid oder Freude bzw. Glück zu erfahren) die einzig vertretbare Grenze für die Rücksichtnahme auf die Interessen anderer." (ebnd. 73)

Nach *Singer* ist also die „Grenze der Empfindungsfähigkeit" die einzig vertretbare Grenze für die Rücksichtnahme auf die Interessen anderer. Diese Grenze lediglich auf Intelligenz oder Rationalität festsetzen, hieße dann sie auf willkürliche Weise festsetzen. Alles andere wäre demnach Rassismus bzw. „*Speziesismus*", mit dem die eigene Spezies in moralisch unvertretbarer Weise bevorzugt würde (vgl. ebnd. 76).

2. Kategorie: *Wert des Lebens*

Die Kategorie „Wert des Lebens" ist nach *Singer* grundsätzlich anders zu bewerten, als wenn man die Kategorie „Empfindungsfähigkeit" zugrundelegte, denn:

> „Wenn wir den Wert des Lebens betrachten, können wir nicht ganz so zuversichtlich sagen, Leben sei Leben und gleich wertvoll, unabhängig davon, ob es menschliches oder tierisches Leben ist. (...) Es wäre kein Speziesismus, die Meinung zu vertreten, das Leben eines selbstbewußten (self-aware) Wesens, das abstrakter Gedanken fähig ist, das für die Zukunft planen, das komplizierte Akte der Kommunikation vollziehen kann usw., sei mehr wert als das Leben eines Wesens ohne diese Fähigkeiten." (ebnd. 77f)

Diese Überlegungen führten zur Kernfrage, ob die Tatsache, daß ein Wesen, das selbstbewußt ist (im Sinne von Sich-selbst-bewußt-Sein), ihm einen Vorrang bei der Erwägung von Interessen verleiht (vgl. ebnd. 90). Nach *Singer* wäre dies mit dem „Prinzip der gleichen Interessenerwägung" nur dann vereinbar, wenn deutlich würde, „daß etwas, das einem selbstbewußten Wesen zustößt, ihm mehr Leiden (oder auch mehr Freude) verursacht, als wenn es nicht selbstbewußt wäre" (ebnd. 90).

„Grenzfall" Geistige Behinderung

Für *Singer* wird nun das Kriterium *„Selbstbewußtsein"* bzw. *„Autonomie"* für seine weitere Argumentation zum wesentlichen Unterscheidungsmerkmal von menschlichen und nichtmenschlichen Lebewesen, wie er am „Grenzfall" geistige Behinderung („Wesen an der Grenze des Menschseins") zu verdeutlichen sucht: „(...) man möge sich erinnern, daß es geistesgestörte Menschen gibt, die weniger Anspruch als viele nichtmenschliche Lebewesen haben, als selbstbewußt oder autonom zu gelten" (ebnd. 92).

Deshalb sei es „Speziesismus", wenn man es abscheulich fände, „geistesgestörte Menschen" zu wissenschaftlichen Experimenten heranzuziehen und dies bei Tieren als selbstverständlich betrachte (vgl. ebnd. 92, 93). Der Utilitarismus verlange vielmehr danach, eine Grenzlinie nach Kriterien wie Rasse, Geschlecht und Gattung abzulehnen. Wenn wir meinten, es sei falsch, „geistesgestörte Menschen" für wissenschaftliche Versuche zu benutzen, so sollten wir diese Ansicht auch auf nichtmenschliche Wesen übertragen, „die auf einer ähnlichen Stufe des Selbstbewußtseins stehen und ähnliche Leidensfähigkeit besitzen" (ebnd. 96).

Ethik nach den Regeln der Gegenseitigkeit
(Ethik und Reziprozität)

Die Grundlage von Ethik besteht nach *Singer* in einer „Vertragstheorie der Ethik", die darin begründet sei, "darauf zu verzichten, anderen Übles zuzufügen, solange sie mir nichts Übles zufügen" (ebnd. 97f). Tiere, aber auch bestimmte menschliche Wesen, wie „Geistesgestörte", „Babys und kleine Kinder", fielen aus dieser gegenseitigen Vereinbarung heraus, da sie sich nicht nach den Regeln der Gegenseitigkeit verhalten könnten (ebnd. 98). Aus diesen Gründen lehnt es Singer ab, Moral auf Reziprozität gründen zu wollen (vgl. ebnd. 100).

Präferenz-utilitaristische Kriterien für Mensch-Sein

Auf dem Wege einer Präzisierung präferenz-utilitaristischer Kriterien für Mensch-Sein problematisiert *Singer* nun zunächst „den Wert des Lebens", um dann über die Kernfrage nach dem „Wert des Lebens der Gattung Mensch" und einem daraus abzuleitenen Lebensrecht die Diskussion über eine Tötungslegitimation „bloß empfindender Wesen" vorzubereiten.

Singers Kritik richtet sich zunächst gegen die propagierte „Heiligkeit des Lebens", weil damit im Sinne des weiter oben explizierten „Speziesismus" ausschließlich auf menschliches Leben rekurriert und nicht-menschliches Leben per se aus dieser Heiligkeit ausgeschlossen würde. Diese Problematik sucht er an einem Kind mit Down-Syndrom zu verdeutichen, das gegen den Wunsch der Mutter durch eine lebensrettende Operation am Leben erhalten wurde:

> „In diesem Fall wurde ein Wesen gegen den Wunsch seiner Mutter am Leben erhalten, und zwar mit einem Kostenaufwand von mehreren tausend Dollar, ungeachtet der Tatsache, daß es jemals weder zu einem unabhängigen Leben noch zum Denken und Sprechen fähig sein würde wie normale Menschen. Welch Gegensatz zu der Unbekümmertheit, mit der wir streunende Hunden, Versuchsaffen und Rindern das Leben nehmen. Was rechtfertigt den Unterschied?" (ebnd. 103)

Die nähere Bestimmung der wesentlichen Kriterien des Mensch-Seins wird zunächst auf die Frage zugespitzt: „Ist der Fötus bereits ein menschliches Wesen?" (ebnd. 104). Eine biologische Begründung der Zugehörigkeit zu der Spezies Mensch ließe sich leicht durch eine Untersuchung der Beschaffenheit der Chromosomen erbringen, aber dann, räumt *Singer* ein, wären auch „unheilbar zurückgebliebene, 'dahinvegetierende Menschen' („human vegetable")" der Gattung Mensch zuzurechnen (vgl. ebnd.). Da diese Wesen keinesfalls, wie sich zeigen wird, den utilitaristischen Ansprüchen des Mensch-Seins genügen können, entwickelt *Singer* nun die wesentlichen Kriterien für Mensch-Sein aus utilitaristischer Perspektive.

Der Person-Status als das eigentliche Kriterium von Mensch-Sein

Hierzu bedient sich *Singer* der Person-Indikatoren nach *Fletcher* wie „Selbstbewußtsein, Selbstkontrolle, Sinn für die Zukunft, Sinn für die Vergangenheit, die Fähigkeit, mit anderen Beziehungen zu knüpfen, sich um andere zu kümmern, Kommunikation und Neugier" (ebnd.104). Später ergänzt er diese Indikatoren noch um den Begriff „Autonomie", womit die

Fähigkeit eines Wesens gemeint ist, sich selbst als eine in der Zeit dauernde distinkte Entität zu begreifen und die Fähigkeit, eine Wahl zu treffen und eine Handlung nach eigener Entscheidung zu vollziehen. Über diese Fähigkeiten verfügten „vermutlich" lediglich „vernunftbegabte und selbstbewußte Wesen" (ebnd. 115).

Da nach *Singer* weder der Fötus noch „der stark zurückgebliebene 'dahinvegetierende Mensch'" und „selbst das neugeborene Kind" (ebnd. 105) über diese Eigenschaften verfügten, sei bei der Beurteilung des Mensch-Seins unbedingt zu unterscheiden zwischen einem „Mitglied der Gattung Homo sapiens" im biologischen Sinne und einer „Person", wobei eine Person nicht zwingend ein menschliches Wesen sein müßte (vgl. ebnd. 106).

Eine „*Person*" wäre demnach: „ein denkendes intelligentes Wesen, das Vernunft und Reflexion besitzt und sich als sich selbst denken kann, als das selbe denkende Seiende in verschiedenen Zeiten und an verschiedenen Orten" (ebnd. 106).

Insofern unterscheidet *Singer* zwischen:

1. *vernunftbegabten, selbstbewußten „Individuen"* („Personen"), „die ein eigenes Leben führen und nicht als bloße Gefäße dazu dienen, eine gewisse Quantität von Glück aufzunehmen" (ebd. 141), und
2. *nicht-selbstbewußten (lediglich bewußten) Wesen*, die man deshalb „tatsächlich eher als Behälter für Erfahrung von Lust und Schmerz betrachten (kann) denn als Individuen, die ein eigenes Leben führen" (ebnd.).

Demnach gäbe es also Wesen, die zwar bewußt und fähig sind, Lust und Schmerz zu erfahren, aber nicht selbstbewußt und vernunftbegabt. Bezüglich der menschlichen Spezies sind dies nach *Singer* all diejenigen menschlichen Wesen, die nicht, noch nicht oder nicht mehr über die Kriterien des präferenz-utilitaristisch definierten Person-Status verfügen wie „einige Geisteskranke", geistig Behinderte, Föten, Neugeborene, und altersdemente bzw. unfallgeschädigte Menschen (vgl. ebnd. 117, 162, 170f, 189).

Auch nichtmenschliche Wesen können nach *Singer* „Personen" sein, wenn sie beispielsweise in der Lage sind, einen Plan für zukünftige Handlungen zu entwerfen, wie dies z.B. bei Affen, deren Erinnerungsvermögen und Handlungsentwürfe oft das Vermögen von Säuglingen übersteige, aber auch bei Walen, Delphinen, Hunden, Katzen und Schweinen als Wesen mit nachweislich in der Zeit existierenden Entitäten der Fall sei (vgl. ebnd. 132ff).

Über den Wert des Lebens der Gattung Mensch

Bezüglich eines Wert des Lebens ist folglich nach Singer zwischen dem Lebenswert einer „Person" und dem Wert eines Wesens ohne personale Eigenschaften zu unterscheiden. Demnach sind, analog zu den getroffenen Werturteilen, auch Neugeborene aufgrund der fehlenden rationalen Merkmale lediglich bewußte Wesen ohne Recht auf Leben. Im umgekehrten Falle sei dies dem Charakter nach „Rassismus" bzw. im Zusammenhang der genannten Problematik „Speziesismus", denn:

> „Einem Leben bloß deshalb den Vorzug zu geben, weil das Lebewesen unserer Gattung angehört, würde uns in dieselbe Position bringen wie die Rassisten, die denen den Vorzug geben, die zu ihrer Rasse gehören." (ebnd. 107)

Für den *Präferenz-Utilitarismus* sei es nun gegenüber dem klassischen Utilitarismus entscheidend, daß Handlungen nicht nach ihrer Tendenz zur Maximierung von Lust und Minimierung von Leid, sondern nach dem Grad, in dem sie mit den Präferenzen der von den Handlungen oder ihren Konsequenzen betroffenen Wesen übereinstimme (vgl. ebnd. 112). Im Gegensatz dazu sei für klassische Utilitaristen „der Status der 'Person' für die Verwerflichkeit des Tötens nicht *direkt* relevant." (ebnd. 110).

Konkret bedeute dies bezüglich des Lebenswertes:

> „Eine Person zu töten, die es vorzieht, weiterzuleben, ist daher falsch. Für Präferenz-Utilitaristen ist das Töten einer Person in der Regel schlimmer als das Töten eines anderen Wesens, weil ein Wesen, das sich nicht selbst als eine Wesenheit mit einer Zukunft sehen kann, keine Präferenz hinsichtlich seiner eigenen künftigen Existenz haben kann." (ebnd. 112)

Singer bestreitet hingegen nicht, daß sich ein nicht-selbstbewußtes Wesen gegen die eigene Tötung wehren könne; aber dies sei, so schränkt er ein, lediglich „eine Präferenz für das Aufhören eines Zustandes, der als schmerzlich oder bedrohend empfunden wird" (ebnd. 113).

Das Recht auf Leben von Personen

Für *Singer* steht damit definitiv fest, daß lediglich eine *Person* eine Präferenz hinsichtlich seiner zukünftigen Existenz und damit ein Recht auf Leben und gegenüber einem bloß empfindenden Wesens einen besonderen Wert habe. Aus präferenz-utilitaristischer Sicht seien dies „Implikationen zur

Verwerflichkeit des Tötens". Von daher ist nach *Singer* das Töten einer Person, die sich entscheidet, nicht zu sterben, mangelnder Respekt vor der Autonomie dieser Person und somit weitaus schlimmer als die Tötung eines lediglich bewußten Wesens (vgl. ebnd. 116ff).

Das Recht auf Leben von Nicht-Personen

Demgegenüber verfügt für *Singer* das Leben eines Wesens, das keine bewußten Erlebnisse hat, also das Leben aller Nicht-Personen, „über keinen Wert an sich". Womit gemeint ist, dieses Leben habe „keinen Wert an sich" nach den moralisch relevanten Bedingungen der „Praktischen Ethik" wie Rationalität, Autonomie und Selbstbewußtsein. „Ein solches Leben ist völlig leer", wird an anderer Stelle gesagt (ebnd. 128). Ein bloß empfindendes Wesen habe zwar ein Interesse daran, so viel Lust und so wenig Schmerz wie möglich zu erfahren. Dies bedeute aber nicht, daß das Wesen auch ein personales Interesse habe, sein Leben fortzusetzen. Dies trifft nach *Singer* auch für Menschen („Wesen") zu, die ihren Person-Status aufgrund von Unfällen und Krankheiten für immer verloren haben: „Sie sind nicht selbstbewußt, rational oder autonom, und so besteht der Wert an sich, den ihr Leben besitzt, nur in den möglichen angenehmen Erlebnissen (experiences), die ihnen zuteil werden könnten. Wenn sie überhaupt keine Erlebnisse haben, dann hat ihr Leben keinen Wert an sich. Sie sind in Wirklichkeit tot" (ebnd. 189). Und daraus schließt Singer:

> „Für ein nicht-selbstbewußtes Wesen ist der Tod der Stillstand von Erfahrung, genau wie die Geburt der Beginn von Erfahrung ist."   (ebnd. 141)

Diese präferenz-utilitarisch gewonnenen Erkenntnisse seiner „Praktischen Ethik" führen schließlich zu *Singers* Kernaussage, die u.a. für die geschilderten Wogen der Entrüstung geführt hat:

> *„So scheint es, daß etwa die Tötung eines Schimpansen schlimmer ist als die Tötung eines schwer geistesgestörten Menschen, der keine Person ist."* (ebnd. 135)

Euthanasie

Bevor an dieser Stelle auf *Singers* Schlußfolgerungen bezüglich Abtreibung und Euthanasie näher eingegangen wird, soll kurz sein Verständnis von Euthanasie dargestellt werden.

Singer unterscheidet drei Arten von Euthanasie: die „freiwillige" (Tötung auf Verlangen), die „unfreiwillige" (Tötung gegen den Willen oder ohne die Zustimmung der betroffenen Person) und die *„nichtfreiwillige"* Euthanasie (Tötung eines noch nicht, nicht mehr oder auf Dauer nicht entscheidungsfähigen Menschen) (vgl. ebnd. 174ff).

Die Tötung von Personen ist nach *Singer* moralisch vertretbar, wenn die betreffende Person es ausdrücklich wünscht und so die Beendigung des eigenen Lebens das zu erwägende Interesse bestätigt. Damit ist die freiwillige Euthanasie oder die Beihilfe zum Selbstmord auf den zugrundeliegenden ethischen Prinzipien seiner „Praktischen Ethik" durchaus zu rechtfertigen.

Die Tötung „nicht entscheidungsfähiger Menschen", also lediglich bewußter Menschen mit fehlender Personalität wie Föten, Neugeborene (bis zu einer nicht eindeutig festzulegenden Altersgrenze), einige Geisteskranke und Menschen, die ihren Personstatus durch Unfall oder Krankheit verloren haben (vgl. ebnd. 189), ist dann zu rechtfertigen, wenn

- das aktuelle oder zukünftige Leben dieses menschlichen Wesens eher leidvoll als lustvoll ist und/oder
- „schwerwiegende Interessen" anderer Lebewesen die „rudimentären Interessen" eines nur lustvollen Lebens aufwiegen (ebnd. 163).

Leid- bzw. Glücksbilanzierung als Tötungsmaßstab

Für *Singer* ist das zu erwartende leidvolle Leben eines behinderten Säuglings ein zu berücksichtigendes Kriterium für eine „nichtfreiwillige" Euthanasie, da sowohl die *„Vorausgesetzte-Existenz-Version"* als auch die *„Totalansicht"* des Klassischen Utilitarismus dies nahelegten, sofern es keine „äußeren" Gründe dafür gäbe, „wie etwa die Gefühle der Eltern", das Kind am Leben zu erhalten (vgl. ebnd. 182ff).

Nach der *„Vorausgesetzten-Existenz-Version"* würde in der Lebensbilanz eines behinderten Kindes Leid über Glück überwiegen, weshalb es besser sei, das behinderte Wesen zu töten. Als Beispiele führt *Singer* u.a. die Behinderung *Spina bifida* an:

> „Obwohl bis zu einem gewissen Grad eine Behandlung möglich ist, können Lähmung, Inkontinenz und Entwicklungshemmung in schweren Fällen

nicht überwunden werden. Einige Ärzte, die an schwere Spina bifida lei-
dende Kinder behandeln, sind der Meinung, das Leben mancher dieser
Kinder sei so elend, daß es falsch wäre, eine Operation vorzunehmen, um
sie am Leben zu erhalten." (ebnd. 181)

Mit der „*Totalansicht*" und dem damit verbundenen „*Ersetzbarkeitsargu-
ment*" wird aus der Perspektive der „Praktischen Ethik" davon ausgegangen, daß die Tötung des behinderten Kindes „die Gesamtsumme des
Glücks" für alle Betroffenen erhöhen kann, weil dadurch den Eltern „durch
die Erzeugung eines anderen, wertvolleren Lebens" (ebnd. 188) die Möglichkeit eröffnet würde, anstelle des getöteten Kindes ein gesundes Kind
„mit besseren Aussichten auf ein glückliches Leben" (ebnd. 183) zu bekommen:

> „Sofern der Tod eines geschädigten Säuglings zur Geburt eines anderen
> Kindes mit besseren Aussichten auf ein glückliches Leben führt, dann ist
> die Gesamtsumme des Glücks größer, wenn der behinderte Säugling ge-
> tötet wird." (ebnd. 183)

Im Zuge dieser „*Totalansicht*" stellt *Singer* auch das Leben von Neugeborenen mit einer leichteren Behinderung wie der Hämophilie zur Disposition.
Deren Leben würde das Leben eines gesunden Kindes mit größerer Glücks-
perspektive für Kind und Eltern verhindern, da sich betroffene Eltern nach
der Geburt eines behinderten Kindes meist nicht mehr für ein weiteres Kind
entscheiden würden (vgl. ebnd. 185).

Die „Totalansicht" als ethische Legitimation zur Tötung von Säuglingen

Die „*Totalansicht*", die *Singer* in diesem Zusammenhang vertritt, sieht
Säuglinge als austauschbar an. Er verteidigt diese Sichtweise, indem er auf
die „allgemein akzeptierte" Abtreibung behinderter Föten verweist. *Singer*
möchte jedoch die Realisierung des „Ersetzbarkeitsarguments" nicht nur auf
die Möglichkeit der pränatalen Diagnostik („Amniozentese") beschränkt sehen und propagiert deshalb die Ausweitung der Ersetzbarkeitspraxis für die
Zeit nach der Geburt. Dies hätte gegenüber der derzeitigen Praxis den Vorteil, ein behindertes Kind, dessen Defekte pränatal noch nicht feststellbar
waren bzw. erst während der Geburt verursacht wurden, auch nach der Geburt töten zu können. Gegenwärtig sei die Wahl der Eltern lediglich auf die
Schwangerschaftsphase beschränkt, in der dann aufgrund eines diagnostizierten Defektes der Fötus abgetrieben würde.

Für *Singer* ist diese von ihm propagierte Tötungspraxis von bereits
geborenen Säuglingen moralisch nicht verwerflicher als die Abtreibung von

Föten, da für ihn aufgrund fehlender Personalität sowohl Föten als auch Neugeborene sowieso keinen Anspruch auf Leben haben und deshalb auch die Geburt für ihn keine moralisch bedeutsame Grenzlinie markiert (ebnd. 184ff).

> „Würde man behinderte Neugeborene bis zu etwa einer Woche oder zu einem Monat nach der Geburt nicht als Wesen betrachten, die ein Recht auf Leben haben, dann könnten wir unsere Entscheidung auf der Grundlage eines weit umfassenderen Wissens über den Zustand des Kindes treffen, als das vor der Geburt möglich ist." (ebnd. 186f)

Ein Beispiel für den Vorteil einer postnatalen Diagnose - der „tatsächlichen Beobachtung des Babys" - gegenüber der Amniozentese ist für *Singer* das Krankheitsbild der Hämophilie, das sich erst nach der Geburt mit Sicherheit diagnostizieren ließe. Würde man den Zeitpunkt der Entscheidung über eine mögliche Abtreibung in den postnatalen Zeitraum verlegen, so könnte exakter diagnostiziert und die Zahl der Leben, die mit der bisherigen prophylaktischen Abtreibungspraxis ausgelöscht würden, um mindestens die Hälfte reduziert werden (vgl. ebnd. 187).

7.2 Einwände gegen Singer

Singer wehrt sich vehement dagegen, seine Praktische Ethik mit nazistischen Greueltaten in Verbindung zu bringen. Daß die Nazis Verbrechen begangen hätten, bedeutet für ihn nicht, „daß alles, was die Nazis taten, fürchterlich war. Wir können die Euthanasie nicht nur deshalb verdammen, weil die Nazis sie durchgeführt haben, ebensowenig wie wir den Bau von neuen Straßen aus diesem Grund verdammen können" (Singer 1984, 210). Dieser zynisch anmutende Vergleich des Straßenbaus mit den nazistischen Mordaktionen gegen sog. Ballast-Existenzen läßt den Schluß zu, daß für *Singer* die nationalsozialistischen Euthanasiemaßnahmen nicht unbedingt „fürchterliche" Verbrechen darstellen.

Die Rechtfertigung einer sog. „nichtfreiwilligen Euthanasie" begründet *Singer* damit, daß die Tötung eines Säuglings oder eines Menschen, der seinen Person-Status verloren hat, nicht gleichgesetzt werden kann mit der Tötung „normaler menschlicher Wesen" (vgl. Singer 1994, 233).

In der nationalsozialistischen Argumention einer so nicht offen geforderten Eliminierung von „lebensunwertem Leben" waren neben dem Kosten-Nutzen-Aspekt, der bei *Singer* nur am Rande erwähnt wird, primär sog. „rassenhygienische" Gründe und der Beitrag zur arischen Volksgemeinschaft ausschlaggebend für die Euthanasiepraktiken. *Singer* geht von einer hypothetischen Binnenperspektive sog. Nicht-Personen aus, wobei die

Lebensrecht- bzw. Tötungs-Markierung mit den dort formulierten Status-merkmalen sehr stark an frühere eugenisch-rassenhygienische Argumentationen der vornazistischen Zeit erinnern. Auch damals war eines der wichtigsten propagierten Tötungsmotive die Erlösung von Leid lediglich dahinvegetierender Ballast-Existenzen.

Zur Quantifizierbarkeit von Glück und Leid

Singer behandelt menschliche Empfindungen wie Glück, Leid und Interesse als quantifizierbare Größen und übersieht dabei, daß diese Größen seiner utilitaristischen Kalkulation menschlich-subjektive intentionale Empfindungen sind, die von der Position des Außenbeobachters nicht objektiv beurteilbar, geschweige denn mathematisch quantifizierbar sind. *Singer* setzt den Endzweck von Glück einfach voraus und vermeidet es konsequent, eine Begründung für das angestrebte Glücksziel zu liefern. Glück und Leid sind Empfindungen, die nicht unabhängig vom jeweiligen Individuum auf einer abstrakten Ebene kalkulierbar und operationalisierbar gemacht werden können. Sie sind, wenn überhaupt, aufgrund eigener Erfahrungen empathisch nachvollziehbar, ohne daß dabei vom Außenbeobachter der Anspruch absoluter Gültigkeit erhoben bzw. von der Möglichkeit einer objektiv erfaßten Wahrheit ausgegangen werden kann.

Besonders problematisch erscheint in diesem Zusammenhang die von *Singer* vorgenommene Gleichsetzung von Behinderung und Leid. Dem muß entgegengehalten werden, daß die Lebenswirklichkeit behinderter Menschen genau so wenig per se leidvoll ist, wie nichtbehindertes Leben per se glücklich ist. Hinzu kommt, daß individuelles Leid behinderter Menschen im Sinne einer „sozialen Kategorie" immer auch, wie gezeigt wurde, gesellschaftlich verursachtes Leid ist.

Es sei in diesem Zusammenhang noch einmal an die demokratische Psychiatriebewegung Italiens erinnert, die vom Anspruch geleitet war, das menschliche „Leid", das bis dahin in „totalen Institutionen" entsorgt wurde, der Gesellschaft zurückzugeben, da sie davon überzeugt war, daß menschliches Leid zum menschlichen Leben dazugehört und institutionell entsorgtes Leid den Grundstein zur Inhumanität legt (vgl. Mattner/Gerspach 1997, 105ff).

Demgegenüber beabsichtigt eine hedonistisch orientierte utilitaristische Ethik zur Erschaffung einer möglichst „leidensfreien Gesellschaft", das Andere der utilitaristisch konstituierten „Normalität" (unspektakulär) aus der Welt zu schaffen. Auf diesem Wege soll die moderne Reproduktionsmedizin mit ihren technischen Möglichkeiten zur Genanalyse und Genmanipulation,

148

die pränatale Diagnostik der Humangenetischen Beratung zur möglichen Tötung von noch ungeborenem Leben und nicht zuletzt zu der von *Singer* propagierten postnatalen Selektion den nötigen Beitrag leisten.

Der Maßstab: „Wert des Lebens"

Singer setzt einer religiös inspirierten „Heiligkeit des Lebens" utilitaristisch relevante Eigenschaften wie Rationalität, Selbstbewußtsein, Autonomie entgegen, um so den Lebenswert eines Lebewesens zu bestimmen. Er schlägt eine Wertehierarchie vor, die z.B. „dem Leben des Fötus" aufgrund der genannten fehlenden Personkriterien und der vorher angeführten fehlenden Leidensfähigkeit keinen Wert zubilligt. In dieser utilitaristischen Logik wird nicht-selbstbewußtes Leben als nicht lebenswert und unzumutbar für Betroffene und die soziale Gemeinschaft charakterisiert. Letzteres wurde in jüngerer Zeit durch Gerichtsurteile bestätigt, die Urlaubern eine einklagbare Minderung ihres Erholungswertes wegen der Anwesenheit von behinderten Menschen am Erholungsort bescheinigten.

Singers Kriterien seiner präferenz-utilitaristischen Wertentscheidungen sind und bleiben letzthin persönliche moralisch-ethische Wertsetzungen, denen man intuitiv folgen oder vor deren möglichen langfristigen Folgen hinsichtlich einer „Vernichtung unwerten Lebens" man aus den bekannten Gründen zurückschrecken mag. Zumindest erinnern die singerschen Wertekriterien und der an verschiedenen Stellen aufscheinende Kosten-Nutzen-Aspekt auf fatale Weise an frühe eugenische bzw. rassenhygienische Argumentationsmuster.

Der utilitaristisch konstituierte Vernunftbegriff

Singer beabsichtigt, mit seiner „Praktischen Ethik" einen Wandel des „vernünftigen Denkens" über ethische Probleme einzuleiten. Seine aus präferenz-utilitaristischer Perspektive entwickelten „Wertekriterien" sind logisch im Sinne einer rational-instrumentellen Logik begründet. Ob sie allerdings „vernünftig" im Sinne einer auf Mensch-Sein bezogenen „Praktischen Vernunft" sind, bleibt zu prüfen. Die Beurteilung dessen nämlich, was als „vernünftige" Lösung einer ethischen Fragestellung gelten soll, ist immer auch in Relation mit den persönlichen Überzeugungen der „*Träger* der Vernunft", den Menschen mit ihren kulturellen Traditionen, mit ihren religiösen und philosophischen Überzeugungen, ihren persönlichen Erfahrungen zu sehen (vgl. Bastian/Rost 1990, 69). Das heißt konkret: ethisch-moralische Setzungen bleiben immer relationale Wertentscheidungen, an die man „glauben" mag oder nicht. Begründbar und möglicherweise glaubhaft nachvollziehbar sind sie lediglich aus der Perspektive einer ethisch-moralisch verantwortbaren „Praktischen Vernunft" hinsichtlich eines Humanums für Mensch-Sein.

Der Bioethiker Singer: ein Vertreter der Reproduktionsmedizin

Die Resultate der Singerschen Lebenswertanalyse, beispielsweise seine auf Embryonen bezogene Feststellung, wo keine Leidensfähigkeit vorhanden sei, gäbe es auch keine Notwendigkeit der Rücksichtnahme, machen aus einer bestimmten Perspektive Sinn: etwa aus der Perspektive der Embryonenforschung. *Singer*, der seit langem mit Problemen der Bioethik befaßt ist, tat sich schon zu Beginn der 80er Jahre in vielen Veröffentlichungen als Anhänger und Propagandist der Reproduktionsmedizin hervor. Diese Wissenschaft über Möglichkeiten der künstlichen Züchtung von Menschen bedarf offenbar ganz besonders des philosophischen Beistandes einer sog. Bioethik, um letzte ethisch-moralische Bedenken gegen den dort propagierten Fortschrittsoptimismus auszuräumen.

Diese Bioethik beschäftigt sich als Bereich der praktischen Philosophie mit den ethischen Problemen der Biowissenschaften, die sich insbesondere aus den technischen Möglichkeiten der modernen Biologie sowie der Fortpflanzungs- und Intensivmedizin ergeben. So ist die Human-Bioethik bzw. Medizinethik einerseits vor die Frage gestellt, ob die klassischen handlungsleitenden Prinzipien der medizinischen Ethik im Zeitalter des biomedizinischen Fortschritts und der veränderten sittlichen Wertvorstellungen einer pluralistischen Gesellschaft noch ihre Gültigkeit haben; die Frage also, inwieweit die ethischen Standards noch den Ansprüchen der modernen Forschungen genügen bzw. eher hinderlich sind. Andererseits hat oder hätte sie sich zwingend zu fragen, ob all dasjenige ethisch-moralisch noch zu verantworten ist, was bereits medizinisch-technisch realisierbar ist.

Der Bioethiker *Singer* wurde 1977 an der *Monash University* in *Melbourne* Professor für Philosophie und Direktor des *Centre for Human Bioethics*. Er ist demnach an der gleichen Universität tätig, an der seit 1970 an der In-Vitro-Fertilisation (IVF) gearbeitet wird. Sie verlor im Wettlauf um die Geburt des ersten „Retortenbabys" knapp um einige Monate, konnte aber im Jahre 1979 mit der Geburt eines australischen Retortenbabys erfolgreich nachziehen. Unmittelbar danach kam es erstmals in den USA und bald darauf in Australien zu Protestkundgebungen von sog. „Lebensschützern" gegen die Einrichtung von IVF-Kliniken aufgrund der ethischen Probleme, die sich mit diesen neuen Praktiken der Menschenzüchtung ergaben. Diese sich auftuende Diskrepanz zwischen den medizinisch-technischen Errungenschaften auf der einen Seite und den ethischen Bedenken gegenüber den utopischen Zielen der Reproduktionsmedizin auf der anderen Seite bildete den Hintergrund, vor dem *Singers* „Praktische Ethik" entstand, die dann im Jahre 1979 erstmals unter dem Titel „practical ethics" erschien. In Melbourne wurde aufgrund der zunehmenden öffentlichen Kritik ein Institut für „Human Bioethics" eingerichtet, das seit 1983 von *Singer* geleitet wird (vgl. Jonas 1990, 40ff). *Singers* Bemühen besteht seither in erster Linie darin, mittels präferenz-utilitarischen Ethik-Konstruktionen ethisch-moralische Bedenken gegenüber Forschungstätigkeiten an lebenden Menschen auszuräumen, die in der Logik der „Praktischen Ethik" ohnehin kein Lebensrecht haben, wie das folgende Zitat belegen mag:

> „Betrachtet man neugeborene Kinder als ersetzbar, wie wir jetzt Föten als ersetzbar betrachten, so hätte das gegenüber der Amniozentese mit nachfolgender Abtreibung beträchtliche Vorteile. Die Amniozentese kann nur einige wenige Abnormitäten aufdecken, und nicht unbedingt die schlimmsten. Gegenwärtig können Eltern nur dann darüber entscheiden, ob ihr Abkömmling erhalten oder vernichtet werden soll, wenn die Behinderung während der Schwangerschaft entdeckt wird. Es gibt keine logische Grundlage dafür, die Entscheidung der Eltern allein auf derartige Behinderungen zu beschränken. Würde man behinderte Neugeborene bis zu etwa einer Woche oder einem Monat nach der Geburt nicht als Wesen betrachten, die ein Recht auf Leben haben, dann könnten wir unsere Entscheidungen auf der Grundlage eines weit umfassenderes Wissen über den Zustand des Kindes treffen, als das vor der Geburt möglich ist."
> (Singer 1984, 186f)

Der präferenz-utilitaristische Person-Begriff

Singers Ethik schützt lediglich einen auserwählten Kreis von „selbstbewußten Personen", wobei dieser Schutz nur vorläufig gewährt wird; eben so lange, wie die für den Person-Status erforderlichen Kriterien erfüllt werden können.

Dieser willkürlich gesetzte Person-Begriff wurde fast identisch, wie weiter oben gezeigt, schon von den Protagonisten der Rassenhygiene im Zusammenhang mit der „Tötungs-Debatte" der 20er Jahre zur Markierung einer Grenzlinie zwischen Lebenswert und Lebensunwert benutzt. Ein sog. „geistig Toter", wurde bereits dort gesagt, habe aufgrund des Fehlens der Möglichkeit, „sich selbst bewußt zu sein", keinen Anspruch auf Leben (vgl. Binding/Hoche 1920, 57f).

Für den NS-Euthanasieaktivisten und Leiter der Kinder-Mordabteilung, Werner *Catel*, blieb noch in seinem 1962 veröffentlichten Buch *„Grenzsituationen des Lebens. Beitrag der begrenzten Euthanasie"* das Tötungskriterium behinderter Menschen: die fehlende Personalität. In seinem gegen ihn im Jahre 1964 geführten Prozeß unterstrich er seinen Standpunkt erneut. Für ihn blieben sog. *„ vollidiotische Wesen"* nach wie vor keine Menschen, da sie über keine Personalität verfügten. Er verteidigte sich damals mit den Worten: „Die Auslöschung dieser Wesen bedeutet weder Mord noch Tötung, sondern etwas Drittes, das bisher in der Rechtsprechung nicht berücksichtigt wurde. Ich gebrauche vorläufig dafür den Ausdruck 'Auslöschung'" (vgl. Catel 1964; zit. nach Klee 1990, 69, 151).

In diesen wohl als Entlastung von Schuldvorwürfen gedachten Ausführungen *Catels* wird die ganze Logik seines rassenhygienisch geprägten Menschenbildes deutlich. Bei der Tötung von „vollidiotischen Wesen" mit fehlender Personalität handelte es sich nach ihm nicht um eine eigentliche Tötung von Menschen. Für ihn war dies lediglich ein „Tot-Machen" von Sachen („Drittes"), das in seiner Logik kein Unrecht war und deshalb keinesfalls unter Strafe stehen konnte.

7.3 Euthanasie als „ökonomische Therapie"

In der Argumentation zur Entsorgung der sozialen Frage in der vornazistischen Ära spielten die sozialen Lasten zur Versorgung der in Not geratenen Menschen eine herausragende Rolle. Bei *Singer* taucht der Kosten-Nutzen-Aspekt u.a. besonders im Zusammenhang seiner Propagierung der humangenetischen Beratung und deren mögliche Konsequenzen bezüglich einer „Verhinderung behinderten Lebens" auf. Diese Kosten-Nutzen-Analysen werden immer wieder mit dem Ziel aufgestellt, die wesentlich geringeren Aufwendungen für pränatale Diagnostik und humangenetische Beratung, als deren Protagonist *Singer* u.a. auftritt, gegenüber den sozialen Kosten für die Pflege und Förderung behinderter Menschen herauszustellen. Mit diesen Kosten-Nutzen-Analysen wird gleichzeitig, und das macht sie so gefährlich, eine Ideologie der „Wertigkeit" und ein damit verbundenes Menschenbild transportiert, das nur gesunden, „normalen", produktions- und reproduktionsfähigen Menschen einen Lebenswert einräumt. Wie gezeigt wurde, spielte bei der Beurteilung von Lebenswert versus Lebensunwert der ökonomische Aspekt schon immer im Sinne einer „Entsorgung der sozialen Frage" eine bedeutende, vielleicht die bedeutendste Rolle. So wurde schon einmal die durch „geistig Tote" verursachte soziale Belastung beklagt: „mit welch Maß von oft ganz nutzlos vergeudeter Arbeitskraft, Geduld, Vermögensleistung wir nur darauf verwenden, um lebensunwerte Leben so lange zu erhalten, bis die Natur (...) sie der letzten Möglichkeit der Fortdauer beraubt" (Binding/Hoche 1920, 27).

8 Zur Notwendigkeit einer auf das Mensch-Sein verpflichteten Ethik

Wie die Ausführungen *Singers* zeigen, bedarf es zur ethischen Orientierung offenbar eines anderen Begriffs von Vernunft, da dem dort verwendeten technischen, instrumentellen Vernunftbegriff des Mittel-Zweck-Kalküls ganz offensichtlich sinnrelevante Wesensmomente menschlicher Subjektivität weitestgehend verschlossen bleiben.

Wozu benötigt der Mensch überhaupt ethisch-moralische Orientierungen seines Handelns?

Beim Menschen wurde durch den Verlust instinktgebundenen Handelns Ethik als normativer Maßstab notwendig: Eine Ethik als eine dem menschlichen Handeln vorgeschaltete Vernunft- und Gewissensinstanz, mit der die Konsensbildung von Normen und Werten im menschlichen Miteinander angestrebt werden soll. Damit ergibt sich allerdings das Problem moralischer Bewertung, d.h. die Frage, aus welcher Perspektive ethisch-moralische Probleme beurteilt werden sollen. Die positivistischen Natur-Wissenschaften entziehen sich dem Problem, indem sie die wissenschaftliche Erörterung empirisch nicht verifizierbarer ethischer Problemstellungen aus dem wissenschaftlichen Diskurs ausschließen. So wird dort zwischen unbeeinflußbaren, von Menschen erkennbaren *Naturgesetzen* (Sein) und durch menschliche Konvention gesetzte *Moralgesetze* (Sollen) unterschieden und empfohlen, ethisch-moralische Werturteile aus der wissenschaftlichen Forschung zu suspendieren, da diese empirisch nicht zu verifizieren und zu begründen seien. Diese Empfehlung scheint gerechtfertigt. Zeigt doch der Versuch, Moralurteile ebenso wie physikalisch-mathematische Tatsachenurteile „empirisch-rational" beurteilen zu wollen, wie dies z.B. *Anstötz* fordert (vgl. Anstötz 1990, 9), daß dies Unternehmen, aus einer anderen Perspektive betrachtet, nur um den Preis moralischer Verantwortungslosigkeit glückt.

Anstötz empfiehlt, nicht „grundsätzlich" zwischen physikalischen und heilpädagogischen Gegebenheiten zu unterscheiden. Vielmehr sollte die Entscheidung zur Rationalität in allen Belangen des menschlichen Seins durchgehalten werden, da sie eine „*moralische* Entscheidung höherer Ordnung" und damit als Grundlage für Wissenschaft *und* Ethik zu begreifen sei (vgl. Anstötz 1990; 1991, 145). Diesen Anspruch erfüllt nach *Anstötz* lediglich eine rational-utilitaristische Ethik, „für die Kritik, Logik und empirischer Bezug eine entscheidende Bedeutung haben" (Anstötz 1990, 30).

Offenbar bedarf die Beurteilung von Ethik jedoch einer die naturwissenschaftlich-technische Ratio („instrumentelle Vernunft") überschreitenden „Praktischen Vernunft" im Sinne einer wertend-normierenden Vernunft, die von der Verantwortung für Mensch-Sein in all seinen Belangen und Erscheinungsweisen getragen ist. Zeigt sich doch deutlich, daß dem technischen, instrumentellen Vernunftbegriff des Mittel-Zweck-Kalküls wesentliche, nicht quantifizierbare sinnrelevante Wesensmomente menschlicher Subjektivität wie Glück, Leid und Präferenzen verschlossen bleiben. Dieser technizistische Vernunftbegriff ist aus philosophisch-anthropologischer Perspektive „*a-moralisch*" und damit ethisch orientierungsunfähig.

Beim Menschen existiert offenbar ein Mißverhältnis zwischen instrumenteller Rationalität und Praktischer Vernunft im Sinne einer „Rationalitätsparadoxie". Das heißt, der Mensch kann ganz offensichtlich mehr instrumentell-technisch bewirken, als er sinnlich erfahren bzw. im Sinne ethischer Vernunft moralisch verantworten kann (vgl. Apel u.a. 1984).

Eine Ethik der Vielfalt, eine heilpädagogische Ethik bzw. eine ethisch-moralische Teleologie für die Arbeit mit behinderten Menschen kann jedoch nur, wie zu zeigen sein wird, aus der Perspektive der praktischen Vernunft begründet werden.

Überlegungen zur ethischen Frage, wie wir uns als Menschen (zueinander) verhalten sollen, implizieren ein Reflektieren über menschliches Sein und erfordern anthropologisch reflektierte, offene Basissätze zum Mensch-Sein, die das Gemeinsame der menschlichen Vielfalt umfassen, ohne jedoch den dogmatischen Anspruch erheben zu wollen, vollständig zu sein, da der Mensch letztlich im Sinne seiner Unergründlichkeit „frag-würdig" bleibt (vgl. Mattner/Gerspach 1997, 116ff).

So weist *Siegenthaler* beispielsweise für die heilpädagogische Praxis darauf hin, daß bei aller Verschiedenheit der extremen Erscheinungsweisen des Menschseins zwischen den Polen „gesund" und „schwerstbehindert" etwas für beide Gemeinsames existiert, nämlich „dass beide als menschliche Wesen auf die menschliche Zuwendung des Anderen angewiesen sind und nur auf diese Weise sich dem Wesentlichen des Menschseins nähern" (Siegenthaler 1983, 175).

Der Mensch ist vom Beginn seines Lebens ein „bedürftiges Wesen" und damit auf andere Menschen angewiesen. Er ist somit seinem Wesen nach ein „sorgendes Wesen", womit das wesensgemäße Mensch-Sein in seiner Fähigkeit gemeint ist, am Anderen, am fremden Sein sorgend partizipieren zu können. Ein wichtiger anthropologischer Basissatz lautet deshalb bei *Kamlah*: „Beachte, daß die Anderen bedürftige Menschen sind wie du selbst, und handle demgemäß!" (Kamlah 1984, 95).

Dieses Gegenseitig-aufeinander-angewiesen-Sein des Menschen, diese existentielle Dimension der Verantwortung des Menschen für sich und den Anderen im Sinne einer *anthropologischen Kategorie* wird bei *Jonas* zur „ontologische(n) Verantwortung für die Idee des Menschen" (Jonas 1984, 91). Dies wäre die anthropologische Dimension für das „Argument der schiefen Bahn" - von dem sich *Singer* ausdrücklich distanziert (vgl. Singer 1984, 93ff) -, nach dem befürchtet wird, der einmal eingeschlagene Weg in Richtung einer „Entsorgung der sozialen Frage" könne völlig außer Kontrolle geraten. Allerdings verbietet es dann nicht mehr allein ein Gattungsapriori („Speziesismus"), menschliches Leben zur Disposition zu stellen, sondern die Verantwortung für menschliches Sein im Sinne einer anthropologischen Kategorie.

— *Jonas* verdeutlicht das „Prinzip Verantwortung" am Beispiel des bedürftigen Säuglings („das elementare 'Soll' im 'Ist' des Neugeborenen") und zeigt zudem, daß sich die Notwendigkeit dieser Verantwortung der objektiv-naturwissenwissenschaftliche Perspektive nicht zwangsläufig erschließt:

> „Ich meine wirklich strikt, daß hier das Sein eines einfach ontisch Daseienden ein Sollen für Andere immanent und ersichtlich beinhaltet, und es auch dann täte, wenn nicht die Natur durch mächtige Instinkte und Gefühle diesem Sollen zuhilfe käme, ja meist das Geschäft ganz abnähme. Aber wieso 'ersichtlich?', wird besagter Theoretiker fragen: Was wirklich und objektiv 'da' ist, ist ein Konglomerat von Zellen, welche ihrerseits Konglomerate von Molekülen sind, mit ihren physiko-chemischen Transaktionen, die sich als solche nebst den *Bedingungen ihrer Fortsetzung* erkennen lassen; aber daß diese Fortsetzung sein *soll* und deshalb irgendwer irgendetwas dafür tun soll, gehört nicht zum Befund und läßt sich ihm auf keine Weise 'ansehen'. Allerdings nicht. Aber ist es der Säugling, der hier gesehen wird? *Ihn* bekommt der analytische Blick des mathematischen Physikers gar nicht zu Gesicht, sondern mit Absicht nur einen äußeren Rand seiner im übrigen abgeblendeten Wirklichkeit."
> (Jonas 1984, 235f)

Und er fährt fort:

> „Mit jedem Kinde, das geboren wird, fängt die Menschheit im Angesicht der Sterblichkeit neu an, und insofern ist hier auch Verantwortung für den Fortbestand der Menschheit im Spiel." (ebd., 241)

Gemeint ist hier eine empathisch gespürte und leiblich „verstandene" Resonanz als Verantwortung für den Anderen; ein Mit-Sein, mit dem der anteilnehmende, sorgende Mit-Mensch vom bedürftigen Anderen gewissermaßen vor jeglicher rationalen Reflexion „berührt" wird. Dies wäre die existentiell-anthropologische Dimension menschlicher Verantwortung für den Anderen, die die Sorge des Menschen für das Mensch-Sein impliziert. *Lévinas* spricht in diesem Zusammenhang vom *„Antlitz des Anderen"* (Lévinas 1983, 198) und meint damit die dem rationalen Erkenntnisakt vorgegebene prälogische Bedeutungssphäre des Menschen, mit der sich ein Mensch vom Anderen „berühren" läßt.

> „Die Epiphanie des absolut Anderen ist Antlitz, in dem der Andere mich anruft und mir durch seine Nacktheit, durch seine Not, eine Anordnung zu verstehen gibt. Seine Gegenwart ist eine Aufforderung zu Antwort. Das Ich wird sich nicht nur der Notwendigkeit zu antworten bewußt, so als handele es sich um eine Schuldigkeit oder eine Verpflichtung, über die es zu entscheiden hätte. (...) Von daher bedeutet Ichsein, sich der Verantwortung nicht entziehen können."
> (Lévinas 1983, 224)

Diese anthropologischen Basissätze sind keine rational verifizierbaren Tatsachenerkenntnisse. Sie sind wohl deshalb rein „argumentiv gegen den Versuch einer Ethikbegründung der Seinsvernichtung" nicht plausibel, wie *Jantzen* bemerkt, weil dazu die rational-utilitaristische Diskursebene mit dem dort implizit wirksamen Vernunftbegriff überschritten werden müßte, in der der nicht selbstbewußte Säugling etwas anderes als ein Konglomerat von Zellen ist (Jantzen 1991a, 183).

Der brachiale Verstoß gegen diese anthropologisch-ethische Prämisse und die Negation all dessen, was Menschen überhaupt zu verstehenden und sozial handelnden Wesen werden läßt, macht die eigentliche Tragödie der im Nationalsozialismus praktizierten „Endlösung der sozialen Frage" aus. Denn zu dieser massenhaften Tötung von Menschen bedurfte es der ideologischen Verwandlung von Menschen in antlitzloses und damit ihres Person-Status' beraubten Menschen-Materials: das „Dritte", von dem *Catel* spricht. Für diese ihres Antlitzes beraubten „Ballast-Existenzen" bzw. zur Plage gewordenen „Volksschädlinge" mußte keine Verantwortung mehr übernommen werden. Die zur „Sache" gewordenen Menschen galt es loszuwerden bzw. auszumerzen.

Auch die utilitaristische Ethik sucht bestimmte Menschen, mittels einer utilitaristisch-rationalen Definition („Person") in den Bereich des Dinglichen („nichtpersonales Wesen"; „human vegetable") zu verlagern, in dem nichts mehr Verantwortliches zu berücksichtigen ist. Die utilitaristische Position begreift damit menschliches Sein als vom Anderen unabhängiges Aktzentrum, dem es unter der Perspektive eines hedonistischen Glücksbegriffs anstünde, über den Wert bzw. Un-Wert menschlichen Lebens anderer und damit über sinnvolles versus unsinniges Leben zu befinden.

Eine Ethik, wie sie von *Singer* präferenz-utilitaristisch oder von *Anstötz* in seinem „Beitrag zur Ethik der Sonderpädagogik aus empirisch-rationaler Perspektive" (vgl. Anstötz 1990; 1991, 145) entworfen wurde, ist aus anthropologischer Sicht verantwortungs-„los", d.h. losgelöst vom anthropologischen „Prinzip Verantwortung", da bereits schon mit dem empirisch-rationalen, wertfreien Vernunftbegriff von einer so begriffenen moralisch wertenden Verantwortung abstrahiert wird.

Der Anspruch einer personorientierten, dialogischen Pädagogik setzt die Verantwortung für den Anderen voraus. Ohne diese ist es nicht zwingend, sich in den Anderen einzufühlen und sich ihm zuzuwenden. Der verdinglichte, zur Sache vergegenständlichte wertlose Mensch, die „Ballast-Existenz", ist seines Antlitzes und damit seiner Subjektivität beraubt; ihm muß man nicht (mehr) antworten und sich damit nicht mehr verantwortungsvoll zuwenden. Die ontologisch-anthropologische Kategorie eines Daseienden als Sollen für Andere, von der *Jonas* spricht, bzw. *Kamlahs* unhintergehbarer anthropologischer Basissatz („Wir Menschen alle sind bedürftig und sind aufeinander angewiesen") ist auf diese Weise gelöscht.

Ein nicht allzu hoffnungsvoller Ausblick

Im Juli 1998 demonstrierten wieder einmal behinderte Menschen gegen den neuen „tödlichen" Zeitgeist. Die Presse berichtete von über 7000 Menschen aus ganz Baden-Württemberg, die eine fünf Kilometer lange Menschenkette bildeten. Die Proteste richteten sich gegen die vom Europarat bereits verabschiedete Konvention, die medizinische Forschungen an einwilligungsunfähigen Personen zulassen möchte (vgl. Frankfurter Rundschau 1998, Nr. 159).

Seit 1976 wurden von der Parlamentarischen Versammlung des Europarates umfassende Arbeiten zu den bioethischen Aspekten der menschlichen Biotechnologie und Humanbiomedizin mit dem Ziel durchgeführt, die Menschenwürde und grundlegenden Menschenrechte zu schützen. Es wurde schließlich auf Empfehlung der Europäischen Ministerkonferenz (1989 u. 1991) beschlossen, eine europäische Bioethik-Konvention auszuarbeiten. Daraufhin wurde im Jahre 1992 ein Komitee für Bioethik, besetzt mit europäischen Beamten, Bioethikern, Juristen und Lobbyisten der Biotechnologie, gegründet und mit dem Entwurf einer Rahmenkonvention beauftragt. Dessen Arbeit verlief weitestgehend ohne Einbindung der Öffentlichkeit und der Parlamente. Die geheimgehaltenen Texte wurden erst auf öffentlichen Druck hin veröffentlicht und nach der daraufhin erfolgten Kritik überarbeitet und schließlich 1996 in letzter Fassung mit einstimmigem Beschluß von 40 Staaten des Europarates bei drei Enthaltungen (Deutschland, Belgien, Polen) verabschiedet (vgl. Emmrich 1997, 13ff; Köbsell 1999, 85ff).

Die Kritik an der Bioethik-Konvention richtet sich u.a. gegen unklare Formulierungen, die letztendlich Forschungen an sog. Einwilligungsunfähigen, Eingriffe in die Keimbahn bzw. die Forschung an Embryonen unter bestimmten Umständen (z.B. zum Nutzen kollektiver Interessen) ermöglichen. Auch die Tatsache, daß dort Mensch-Sein undefiniert bleibt und anstelle von Menschen überwiegend von Personen gesprochen wird, trägt nicht gerade zur Vertrauensbildung bei. Es drängt sich insgesamt der Verdacht auf, daß mit der Bioethik-Konvention die Medizin zwecks Entwicklung der Biowissenschaften aus ihrer individualethischen Verpflichtung suspendiert werden soll (vgl. Arbeitskreis zur Erforschung der „Euthanasie"-Geschichte 1996, 409ff).

Die expandierenden Forschungen im Bereich der Gentechnologie, die zur Selbstverständlichkeit gewordenen Maßnahmen der humangenetischen Beratung und die bioethischen Legitimationen geben ganz offensichtlich

Anlaß zu Befürchtungen, daß die gegen gesellschaftlich bedingte Ausgren-
zungs- und Entsorgungsprozesse entstandenen Behinderten-Initiativen der
60er Jahre, ein damit verbundener Paradigmawechsel in der Behindertenarbeit und die allmählich wachsende gesellschaftliche Sensibilisierung für
Probleme von Randgruppen zunehmend der biowissenschaftlichen Ideologie
und einer darauf beruhenden biotechnischen Entsorgungspraxis zum Opfer
fallen könnten. Die bioethischen Überlegungen mit all ihren eliminatorischen
Konsequenzen bezüglich der „sozialen Frage" werden zudem in einer Zeit
angespannter Haushaltslagen mit zunehmenden Einsparungen im Sozial- und
Gesundheitsbereich populär, in der die Sorge um die Sicherung der Renten,
die Finanzierung einer steigenden Zahl von Arbeitslosen dem „neuen
Kosten-Nutzen-Kalkül" auf breiter öffentlich-politischer Ebene Popularität
und Sympathie verschafft.

Es bleibt also noch viel zu tun auf dem Wege zu einem allumfassenden Menschenbild, einem Recht auf Verschiedenheit, das die Würde und
den Schutz von menschlichem Leben in all seinen Entwicklungsstadien und
den jeweilig möglichen Erscheinungsformen garantiert und auf das der medizinische Fortschritt verpflichtet werden muß.

Literatur

Adam, H.: Das Normalisierungsprinzip und seine Bedeutung für die Behindertenpädagogik. *Behindertenpädagogik* (1977), 2, 73-91

Altstaedt, I.: Lernbehinderte. Reinbek 1977

Anstötz, C.: Heilpädagogische Ethik auf der Basis des Präferenz-Utilitarismus. *Behindertenpädagogik* (1988), 4, 368-382

Anstötz, C.: Ethik der Heilpädagogik und das Recht auf Leben. Darstellung der Position Michael Tooleys. *Heilpädagogische Forschung* (1989), 3, 127-132

Anstötz, C.: Ethik und Behinderung. Ein Beitrag zur Ethik der Sonderpädagogik aus empirisch-rationaler Perspektive. Berlin 1990

Anstötz, C.: Rezeption der utilitaristischen Position Peter Singers in der aktuellen Literatur der (deutschsprachigen) Sonderpädagogik *oder:* Wie eine humane, lebensbejahende Ethik in eine „Tötungsethik" verwandelt wurde. In: Hegselmann, R./Merkel, R. (Hrsg.): Zur Debatte über Euthanasie. Frankfurt/Main 1991

Anstötz, C.: Grenzfragen der Euthanasie und der frühen Förderung bei schwerstgeschädigten Neugeborenen. Antworten aus sonderpädagogisch-ethischer Sicht. *Sonderpädagogik* (1993), 2, 80-87

Anstötz, C./Hegselmann, R./Kliemt, H. (Hrsg.): Peter Singer in Deutschland. Zur Gefährdung der Diskussionsfreiheit in der Wissenschaft. Frankfurt/Main 1995

Apel, K.-O./Böhler, D./Berlich, A./Plumpe, G.: Praktische Philosophie/Ethik. Bd.I Frankfurt/Main 1984

Arbeitskreis zur Erforschung der „Euthanasie"-Geschichte: Grafenecker Erklärung zur Bioethik. *Behindertenpädagogik* (1996), 4, 409-418

Ayaß, W.: „Asoziale" im Nationalsozialismus. Stuttgart 1995

Bach, H.: Begriff und Struktur der Sonderpädagogik (Heilpädagogik). In: Asperger, H. (Hrsg.): 4. Internationaler Kongreß für Heilpädagogik. Wien 1969

Bach, H.: Sozialpädagogik und Sonderpädagogik. In: Eyfert/Otto/Thiersch (Hrsg.): Handbuch Sozialarbeit/Sozialpädagogik. Darmstadt 1984

Bachmann , W.: Das unselige Erbe des Christentums: Die Wechselbälge. Fulda 1985

Basaglia, F. (Hrsg.): Die negierte Institution oder Die Gemeinschaft der Ausgeschlossenen. Ein Experiment der psychiatrischen Klinik in Görz. Frankfurt/Main 1973

Bastian, T. (Hrsg.): Denken - Schreiben - Töten. Zur neuen „Euthanasie"-Diskussion und zur Philosophie Peter Singers. Stuttgart 1990

Bastian, T./Rost, K.L.: Zur Kritik der utilitaristischen Ethik Singers. In: Bastian, T. (Hrsg.): Denken - Schreiben - Töten. Zur neuen „Euthanasie"-Diskussion und zur Philosophie Peter Singers. Stuttgart 1990

Baudisch, W.: Effektive Bedingungen und Wege für die Bildung und Erziehung physisch-psychisch geschädigter Kinder und Jugendlicher. *Die Sonderschule* (1989), 1, 1-9

Bauer, A.: Minimale cerebrale Dysfunktion und/oder Hyperaktivität im Kindesalter. Berlin 1986

Bayertz, K.: Gen-Ethik. Reinbek 1987

Beck-Gernsheim, E.: Technik, Markt, Moral. Über Reproduktionsmedizin und Gentechnologie. Frankfurt/Main 1991

Beck, I./Düe, W./Wieland, H. (Hrsg.): Normalisierung: Behindertenpädagogische und sozialpolitische Perspektiven eines Reformkonzeptes. Heidelberg 1996

Begemann, E.: „Sonder"-(schul-)Pädagogik: Zur Notwendigkeit neuer Orientierungen. *Zeitschrift für Heilpädagogik*, (1992), 4, 217-267

Benz, U. (Hrsg.): Frauen im Nationalsozialismus. München 1993

Berg, C./ Ellger-Rüttgardt, S. (Hrsg.): „Du bist nichts, Dein Volk ist alles" - Forschungen zum Verhältnis von Pädagogik und Nationalsozialismus. Weinheim 1991

Berner, H.: Sonderpädagogische Geschichtsschreibung nach 1945 - verdrängen, verschweigen, verfälschen. In: Rudnick, M. (Hrsg.): Aussondern - Sterilisieren - Liquidieren. Die Verfolgung Behinderter im Nationalsozialismus. Berlin 1990

Beschel, E.: Der Eigencharakter der Hilfsschule. Weinheim 1960

Bilsin, C./Hug, S: «Gesundheit ist machbar». In: Roth, C. (Hrsg.): Genzeit. Zürich 1991

Binding, K./Hoche, A.: Die Freigabe der Vernichtung lebensunwerten Lebens. Leipzig 1920

Birnbacher, D.: Das Tötungsverbot aus der Sicht des klassischen Utilitarismus. In: Hegselmann, R./Merkel, R. (Hrsg.): Zur Debatte über Euthanasie. Frankfurt/Main 1991

Blasius, D.: Der verwaltete Wahnsinn. Eine Sozialgeschichte des Irrenhauses. Hamburg 1980

Bleidick, U.: Pädagogische Theorien der Behinderung und ihre Verknüpfung. *Zeitschrift für Heilpädagogik* (1977), 4, 207-229

Bleidick, U. : Anthropologische Aspekte der Erziehung von Behinderten. Hagen 1984 (Fernuniversität Hagen)

Bleidick, U.: Pädagogik der Behinderten. Berlin 1984[5](a)

Bleidick, U.: Die Behinderung im Menschenbild und hinderliche Menschenbilder in der Erziehung Behinderter. *Zeitschrift für Heilpädagogik* (1990), 8, 514-534

Blume, A.: „Sterilisation." Reinbek 1991

Bopp, L.: Allgemeine Heilpädagogik in systematischer Grundlegung und mit erziehungspraktischer Einstellung. Freiburg 1930

Bopp, J.: Antipsychiatrie. Theorien, Therapien, Politik. Frankfurt/Main 1982

v.Bracken, H.: Vorurteile gegen behinderte Kinder, ihre Familien und Schulen. Berlin 1976

Bradl, C.: Das Bild Geistigbehinderter in der Geschichte der Psychiatrie. In: Dreher, W./Hofmann, T./Bradl, C. (Hrsg.): Geistig Behinderte zwischen Pädagogik und Psychiatrie. Bonn 1987

Bradl, C.: Geistigbehinderte und Psychiatrie. In: Dreher, W./ Hofmann, T./ Bradl, C. (Hrsg.): Geistig Behinderte zwischen Pädagogik und Psychiatrie. Bonn 1987 (a)

Bradl, C.: Anfänge der Anstaltsfürsorge für Menschen mit geistiger Behinderung („Idiotenanstaltswesen"). Frankfurt/Main 1991

Braum, D.: Vom Tollhaus zum Kastenhospital. Ein Beitrag zur Geschichte der Psychiatrie in Frankfurt am Main. In: Preiser, G. (Hrsg.): Frankfurter Beiträge. Bd.5. Hildesheim 1986

Brenner, A.: Gentechnologie und praktische Philosophie. Pfaffenweiler 1990

Brumlik, M.: Der symbolische Interaktionismus und seine pädagogische Bedeutung. Frankfurt/Main 1973

Bruns, T./Penselin, U./ Sierck, U. (Hrsg.): Tödliche Ethik. Beiträge gegen Eugenik und 'Euthanasie'. Hamburg 1990

Brusten, M./Hohmeier, J. (Hrsg.): Stigmatisierung 1 u. 2. Zur Produktion gesellschaftlicher Randgruppen. Darmstadt 1975

162

Buchkremer, H.: Töten und Tabu. *Heilpädagogische Forschung* (1989), 3, 133-141

Bundesvereinigung Lebenshilfe für geistig Behinderte e.V. (Hrsg.): Humanes Wohnen - seine Bedeutung für das Leben geistig behinderter Erwachsener. Marburg 1987

Bundesvereinigung Lebenshilfe für geistig Behinderte e.V. (Hrsg.): Wohnen heißt zu Hause sein. Marburg 1995

Chamberlain, H.S.: Die Grundlagen des 19. Jahrhunderts. München 1940[25]

Clausen, J./Dresler, K-D./Eichenbrenner, I.: Soziale Arbeit im Arbeitsfeld Psychiatrie. Eine Einführung. Freiburg 1997

Clauß, L.,F.: Rasse und Seele. München 1936[6]

Cloerkes, G.: Soziologie der Behinderten. Heidelberg 1997

Cooper, D.: Psychiatrie und Anti-Psychiatrie. Frankfurt/Main 1971

Damrau, J./Zimmermann, W.: Betreuungsgesetz. Gesetz zur Reform des Rechts der Vormundschaft und Pflegschaft für Volljährige. (Kommentar). Stuttgart/Berlin/Köln 1991

Deutscher Bildungsrat: Zur pädagogischen Förderung behinderter und von Behinderung bedrohter Kinder und Jugendlicher. Stuttgart 1973

Dörner, K.: Nationalsozialismus und Lebensvernichtung. *Vierteljahreshefte für Zeitgeschichte* (1967), Jg.15, 121-152

Dörner, K./Plog, U.(Hrsg.): Sozialpsychiatrie. Psychisches Leiden zwischen Integration und Emanzipation. Neuwied/Berlin 1972

Dörner, K./Plog, U.: Irren ist menschlich: Lehrbuch der Psychiatrie/Psychotherapie. Bonn 1989[5]

Dörner, K.: Tödliches Mitleid. Gütersloh 1989[2] (a)

Dreher, W./Hofmann, T./Bradl, C. (Hrsg.): Geistig Behinderte zwischen Pädagogik und Psychiatrie. Bonn 1987

Eberwein, H. (Hrsg.): Behinderte und Nichtbehinderte lernen gemeinsam. Handbuch der Integrationspädagogik. Weinheim/Basel 1988

Eberwein, H.: Integrationspädagogik als Weiterentwicklung (sonder-)pädagogischen Denkens und Handelns. In: Eberwein, H. (Hrsg.): Behinderte und Nichtbehinderte lernen gemeinsam. Handbuch der Integrationspädagogik. Weinheim/Basel 1988

Eberwein, H.: Zur Kritik des sonderpädagogischen Paradigmas und des Behinderungsbegriffs. *Zeitschrift für Heilpädagogik* (1995), 10, 468-476

Eggert, D.: Psychologische Theorien der geistigen Behinderung. In: Neuhäuser,G./Steinhausen, H.-C. (Hrsg.): Geistige Behinderung. Grundlagen, Klinische Syndrome, Behandlung und Rehabilitation. Stuttgart 1990

Emmrich, M.: Der vermessene Mensch. Aufbruch ins Gen-Zeitalter. Berlin 1997

Erhardt-Kramer, A./Gerspach, M./Hoppe, J.R.: Integrative Erziehung behinderter und nichtbehinderter Kinder. Frankfurt/Main 1988

Feuser, G.: Unverzichtbare Grundlagen und Formen der gemeinsamen Erziehung behinderter und nichtbehinderter Kinder in Kindergarten und Schule. *Behindertenpädagogik* (1986), 2, 122-139

Feuser, G.: „Der Streit um Leben und Tod" - Stellungnahme zur Diskussion über das Lebensrecht behinderter Menschen. *Behindertenpädagogik* (1989), 3, 301-308

Feuser, G.: Wider die Unvernunft der Euthanasie. Grundlagen einer Ethik der Heil- und Sonderpädagogik. Luzern 1992

fib e.V.: Ende der Verwahrung?! Perspektiven geistig behinderter Menschen zum selbständigen Leben. *Behindertenpädagogik* (1990), 3, 332-343 *fib e.V.* (Hrsg.): Leben auf eigene Gefahr?! Geistig Behinderte auf dem Weg in ein selbstbestimmtes Leben. München 1995

Fischer-Elfert, H.-W.: „Lache nicht über einen Blinden und verspotte nicht einen Zwerg!" Über den Umgang mit Behinderten im Alten Ägypten. In: Liedke, M. (Hrsg.): Behinderung als pädagogische und politische Herausforderung. Bad Heilbrunn 1996

Flitner, W.: Die Erziehung. Pädagogen und Philosophen über die Erziehung und ihre Probleme. Wiesbaden 1953

Foucault, M.: Wahnsinn und Gesellschaft. Frankfurt/Main 1978

Fouquet, C.: Euthanasie und Vernichtung „lebensunwerten" Lebens unter Berücksichtigung des behinderten Menschen. Gießener Studienreihe Heil- und Sonderpädagogik. Bd.2. Oberbiel 1978

Friske, A.: Als Frau geistig behindert sein. Ansätze zu frauenorientiertem heilpädagogischen Handeln. München/Basel 1995

Furrer, H.: Von der Integration zum Recht auf Verschiedenheit. In: Merz, H.P./ Frei, E.X. (Hrsg.): Behinderung, verhindertes Menschenbild? Luzern 1994

Gaedt, C.: Einrichtung für Ausgeschlossene oder »Ein Ort zum Leben«. Überlegungen zur Betreuung Geistigbehinderter. In: Jahrbuch für kritische Medizin. Bd.7. Berlin 1981

Gaedt, C.: Autonomie und soziale Strukturen. Kritische Gedanken zu modernen Betreuungskonzepten für Menschen mit geistiger Behinderung. Neuerkerode 1995

Gamm, H.-J.: Der Faschismuskomplex und die Sonderpädagogik. *Zeitschrift für Heilpädagogik* (1983), 12, 789-797

Georgens, J.D./Deinhardt, H.: Heilpädagogik. I. Band: Einleitung und Begründung einer heilpädagogischen Gesamtwissenschaft. Leipzig 1861. II. Band: Die Idiotie und die Idiotenerziehung in ihrem Verhältnis zu den übrigen Zweigen der Heilpädagogik und zu der Gesundenerziehung. Leipzig 1863

Gers, D.: Sonderpädagogik im Faschismus - das Beispiel Hilfsschule. In: Rudnick, M. (Hrsg.): Aussondern - Sterilisieren - Liquidieren. Berlin 1990

Gerspach, M.: Kritische Heilpädagogik. Frankfurt/Main 1981

Gerspach, M.: Integrative Erziehung - Der Werdegang eines pädagogischen Sinnverständnisses. In: Erhardt-Kramer, A./Gerspach, M./Hoppe, J.R.: Integrative Erziehung behinderter und nichtbehinderter Kinder. Frankfurt/Main 1988

Gerspach, M.: Einführung in die Heilpädagogik. Frankfurt/Main 1989

Gobineau, J.A.: Essai sur l'inégalité des races humaines. Paris 1853

Goffman, E.: Asyle. Über die Situation psychiatrischer Patienten und anderer Insassen. Frankfurt/Main 1973

Goffman, E.: Stigma. Über Techniken der Bewältigung beschädigter Identität. Frankfurt/Main 1988

Graf, J.: Vererbungslehre, Rassenkunde und Erbgesundheitspflege. München 1934[3]

Grassi, E. (Hrsg.): Der utopische Staat. Reinbek 1979[14]

Grimm, J.: Deutsche Rechtsaltertümer, Bd I. 1899

Gröschke, D.: Praxiskonzepte der Heilpädagogik. München/Basel 1989

Gröschke, D.: Integration oder Apartheit? Steckt die Geistigbehindertenhilfe in einer Normalisierungsfalle? *Zeitschrift für Heilpädagogik* (1998), 8, 365-373

Guggenbühl, J.: Die Heilung und Verhütung des Cretinismus und ihre neuesten Fortschritte. Bern 1853

Günther, H.F.K.: Rassenkunde des deutschen Volkes. 1933[16]

Günther, H.F.K.: Herkunft und Rassengeschichte der Germanen. München 1935

Haeberlin, U.: Identität und Behinderung. *Zeitschrift für Heilpädagogik* (1978), 12, 723-735

Haeberlin, U.: Heilpädagogik als wertgeleitete Wissenschaft. Bern/Stuttgart/Wien 1996

Haeberlin, U.: Benachteiligung und Ausgrenzung von Menschen als gesellschaftliche und pädagogische Herausforderung. *Behindertenpädagogik* (1998), 3, 226-239

Haeckel, E.: Die Welträtsel. Gemeinverständliche Studien über monistische Philosophie. Stuttgart 1984 (1899)

Hanselmann, H.: Einführung in die Heilpädagogik. Leipzig 1932

Harmsen, H.: Gegenwartsfragen der Eugenik. *Innere Mission* (1931), 26, 336-339

Hauss, F.: Von der Zwangsjacke zur Fördergruppe: Geistig Behinderte in der Geschichte der Psychiatrie. Medizinhistorische Untersuchung über das sich wandelnde Krankheitsverständnis anhand von Psychiatrielehrbüchern ab 1850. Frankfurt/Main 1989

Heimlich, U.: Von der sonderpädagogischen zur integrativen Förderung - Umrisse einer heilpädagogischen Handlungstheorie. *Zeitschrift für Heilpädagogik* (1998), 6, 250-258

Hensle, U.: Einführung in die Arbeit mit Behinderten. Heidelberg/Wiesbaden 1988

Herriger; N.: Empowerment - Annäherungen an ein neues Fortschrittsprogramm der sozialen Arbeit. *Neue Praxis* (1991), 3, 221-229

Herriger, N.: Empowerment in der Sozialen Arbeit. Eine Einführung. Stuttgart/ Berlin/Köln 1997

Herrmann, G./v.Lüpke, K.: Lebensrecht und Menschenwürde. Behinderung, Eugenische Indikation und Gentechnologie. Essen 1991

Hiersche, H.-D./Hirsch, G./Graf-Baumann, T. (Hrsg.): Grenzen ärztlicher Behandlungspflicht bei schwerstgeschädigten Neugeborenen. Berlin/Heidelberg 1987

Hirsch, G./Eberbach, W.: Auf dem Weg zum künstlichen Leben. Retortenkinder - Leihmütter - programmierte Gene. Basel/Boston/Stuttgart 1987

Hitler, A.: Mein Kampf. Bd. I u. II. München 1935 (1925/1927)

Höck, M.: Die Hilfsschule im Dritten Reich. Berlin 1979

Hoffmann, J.: Hilfsschulpädagogik in der DDR. Historische und theoretische Grundlagen. Berlin 1986

Hohmeier, J.: Stigmatisierung als sozialer Definitionsprozeß. In: Brusten, M./Hohmeier, J. (Hrsg.): Stigmatisierung 1 u. 2. Zur Produktion gesellschaftlicher Randgruppen. Darmstadt 1975

Hössl, A./Lipski, J.: Integrative Erziehung von behinderten Kindern - Bestandsaufnahme und Perspektive für den Elementarbereich. In: Erhardt-Kramer, A./Gerspach, M./Hoppe, J.R.: Integrative Erziehung behinderter und nichtbehinderter Kinder. Frankfurt/Main 1988

Huber, G.: Psychiatrie. Systematischer Lehrtext für Studenten und Ärzte. Stuttgart/New York 1981[3]

Hustig, G.: Didaktische Konzeptionen für die Bildung und Erziehung von Hilfsschülern in der DDR. Hagen 1990 (Fernuniversität Hagen)

Innerhofer, P./ Klicpera, C.: Integration. Solidarität contra Selbstentfaltung. In: Thalhammer, M. (Hrsg.): Gefährdungen des behinderten Menschen im Zugriff von Wissenschaft und Praxis. München/Basel 1986

Jantzen, W.: Theorien zur Heilpädagogik. *Das Argument*, Nr.80, (1973), 152-169

Jantzen, W.: Sozialisation und Behinderung. Studien zu sozialwissenschaftlichen Grundfragen der Behindertenpädagogik. Gießen 1974

Jantzen, W. (Hrsg.): Theorie und Praxis der Behindertenpädagogik. Gießen 1974 (a)

Jantzen, W.: Zur begrifflichen Fassung von Behinderung aus der Sicht des historischen und dialektischen Materialismus. *Zeitschrift für Heilpädagogik* (1976), 7, 428-436

Jantzen, W.: Der neue Terminus: Ontologisierung. *Behindertenpädagogik* (1982), 4, 189-190

Jantzen, W.: Sozialgeschichte des Behindertenbetreuungswesens. München 1982 (a)

Jantzen, W.: Allgemeine Behindertenpädagogik. Bd.I. Sozialwissenschaftliche und psychologische Grundlagen. Weinheim/Basel 1987

Jantzen, W.: „Praktische Ethik" als Verlust der Utopiefähigkeit - Anthropologie und naturphilosophische Argumente gegen Peter Singer. *Behindertenpädagogik* (1991), 1, 11-25

Jantzen, W.: Natur, Moral, Vernunft. Anthropologische Grundlagen einer Kritik der utilitaristischen Ethik. In: Herrman, G./ v. Lüpke, K. (Hrsg.): Lebensrecht und Menschenwürde. Essen 1991(a)

Jantzen, W.: Bestandsaufnahme und Perspektiven der Sonderpädagogik als Wissenschaft. *Zeitschrift für Heilpädagogik* (1995), 8, 368-377

Jervis, G.: Kritisches Handbuch der Psychiatrie. Frankfurt/Main 1978

Jokisch, K.: Erziehung nach Auschwitz - oder nur ein Paradigmawechsel. In: Willand, H. (Hrsg.): Sonderpädagogik im Umbruch. Berlin 1987

Jonas, H.: Das Prinzip Verantwortung. Versuch einer Ethik für die technische Zivilisation. Frankfurt/Main 1984 (1979)

Jonas, H.-J.: Ethik im Zeitalter menschlicher Reproduzierbarkeit. *Behindertenpädagogik* (1990), 1, 39-51

Kaiser, J.C/Nowak, K./Schwartz, M.: Eugenik, Sterilisation, »Euthanasie«. Politische Biologie in Deutschland 1895-1945. Eine Dokumentation. Berlin 1992

Kaminer, I.J.: Psychiatrie im Nationalsozialismus. Frankfurt/Main 1996

Kamlah, W.: Philosophische Anthropologie. Sprachkritische Grundlegung und Ethik. Mannheim 1984

Kaul, F.-K.: Psychiatrie im Strudel der Euthanasie. Köln/Frankfurt/Main 1979

Keckeisen, W.: Die gesellschaftliche Definition abweichenden Verhaltens. Perspektiven und Grenzen des labeling approach. München 1974

Kirmsse, M.: Zur Geschichte der frühen Krüppelfürsorge. *Zeitschrift für Krüppelvorsorge.* (1911), 4, 3-18

Kirmsse, M.: Der Schwachsinnige und seine Stellung im Kulturleben der Vergangenheit und der Gegenwart. *Zeitschrift für die Behandlung Schwachsinniger* (1922), 42, 81-88

Klee, E.: Dokumente zur »Euthanasie«. Frankfurt/Main 1986

Klee, E.: Auschwitz, die NS-Medizin und ihre Opfer. Frankfurt/Main 1987

Klee, E.: Behinderte. Über die Enteignung von Körper und Bewußtsein. Frankfurt/Main 1987[2] (a)

Klee, E.: Was sie taten - Was sie wurden. Ärzte, Juristen und andere Beteiligte am Kranken- oder Judenmord. Frankfurt/Main 1988

Klee, E.: »Euthanasie« im NS-Staat. Die »Vernichtung lebensunwerten Lebens«. Frankfurt/Main 1989

Klee, E.: »Durch Zyankali erlöst« - Sterbehilfe und Euthanasie heute. Frankfurt/Main 1990

Klee, E.: Irrsinn Ost - Irrsinn West. Psychiatrie in Deutschland. Frankfurt/Main 1993

Klein, G./Kreie, G./ Reiser, H.: Integrative Prozesse in Kindergartengruppen. Darmstadt 1987

Klein, G./Kreie, G./ Kron, M./Reiser, H./ Ziller, H.: Was ist Integration? In: Erhardt-Kramer, A./Gerspach, M./Hoppe, J.R.: Integrative Erziehung behinderter und nicht-behinderter Kinder. Frankfurt/Main 1988

Klevinghaus, J.: Hilfen zum Leben. Zur Geschichte der Sorge für Behinderte. Bielefeld 1972

Klinsiek, D.: Die Frau im NS-Staat. Stuttgart 1982

Kobi, E.E.: Heilpädagogik als Dialog. In: Leber, A. (Hrsg.): Heilpädagogik. Darmstadt 1980

Kobi, E.E.: Grundfragen der Heilpädagogik. Eine Einführung in heilpädagogisches Denken. Bern/Stuttgart 1983[4]

Köbsell, S.: Mogelpackung - die 'Bioethik-Konvention' des Europarates und ihre Bedeutung für Menschen mit Behinderungen. *Behindertenpädagogik* (1999), 1, 85-96

Kühl, S.: Die Internationale der Rassisten - Aufstieg und Niedergang der internationalen Bewegung für Eugenik und Rassenhygiene im 20. Jahrhundert. Frankfurt/Main 1997

Kugel, R./Wolfensberger, W.: Geistig Behinderte - Eingliederung oder Bewahrung. Stuttgart 1974

Kuhn, T.S.: Die Stuktur wissenschaftlicher Revolutionen. Frankfurt/Main 1976

Kuhse, H./Singer, P.: Muß dieses Kind am Leben bleiben? Das Problem schwerstgeschädigter Neugeborener. Erlangen 1993

Laing, R.D.: Phänomenologie der Erfahrung. Frankfurt/Main 1979

Leber, A. (Hrsg.): Heilpädagogik. Darmstadt 1980

Lévinas, E.: Die Spur des Anderen. Untersuchungen zur Phänomenologie und Sozialphilosophie. Freiburg/München 1983

Liedke, M. (Hrsg.): Behinderung als pädagogische und politische Herausforderung. Bad Heilbrunn 1996

Lindmeier, C.: Behinderung - Phänomen oder Faktum? Bad Heilbrunn 1993

Mattner, D.: Zur Dialektik des gelebten Leibes. Dortmund 1987

Mattner, D.: Mototherapie - eine kritische Bestandsaufnahme einer (psycho-) therapeutischen Konzeption. *Behindertenpädagogik* (1993), 2, 152-164

Mattner, D./Gerspach, M.: Heilpädagogische Anthropologie. Stuttgart/Berlin/Köln 1997

de Mause, L.: Hört ihr die Kinder weinen. Eine psychogenetische Geschichte der Kindheit. Frankfurt/Main 1982

Mayer, J.: Gesetzliche Unfruchtbarmachung Geisteskranker. Freiburg 1927

Mehl, A.: Behinderte in der antiken griechischen Gesellschaft. In: Liedke, M. (Hrsg.): Behinderung als pädagogische und politische Herausforderung. Bad Heilbrunn 1996

Merz, H.P./ Frei, E.X. (Hrsg.): Behinderung, verhindertes Menschenbild? Luzern 1994

Mezger, W.: Hofnarren im Mittelalter. Konstanz 1981

Meyer, H.: Geistigbehindertenpädagogik. In: Solarová, S. (Hrsg.): Geschichte der Sonderpädagogik. Stuttgart 1983

Milani Comparetti, A.: Von der Behandlung der Krankheit zur Sorge um Gesundheit. Konzept einer am Kind orientierten Gesundheitsförderung von Prof. Milani Comparetti. Dokumentation Paritätisches Bildungswerk Frankfurt. Frankfurt/Main 1986

Miles-Paul, O.: „Wir sind nicht mehr aufzuhalten." Behinderte auf dem Weg zur Selbstbestimmung. München 1992

Mitscherlich, A./Mielke, F.: Medizin ohne Menschlichkeit. Dokumente des Nürnberger Ärzteprozesses. Frankfurt/Main 1995 (1960)

Möckel, A.: Geschichte der Heilpädagogik. Stuttgart 1988

Möckel, A.: Behinderte Kinder im Nationalsozialismus. Lehren für das Verhältnis von Pädagogik und Sonderpädagogik. In: Berg, C./Ellger-Rüttgardt, S. (Hrsg.): „Du bist nichts, Dein Volk ist alles" - Forschungen zum Verhältnis von Pädagogik und Nationalsozialismus. Weinheim 1991

Montalta, E.: Grundlage und systematische Ansätze zu einer Theorie der Heilerziehung (Heilpädagogik). In: Jussen, H. (Hrsg.): Handbuch der Heilpädagogik in Schule und Jugendhilfe. München 1967

Moser, V.: Die wissenschaftliche Grundlegung der Heilpädagogik in der ersten Hälfte des 20. Jahrhunderts. *Heilpädagogische Forschung* (1998), 2, 75-83

Muckermann, H.: Erblichkeitsforschung und Wiedergeburt von Familie und Volk. Freiburg 1925[4]

Muckermann, H.: Eugenik und Katholizismus. Berlin 1933

Müller, M.: Denkansätze in der Heilpädagogik. Eine systematische Darstellung heilpädagogischen Denkens. Heidelberg 1991

Mürner, C.: Behinderte als Beispiel in der Genetik oder wie man sich das Menschenbild der öffentlichen Meinung wissenschaftlich zunutze macht. In: Mürner, C. (Hrsg.): Ethik - Genetik - Behinderung. Luzern 1991

Mürner, C./Sierck, U.: Lebensbedrohliche Pädagogik - Zur verhängnisvollen Vermittlung von Ethik und „Euthanasie". *Behindertenpädagogik* (1990), 3, 323-331

Musfeld, K.: Berhard Bavink als „christlicher" Wegbereiter der Vernichtung „unwertigen" Lebens. *Behindertenpädagogik* (1991), 4, 429-434

Myschker, N.: Lernbehindertenpädagogik. In: Solarová, S. (Hrsg.): Geschichte der Sonderpädagogik. Stuttgart 1983

Neubert, D./Billich, P./Cloerkes, G.: Stigmatisierung und Identität. Zur Rezeption und Weiterführung des Stigma-Ansatzes in der Behindertenforschung. *Zeitschrift für Heilpädagogik* (1991), 10, 673-688

Nietzsche, F.: Der Antichrist. Fluch auf das Christentum. Werke III. Frankfurt/Main 1969

Niehoff, U.: Tendenzen einer neuen (alten) Behinderungsfeindlichkeit. *Behindertenpädagogik* (1990),1, 86-103

Niehoff, U.: Wege zur Selbstbestimmung. *Geistige Behinderung* (1994), 3, 186-201

Nirje, B.: Das Normalisierungsprinzip und seine Auswirkungen in der fürsorgerischen Betreuung. In: Kugel, R./Wolfensberger, W.: Geistig Behinderte - Eingliederung oder Bewahrung. Stuttgart 1974

Nitschke, A.: Die 'Erbpolizei' im Nationalsozialismus - Zur Alltagsgeschichte der Gesundheitsämter im Dritten Reich. Opladen/Wiesbaden 1999

Nowak, K.: „Euthanasie" und Sterilisierung im Dritten Reich: Die Konfrontation der evangelischen und katholischen Kirche mit dem „Gesetz zur Verhütung erbkranken Nachwuchses" und der „Euthanasie"-Aktion. Weimar/Göttingen 1984

Offenhausen, H.: Behinderung und Sexualität. Bonn-Bad Godesberg 1981

Paul, J.: Levana oder Erziehlehre. Braunschweig 1807

Pestalozzi, J.H. : Werke, Bd.I-VIII. Zürich 1946

Pfeffer, W.: Geistigbehindertenpädagogik: Sonderpädagogisches „Reservat" oder Pädagogik? In: Kobi u.a. (Hrsg.): Zum Verhältnis von Pädagogik und Sonderpädagogik. Luzern 1984

Ploetz, A.: Grundlinien einer Rassenhygiene. I. Theil: Die Tüchtigkeit unserer Rasse und der Schutz der Schwachen. Berlin 1895

Prengel, A.: Pädagogik der Vielfalt. Opladen 1995

Propping, P.: Psychiatrische Genetik. Berlin/Heidelberg 1989

Psychiatrie-Enquête: Bericht über die Lage der Psychiatrie in der Bundesrepublik Deutschland - Zur psychiatrischen und psychotherapeutisch/psychosomatischen Versorgung der Bevölkerung - Unterrichtung durch die Bundesregierung, Drucksache 7/4200. Bonn 1975

Radtke, P.: Wir lassen nicht über uns diskutieren - Zur Lebensrechtdebatte behinderter Menschen. *Geistige Behinderung* (1990), 4, 275-279

Reichmann, E. (Hrsg.): Handbuch der kritischen und materialistischen Behindertenpädagogik und ihrer Nebenwissenschaften. Solms-Oberbiel 1984

Reisch, L.: Zum Umgang mit Behinderten in urgeschichtlicher Zeit. In: Liedke, M. (Hrsg.): Behinderung als pädagogische und politische Herausforderung. Bad Heilbrunn 1996

Richter, H.E.: Medizinische Ethik heute? 50 Jahre nach dem Nürnberger Ärzteprozeß. *psychosozial* (1998), 1, 7-14

Rock, K.: Selbstvertretung von Menschen mit einer geistigen Behinderung - Die angloamerikanische Self-Advocacy-Bewegung. *Behindertenpädagogik* (1997), 4, 354-372

Rösger, A.: Der Umgang mit Behinderten im römischen Reich. In: Liedke, M. (Hrsg.): Behinderung als pädagogische und politische Herausforderung. Bad Heilbrunn 1996

Rohr, B.: Eugenische Indikation im § 218 - Hin und hergerissen zwischen unterschiedlichen Moralen. In: Stein, A.-D. (Hrsg.): Lebensqualität statt Qualitätskontrolle menschlichen Lebens. Berlin 1992

Rohrmann, E.: Das Unerziehbarkeitsdogma der Deutschen Heil- und Sonderpädagogik in der Theorie und Praxis der Rehabilitationspädagogik der DDR. *Behindertenpädagogik* (1992), 2, 138-149

Rosenberg, A.: Der Mythus des 20. Jahrhunderts. München 1930

Rosenhan, D.L.: Gesund in kranker Umgebung. In: Watzlawick, P. (Hrsg.): Die erfundene Wirklichkeit. München/Zürich 1991

Rosenthal, R./Jacobson, L.: Pygmalion im Unterricht. Lehrererwartungen und Intelligenzentwicklung der Schüler. Weinheim/Berlin/Basel 1971

Rost, K.L.: „Schöne neue Welt"? Zur utilitaristischen Funktionalisierung des Lebens und ihrer ethischen Legitimierung durch Peter Singer. In: Bastian, T. (Hrsg.): Denken - Schreiben - Töten. Zur neuen „Euthanasie"-Diskussion und zur Philosophie Peter Singers. Stuttgart 1990

Roth, C. (Hrsg.): Genzeit. Zürich 1991

Rudnick, M.: Behinderte im Nationalsozialismus. Weinheim/Basel 1985

Rudnick, M. (Hrsg.): Aussondern - Sterilisieren - Liquidieren. Die Verfolgung Behinderter im Nationalsozialismus. Berlin 1990

Schäfer, W.: „Bis endlich der langersehnte Umschwung kam..." - Die Karriere des Werner Villinger. In: Fachschaft Medizin der Philipps-Universität Marburg (Hrsg.): „Bis endlich der langersehnte Umschwung kam..." - Von der Verantwortung der Medizin unter dem Nationalsozialismus. Marburg 1991

Schaller, H.: Die Schule im Staate Adolf Hitlers. Breslau 1935

Schallmayer, W.: Vererbung und Auslese im Lebenslauf der Völker. Eine staatswissenschaftliche Studie auf Grund der neueren Biologie. In: Ziegler, H.E.: Natur und Staat. Beiträge zur naturwissenschaftlichen Gesellschaftslehre. Jena 1903

Schildmann, U.: Integrationspädagogik und Normalisierungsprinzip - ein kritischer Vergleich. *Zeitschrift für Heilpädagogik* (1997), 3, 90-96

Schindele, E.: Gläserne Gebär-Mütter. Vorgeburtliche Diagnostik - Fluch oder Segen. Frankfurt/Main 1990

Schmidt, F.: Das Reich als Aufgabe. Berlin 1940

Schuchardt, E.: Biographische Erfahrung und wissenschaftliche Theorie. Soziale Integration Behinderter. Bd.1. Bad Heilbrunn 1987

See, H.: Die Gesellschaft und ihre Kranken oder brauchen wir das klassenlose Krankenhaus. Reinbek 1973

Seebaum, K.: Rehabilitation und Kosmetik. Berlin 1979

Seidler, H./Rett, A.: Rassenhygiene. Ein Weg in den Nationalsozialismus. Wien/München 1988

Seifert, K.H.: Psychologische und soziologische Grundlagen der Rehabilitation. In: Seifert, K.H. (Hrsg.): Handbuch der Berufspsychologie. Göttingen 1977

Seligman, M.E.P.: Erlernte Hilflosigkeit. München 1979

Siegenthaler, H.: Anthropologische Grundlagen zur Erziehung Geistig Schwerstbehinderter. Bern/Stuttgart 1983

Sierck, U./Radtke, N. (Hrsg.): Die Wohltäter Mafia - Vom Gesundheitsrecht zur Humangenetischen Beratung. Frankfurt/Main 1989[5]

Singer, P.: Praktische Ethik. Stuttgart 1984/1994[2]

Solarová, S. (Hrsg.): Geschichte der Sonderpädagogik. Stuttgart 1983

Speck, O.: Die Bedeutung des Wohnens für den geistig behinderten Menschen aus philosophisch-anthropologischer Sicht. In: Bundesvereinigung Lebenshilfe für geistig Behinderte e.V. (Hrsg.): Humanes Wohnen - seine Bedeutung für das Leben geistig behinderter Erwachsener. Marburg 1987

Speck, O.: System Heilpädagogik. Eine ökologisch reflexive Grundlegung. München/Basel 1991

v. Stackelberg, H.H.: Probleme der Erfolgskontrolle präventivmedizinischer Programme - dargestellt am Beispiel einer Effektivitäts- und Effizienzanalyse genetischer Beratung. Diss. Marburg 1980

Stein, A.-D.: Ein Kongreß findet nicht statt. Anthropologen und Humangenetiker fürchten die öffentliche Diskussion. *Sozialmagazin* (1989), 11, 27-31

Stein, A.-D. (Hrsg.): Lebensqualität statt Qualitätskontrolle menschlichen Lebens. Berlin 1992

Störmer, N.: Innere Mission und geistige Behinderung: von den Anfängen der Betreuung geistig behinderter Menschen bis zur Weimarer Republik. Münster 1991

Stötzner, H.E.: Schulen für schwachbefähigte Kinder. Erster Unterrichtsentwurf zur Begründung derselben. Berlin 1963 (1864)

Stutte, H.: Kinderpsychiatrie und Heilpädagogik. In: v. Bracken, U. (Hrsg.): Erziehung und Unterricht behinderter Kinder. Frankfurt/Main 1968

Szasz, T.S.: Die Fabrikation des Wahnsinns. Gegen Macht und Allmacht der Psychiatrie. Frankfurt/Main 1976

Thesing, T.: Betreute Wohngruppen und Wohngemeinschaften für Menschen mit einer geistigen Behinderung. Freiburg 1993

Theunissen, G.: Wege aus der Hospitalisierung. Ästhetische Erziehung mit schwerstbehinderten Erwachsenen. Bonn 1989

Theunissen, G.: Zur „Neuen Behindertenfeindlichkeit" in der Bundesrepublik Deutschland. *Zeitschrift für Heilpädagogik* (1989a), 10, 673-687

Theunissen, G.: Kritik an humangenetischer Beratung und pränataler Diagnostik. In: Weber, D. (Hrsg.): Wer nicht paßt, muß sterben. Euthanasie für das Jahr 2000. Oberursel 1990

Theunissen, G.: Behindertenfeindlichkeit und Menschenbild. *Zeitschrift für Heilpädagogik* (1990a), 8, 546-552

Theunissen, G.: Zur Lage hospitalisierter (psychiatrisch untergebrachter) Menschen mit geistiger Behinderung in den neuen Bundesländern. *Zeitschrift für Heilpädagogik* (1992), 10, 680-687

Theunissen, G.: Gewalt gegen (geistig-)behinderte Menschen in Vollzeiteinrichtungen. *Behindertenpädagogik* (1996), 3, 275-291

Theunissen, G.: Empowerment - Wegweiser einer kritisch-konstruktiven Heilpädagogik. *Behindertenpädagogik* (1997), 4, 373-390

Theunissen, G./Plaute, W.: Empowerment und Heilpädagogik. Ein Lehrbuch. Freiburg 1995

Thimm, W.: Behinderung als Stigma. Überlegungen zu einer Paradigma-Alternative. *Sonderpädagogik* (1975),4, 149-157

Thimm, W.: Aspekte der Sozialisation Geistigbehinderter. Hagen 1984 (Fernuniversität Hagen)

Thimm, W./Ferber, C./Schiller, B./Wedekind, R.: Ein Leben so normal wie möglich führen... Marburg 1985

Thimm, W.: Das Normalisierungsprinzip - eine Einführung. Marburg 1985(a)

Thimm, W./Dürkop, P./Ruf, S.: Ethische Überlegungen zu humangenetischer Beratung und pränataler Diagnostik. *Geistige Behinderung* (1990), 4, 361-368

Tolmein, O.: Wann ist der Mensch ein Mensch? Ethik auf Abwegen. München/Wien 1993

Tröster, H.: Einstellungen und Verhalten gegenüber Behinderten. Konzepte, Ergebnisse und Perspektiven sozialpsychologischer Forschung. Bern 1990

Trus, A.: »...vom Leid erlösen«: zur Geschichte der nationalsozialistischen »Euthanasie«-Verbrechen. Frankfurt/Main 1995

Vernoij, M.A.: Anmerkungen zum Beitrag von Christoph Anstötz über Grenzfragen der Euthanasie und der frühen Förderung bei schwerstgeschädigten Neugeborenen - andere Antworten aus sonderpädagogischer und ethischer Sicht. *Sonderpädagogik* (1993), 2, 88-93

Verschuer, O.: Leitfaden der Rassenhygiene. Leipzig 1941

Vogt, V.: Zur Heilpädagogischen Ethik von Chr. Anstötz. *Behindertenpädagogik* (1989), 3, 282-287

Waetzold, H.: Der Umgang mit Behinderten in Mesopotamien. In: Liedke, M. (Hrsg.): Behinderung als pädagogische und politische Herausforderung. Bad Heilbrunn 1996

Walburg, W.-R.: Anmerkungen zum Artikel von Christoph Anstötz über „Grenzfragen der Euthanasie und der frühen Förderung bei schwerst 'geschädigten' Neugeborenen". Antworten aus sonderpädagogisch-ethischer Sicht. *Sonderpädagogik* (1993), 2, 94-96

Waldschmidt, A.: Humangenetische Beratung heute - ein Instrument der Auslese? In: Stein, A.-D. (Hrsg.): Lebensqualität statt Qualitätskontrolle menschlichen Lebens. Berlin 1992

Weingart, P./Kroll, J./Bayertz, K.: Rasse, Blut und Gene. Geschichte der Eugenik und Rassenhygiene in Deutschland. Franfurt/Main 1996²

Weiser, M./Wilms, W.R.: Konturen einer allgemeinen, integrativen Pädagogik. *Behindertenpädagogik* (1990), 3, 273-287

Weß, L.: Die Träume der Genetik. Genetische Utopien von sozialem Fortschritt. Nördlingen 1989

Weß, L.: Der Griff nach der Bevölkerung. Humangenetik und Bevölkerungspolitik. In: Herrmann, G./v. Lüpke, K.: Lebensrecht und Menschenwürde. Behinderung, Eugenische Indikation und Gentechnologie. Essen 1991

Wilken, U.: Selbstbestimmt leben II. Handlungsfelder und Chancen einer offensiven Behindertenpädagogik. Hildesheim/Zürich/New York 1997

Winkler, U.: Wunschkinder über Züchtung? In: Stein, A.-D. (Hrsg.): Lebensqualität statt Qualitätskontrolle menschlichen Lebens. Berlin 1992

Wöhler, K.: Behinderung, sonderpädagogisches Handeln und Erziehungsziel. *Zeitschrift für Heilpädagogik*, (1980), 12, 803-815

Wolff, F. : Kindliche Verhaltensstörungen als sinnvolles Signalverhalten. *Zeitschrift für Heilpädagogik* (1978), 3, 145 - 155

Wolff, G.: Eugenik und genetische Beratung - Ethische Aspekte der Pränataldiagnostik. *Frühförderung interdisziplinär* (1993), 2, 49-56

Wuttke, W.: Ideologien der NS-Medizin. In: Pfeiffer, J. (Hrsg.): Menschenverachtung und Opportunismus. Zur Medizin im Dritten Reich. Tübingen 1992

Ziller, H.: Sozial- und bildungspolitische Situationsbeschreibung. In: Erhardt-Kramer, A./Gerspach, M./Hoppe, J.R.: Integrative Erziehung behinderter und nichtbehinderter Kinder. Frankfurt/Main 1988